21世纪应用型本科财税系列规划教材
省级高等学校特色专业及课程一体化建设项目

国际税收

（第二版）

董再平　王红晓　主编

东北财经大学出版社
Dongbei University of Finance & Economics Press
大　连

图书在版编目（CIP）数据

国际税收 / 董再平，王红晓主编．—2版．—大连：东北财经大学出版社，2018.9（2019.8重印）
（21世纪应用型本科财税系列规划教材）
ISBN 978-7-5654-3329-0

Ⅰ．国… Ⅱ．①董… ②王… Ⅲ．国际税收-中国-教材 Ⅳ．F812.42

中国版本图书馆CIP数据核字（2018）第207895号

东北财经大学出版社出版
（大连市黑石礁尖山街217号 邮政编码 116025）
网 址：http：//www.dufep.cn
读者信箱：dufep@dufe.edu.cn
大连永盛印业有限公司印刷 东北财经大学出版社发行

幅面尺寸：148mm×210mm 字数：251千字 印张：8.375
2018年9月第2版 2019年8月第4次印刷

责任编辑：田玉海 责任校对：那 欣
封面设计：张智波 版式设计：钟福建

定价：26.00元

教学支持 售后服务 联系电话：（0411）84710309

如有印装质量问题，请联系营销部：（0411）84710711

第二版前言

国际税收是经济国际化的产物，是国际经济关系发展到一定阶段并在20世纪50年代形成的一门新兴学科。此后数十年，这门学科已被许多国家的高等财经、商学和法学院校列为一门重要的修读课程。

我国自实行改革开放以来，特别是在2001年加入世界贸易组织后，对外经济交往日益频繁和深入。外商来华投资日益增多，国内企业也在“走出去”战略的引导下纷纷走出国门，迈向世界。在这种情况下，与国际经济交往密切相关的国际税收问题也就越来越被人们关注和重视。了解和掌握国际税收知识，对于外商来华投资企业来说，可以使其了解我国对外税收政策和制度，更好地处理在华涉税事务；对于亟待走出国门的国内企业来说，可以使其了解跨国经营的国际税收环境和国际税收筹划方法；对于我国政府税收管理部门来说，可以使其加强涉外税收管理，以及制定有效的企业走出去的税收政策和制度。同时，广西财经学院税务专业获得了“广西高等学校特色专业及课程一体化建设项目”（GXTSZY094）和“专业综合改革试点项目”，2013年获批国家教育部专业综合改革试点专业。正是在上述背景下，我们编写了此书。本书适用于高等院校财政、税务、金融、会计、国际经济、法学等专业的本科生，也可供财税、会计、金融、审计等经济管理部门的干部和企业的财务会计人员培训与自学使用。

本教材系统介绍了国际税收的基本概念和基本理论，详细阐述了国际税收管辖权、国际重复征税及其减除、国际避税和反避税、国际税收协定、商品税国际协调和国际税收筹划等问题，并对国际重复征税及其减除、国际反避税的方法和措施、国际税收筹划进行了专章论述，希望读者能够对国际税收的这些重点问题获得更加深入的了解。本书的特点有：一是坚持以精练理论、简介历史、突出实务为原则，旨在帮助读者更好地理解和掌握国际税收的理论和实务；二是结合我国的税法来阐述国际税收问题。

本书共分八章，由董再平、王红晓担任主编。其中，第一章由广东农工商职业技术学院董再平教授编写，第二至三章由山西工商学院高鸿燕老师编写，第四至五章由兰相洁博士编写，第六至八章由王红晓教授编写。最后由王红晓教授对全书进行总纂，由董再平教授进行最后审定。

本书的编写和出版，得到了东北财经大学出版社的大力支持和协助；同时，本书在编写过程中，参考并借鉴了国内外一些专家、学者的有关著作，从中获得了许多启迪和教益，在此一并表示衷心的感谢。

由于作者水平有限，书中难免存在错误和不足，衷心希望广大读者对本教材中存在的缺点和错误进行批评指正。

编　者

2018年夏

目　录

第一章

国际税收导论

【本章导读】

国际税收作为税收学科的一个分支，是经济国际化的产物，是国际经济关系发展到一定阶段后出现的一个新的税收范畴，因此它既是一个经济范畴，也是一个历史范畴。通过本章的学习，同学们要理解国际税收的形成和发展、国际税收的概念，了解国际税收形成的历史原因、国际税收的研究对象和范围，从而为学习国际税收这门课程打下认识基础和理论基础。

【开篇案例】

美国当地时间2018年3月8日下午，特朗普在白宫签署了一项法令：对来自所有国家的钢铁和铝征收进口关税，但墨西哥和加拿大被暂时豁免。美国CNBC的报道称，除了《北美自由贸易协定》的两个成员国获得免除，"白宫还会给其他国家提供机会，来证明为什么他们不应该被纳入其中"。特朗普征收钢铁和铝进口关税的理由是"其他国家的贸易行为伤害了美国国内的生产，危及美国的国家安全"。此举不仅引发众多贸易伙伴的反对，美国国内也颇多反对之声，担心可能损害美国就业并招致贸易伙伴的报复措施。3月23日，特朗普正式签署了制裁所谓针对中国"经济侵略行为"的总统备忘录，认为中国对美国在贸易和关税上十分不公平，其后分别于5月29日宣布对从中国进口的价值500亿美元的商品征收25%的关税、于7月10日宣布对价值2 000亿美元的中国商品征收10%的关税。5月23日，彭博社报道，特朗普考虑对进口汽车征收25%的关税，理由则是国家安全。6月10日，特朗普拒不支持七国集团峰会联合公报，他在社交媒体上称，其政府“十分关注向涌入美国市场的汽车征收关税的相关事宜”。2018年3月至6月，美国的关税新政策由于涉及欧盟、中国、加拿大和墨西哥等，在世界范围内掀起了轩然大波。

第一节　国际税收的形成和发展

国际税收既是一个经济范畴的概念，也是一个历史范畴的概念。它虽和国家税收有着密切联系，但不是自国家税收产生以后就有的，而是国际经济交往发展到一定历史阶段的产物，是伴随国家间经济贸易活动的发展和扩大而产生和发展的，因此国际税收出现的时间比国家税收要晚得多。为什么会产生国际税收，其经济必然性何在，这需要我们在理论和实践上做出准确回答。

一、国际税收的形成

税收的形成必须符合两个条件，即国家的出现以及私有财产制度的存在和发展。只有当社会上同时存在这两个条件时，税收才能形成。税收是一国政府凭借其政治权力，对其管辖范围内的纳税人所进行的一种强制课征。从税收发展的4 000多年的漫长历史来看，在相当长的时期内，税收征纳关系被严格限制在一国范围之内，国家之间在税收上不存在任何关系。进入到资本主义社会后，随着国家间经济贸易活动的出现、发展和扩大，收入不断国际化，所得税制度普遍建立，这些因素使得国际税收逐步产生并不断规范。

（一）国际税收的史前期

国际税收的史前期是指奴隶社会和封建社会时期。在这一时期，自然经济的自给自足性和古老的直接税计税基础的不流动性，使得国际税收不存在产生的前提条件。

在奴隶社会和封建社会时期，农业一直是主要生产部门，经济模式也以自然经济为主。而自然经济是一种自给自足的经济模式，生产的目的是满足农业生产者本身的消费，因而世界各国大都实行闭关自守政策，经济交往极少，交换和贸易很少发生。这种客观上的经济基础，使得农业生产者的收获物自然成为这一时期的主要征税对象。我国的贡、助、彻和田赋，亚洲其他国家的土地税，欧洲的什一税，都属于对农业收获物征税的古老的直接税。由于农业生产收获物同土地有着紧密联系，土地固定在一个国家领土的疆域之内；农业生产者也一般附属在土地田亩之上，不能与土地分离，从而也相对固定在国家领土的疆域之内。因此，在以古老的直接税为主的税收征纳关系中，不可能产生跨国所得和跨国纳税人，征纳双方之间所发生的税收分配关系，被严格地限制在一个国家的地域范围以内，不会引起国家之间的税收分配关系，自然也就不可能出现国际税收。

（二）国际税收的萌芽期

国际税收的萌芽期是指资本主义发展初期到第二次世界大战结束这段时期。在这一时期，商品经济的发展和以间接税为主的税收制度使得各国的税收事务乃至国家税收制度从彼此互不相关到彼此经常联系，从而为国际税收的形成做了充分的准备。

人类社会进入到资本主义社会后，由于商品经济的发展，国家之间的商品交换或经济交往开始增多，市场范围不断扩大，社会财富表现为庞大的商品堆积，于是，以商品流转额为征税对象的间接税，代替了以农业生产者的收获物为征税对象的古老的直接税。显然，对于国家之间的商品交换来说，虽然同一商品在出口前和出口后会被两个国家政府征收关税和其他交易税，但是由于受交易行为所在地的限制，任何一国政府都只能对发生在本国境内的交易行为征税，不存在征税权力的交叉，不会引起国家之间税收分配关系的发生。

随着资本主义的进一步发展，资本主义发展的不平衡性规律决定了资本主义商品经济在各国发展的不平衡性。欧洲主要资本主义国家凭借其雄厚的实力，输出商品、输入原材料、开拓殖民地，展开了激烈的国际贸易竞争。在国际市场竞争十分激烈的情况下，“关税壁垒”和“非关税壁垒”逐渐成为各国政府干预对外贸易、保护本国市场、扶植本国幼稚产业发展的重要手段。“关税壁垒”是指一国政府对进口产品征收较高的关税。“非关税壁垒”是指对除关税以外的各种限制进口的法律和政策措施的总称，如进口限额制、进口配额制、许可证制、外汇管制、复杂繁琐的海关手续，以及过严的卫生、安全、质量检查标准等。无论是“关税壁垒”还是“非关税壁垒”，其目的都是阻止或限制外国商品输入到本国境内，保护本国的经济利益。

在资本主义的重商主义时代以前，关税只是政府取得财政收入的一种手段。这时，一国征收多少关税，取决于其财政需要，不需要同他国协调。进入重商主义时代后，资本主义商品经济飞速发展，为拓展国际市场，欧洲主要资本主义国家在对外贸易中普遍实行鼓励出口、限制进口的政策，以争取贸易顺差，增加国内金银的积累。为了贯彻重商主义的经济政策，各国纷纷把关税作为奖出限入的手段，实行保护关税制度。一方面，对本国的出口产品和进口原材料减免关税，以鼓励输出产品和输入原材料；另一方面，对进口制成品课征高关税，以限制进口。例如，英国1640年资产阶级革命以后，开始实行重商主义的保护关税政策，到17世纪末基本上形成了保护关税制度。法国从17世纪起也实行保护关税政策，特别是1667年，法国将荷兰、英国的呢绒等制成品的进口关税提高了一倍，其结果是几乎停止了这些产品的进口。

然而，保护关税制度对各国工业化发展的不利影响十分明显。保护关税制度是一把双刃剑，在保护本国市场的同时，也阻碍了其他国家市场的拓展。因为在工业化过程中，资本主义国家既需要保护本国市场，也需要扩大国外市场，这就必然产生矛盾和冲突。一方面，机器大工业使资本主义国家的生产能力和生产规模迅速扩大，超出国内市场容量的产品需要到世界市场去寻找销路，国内短缺的原材料也要靠世界市场来提供；另一方面，资本主义国家要想充分发挥机器大工业的生产能力，就需要在国与国之间进行一定的国际分工，而分工的规模受市场规模的限制。为了开拓国外市场，资本主义国家不仅要侵占广大殖民地国家的市场，而且希望通过对外贸易更多地侵占其他资本主义国家的市场。这样，资本主义国家的保护关税制度就与它们要求扩大国外市场的愿望产生了矛盾。

如果说在工业化初期，保护关税制度对资本主义国家至关重要，那么随着国内工业化不断走向成熟以及对世界市场依赖性的不断提高，国家之间越来越需要通过对关税的国际协调来促进国际贸易的发展。早在17世纪，英国和葡萄牙就签订了《梅屈恩协定》。该协定规定，葡萄牙对英国的呢绒和其他毛织品给予一定的关税优惠，英国对葡萄牙的葡萄酒也应给予关税优惠，这种关税要比英国对法国的葡萄酒课征的关税低1/3。19世纪后，这种国家之间的双边或多边贸易协定越来越普遍。1860年，英国和法国签订了《科布登-谢瓦利埃条约》。该条约规定，两国应在互惠的基础上，对与双方利害关系较大的商品相互提供关税优惠；该条约还有最惠国条款，即条约一方给予第三国的一切关税优惠，同时也适用于签约的另一方。《科布登-谢瓦利埃条约》的签订，标志着欧洲国家工业化阶段自由贸易时代的到来；同时，该条约也是这一时期一系列关税国际协调活动的开端。继英国和法国签订了《科布登-谢瓦利埃条约》后，法国又先后与比利时、普鲁士、瑞士、瑞典、挪威、荷兰、西班牙、葡萄牙等国签订了协调关税的条约，普鲁士也与比利时、英国、意大利等国签订了协调关税的条约。到了20世纪，具有排他性的区域性关税同盟应运而生。1948年，荷兰、比利时和卢森堡建立了“荷、比、卢关税同盟”。1948年，23个国家共同发起签署了《关税及贸易总协定》。1958年，欧洲经济共同体正式成立，1967年发展成为欧洲共同体，1991年12月发展成为欧洲联盟，其成员国之间在关税及贸易、农业政策及流转税、财产税等方面进行协调，先后达成了一系列协议。

显然，由以关税协调为主要内容的贸易协定而引发的国际税务联系，并不涉及国家之间的税收分配问题。但是，由于对商品输入或输出而征收的关税是间接税，其税款包含在商品的价格中，并不是由生产企业或进出口商负担，而是由购买商品的消费者负担，即税收负担落在进口国的消费者身上，因此关税税负的高低必然涉及国家之间的利益关系，需要通过国际税务联系进行相互协调。这种国际税务联系和相互协调使得各国的税收事务和国家税收制度从彼此互不相关发展到彼此经常联系，为下一阶段国际税收的形成做了充分准备。

（三）国际税收的形成期

第二次世界大战以后，资本主义国家的税制结构从以商品课税为主向以现代直接所得课税为主的转变，以及跨国投资，尤其是跨国直接投资的迅猛发展，直接促使了国际税收的形成。

19世纪末到20世纪初，资本主义国家的税制结构从以商品课税为主向以现代直接所得课税为主转变。18世纪末，英国首创所得税，开始时在当时的英国税制结构中只起辅助作用，但到1922年，所得税收入占英国税收收入总额的比重达45%以上。美国在南北战争期间，于1762年首次对个人收入课征了综合所得税；1909年，美国国会通过了对公司利润课征1%的公司所得税的提议；到1922年，所得税收入达到了美国联邦税收收入总额的65%，成为美国联邦政府财政收入的主要来源。西欧各国在20世纪初也相继引进了所得税。在亚洲，印度、缅甸、斯里兰卡、泰国、印度尼西亚、巴基斯坦等国从1886年以来就征收所得税。不过，由于生产力水平低下，在这些国家的税收收入构成中，所得税一直没有占到重要地位。但是从历史的发展来看，20世纪初，所得税在大多数国家得到普遍推行，并且在一些主要资本主义国家中代替了间接税而成为主要税类。

在税制结构发生变化的同时，资本主义国家的跨国投资，尤其是跨国直接投资也得到迅猛发展，生产国际化、企业国际化和经济全球化趋势不断加强。从19世纪中后期开始，由于高速发展的信息传递和更加快速的交通方式缩短了国家之间的地理距离、迅速发展的科学技术加强了各国间经济的相互依存，因此资本输出逐步代替了商品输出，资本主义国家的一些大公司开始从事跨国直接投资业务，并在许多国家和地区设立分支机构或子公司。到第一次世界大战前夕，世界范围的国际直接投资活动已经初具规模。例如，1914年，美国的海外直接投资已达26.5亿美元，同时外国公司在美国的直接投资也达13亿美元。国际直接投资的不断发展必然带来经济活动的国际化，进一步带来企业或个人所得的国际化，而所得的国际化又为税收活动的国际化创造了条件。各国出于维护本国税收权益的考虑，纷纷行使最符合本国利益的税收管辖权，由此产生了国家之间税收管辖权的重叠与交叉。一方面，跨国所得的来源国要进行从源征税；另一方面，跨国所得拥有者的居住国或国籍所在国也要对之汇总征税。这就产生了国家之间对同一跨国纳税人的同一笔所得或财产的重复征税。另外，即使实行相同的税收管辖权，但由于各自管辖权的标准并不相同，同一跨国纳税人可能会被两个或两个以上国家同时认定为居民，同一笔所得也可能会被不同国家同时认定为来源于本国的所得，从而也会出现国际重复征税。而且，随着跨国经济活动的不断发展，重复征税问题也变得愈发突出。

总之，收入的国际化和所得税制度的普遍建立是国际税收形成的前提条件。收入的国际化是国际税收形成的经济前提，没有收入的国际化，收入就必然局限在一国政府的管辖范围内，成为一国的征税对象；只有在出现收入的国际化时，收入才有可能成为有关国家共同征税的对象，才可能产生不同国家对同一笔跨国所得分享税收的问题。所得税制度的普遍建立是国际税收形成的税制前提，没有所得税制度的普遍建立，就不会出现不同国家对跨国所得重叠交叉征税的矛盾，也不可能最终形成国际税收。

二、国际税收的发展

国际税收从产生到现在，经历了非规范化发展和规范化发展两个阶段。下面简要介绍在这两个阶段中国际税收的发展过程。

（一）国际税收的非规范化发展阶段

在现代直接税阶段，特别是在国际经济活动不断深化的过程中，由于跨国所得的大量形成、各国普遍征收所得税，以及各国课税范围的发展，导致了税收的国际化，这是国际税收这一特定的经济范畴在第二次世界大战后开始出现的主要原因。而国际税收形成后，仍有许多问题需要解决，其中一个最基本、最直接和最突出的问题就是消除各国政府对跨国纳税人的同一笔跨国所得的重复征税问题。这一问题如果不能得到解决，国际经济贸易往来必然遇到严重阻碍。我们知道，国家课税权是国家政治权力的重要表现，它一般是在其政治权力所及范围内行使的，世界上没有一个组织能够对国际重复征税做出强制性的安排，同时任何一个国家也无权强迫对方主权国家做出税收让步。因此，解决问题的方法只能是协调、磋商的方式，以达到避免重复征税，进而促进本国经济发展的互利共赢的目的。

国际重复征税产生之初，一些国家为了消除国际重复征税问题，从本国国内税法的角度出发，单方面制定了对本国居民的跨国所得免税的措施条款。例如，瑞士率先在国内税法中规定对本国居民的境外机构和不动产所得免税，英国和美国从1918年起开始用抵免法单方面消除对本国居民在国外所得的双重征税。然而，随着国际经济交往范围的扩大和程度的进一步加深，以及纳税人收入的国际化和所得税的普遍采用，国际重复征税问题愈加严重和突出，仅靠单方面的解决办法已不能适应经济全球化的要求，因此，更多的国家开始接触，希望通过协商谈判、签订避免双重征税协定的办法来解决对所得的国际重复征税问题。1948年，由23个国家共同发起签署的《关税及贸易总协定》，就为当时许多国家解决彼此之间的重复征税问题提供了有力的准则。与此同时，跨国公司的发展还带来了国际避税问题。一些跨国公司在海外各个国家和地区设立分支机构和子公司，它们可以利用转让定价手段把利润转移至低税国实现，并把这笔利润长期积累在海外机构，以躲避高税国的税收，从而严重影响了高税国的税收利益，并导致一些国家通过立法形式来限制跨国公司利用转让定价手段进行避税。1915年，英国率先制定了《转让定价法规》，美国于1917年也制定了相同的法律。

但是，这个时期的国际税收协定仍处于国家之间自发地处理税收的阶段，不同国家对税收的范围及管辖权的划分等问题的认识还不充分，以至于各个协定的形式、内容互不相同，协定用语、条文也不规范。因此，这个时期的国际税收处于非规范化发展阶段。

（二）国际税收的规范化发展阶段

随着国际经济交往的不断发展，以及所得税的广泛运用，上述单方面减免国际重复征税的措施和非规范性的双边或多边税收协定已经不能适应形势发展的需要，国际重复征税已经影响到了国际经济交往的顺利进行。为了促进国际经济活动的不断发展，各国迫切需要一个比较完整的规范性的国际税收协调办法来指导各国处理相互间的税收分配关系。因此，经济合作与发展组织（OECD）于1963年制定公布、1977年修订并发表了《关于对所得和资本避免双重征税的协定范本》（简称《经合组织范本》），联合国税收协定专家小组也于1968年制定、1979年公布了《关于发达国家与发展中国家间避免双重征税的协定范本》（简称《联合国范本》）。这两个范本虽然对各国没有法律上的约束力，但在事实上已经起到了重要的示范作用，并成为世界上大多数国家处理国际税收活动的共同规范和准则。这两个范本顺应了经济国际化这一必然发展趋势，是国际税收从非规范化发展阶段进入规范化发展阶段的重要标志。

自从两个范本产生以来，国家之间缔结税收协定的活动就变得十分活跃，国际税收协定的网络也不断发展。据统计，到20世纪80年代初，已有130多个国家和地区相互缔结了共600多个有关避免双重征税的税收协定，其中多数是发达国家对外签订的，发展中国家之间缔结的税收协定只占少数。20世纪80年代以来，老协定的修订和新协定的缔结持续不断。随着第三世界国家在国际经济生活中的地位和作用的日益提高与增大，国家之间缔结税收协定的速度还会加快，数量还会大大增多。国际税收协定已成为国际经济交往的重要特征，必将对促进国际经济交往发挥重大的作用。

第二节　国际税收的概念

上节内容告诉我们，国际税收与国家税收是并列的，国际税收属于税收学的一个分支，并且是在一定的历史和经济条件下产生的。要了解什么是国际税收，就必须严格区分国际税收和国家税收、外国税收、涉外税收的相同点和不同点，进而更深刻地理解国际税收的概念。

一、国际税收的概念

国际税收是指两个或两个以上国家，各自基于其课税主权，在对跨国纳税人进行分别课税而形成的征纳关系中，所发生的国家之间的税收分配关系。这一概念包含以下三层重要意义：

（一）国际税收不能脱离国家税收而单独存在

税收是具有法律强制性的一种无偿课征，它是一国政府凭借其政治权力，同其管辖范围内的纳税人之间所发生的征纳关系。因此，国家税收有其特定的征收者和缴纳者。但是，国际税收并没有也不可能有自己的独立于国家税收的特定征收者和缴纳者，它只能依附于国家税收的征收者和缴纳者，是两个或两个以上国家对各自政治管辖下的同一征税对象分别课征而形成的征纳关系。如果没有各个国家对其政权管辖范围内的纳税人进行课征，就无从产生国际税收分配关系。

（二）国际税收不能离开跨国纳税人这一关键因素

作为一个一般的而不是“跨越国境”的纳税人，通常只承担对一个国家的纳税义务，并不会涉及国家之间的税收分配关系。但是，跨国纳税人同时承担对两个或两个以上国家的纳税义务，相关国家凭借其政治权力，对跨国纳税人的同一征税对象进行征税，从而引起了两个或两个以上国家的税收分配问题。因此，没有跨国纳税人的出现，就不可能产生国际税收。

（三）国际税收是关于国家之间的税收分配关系

国际税收涉及的课税对象是跨国纳税人取得的跨国所得和拥有的跨国财产，换言之，就是所得来源地或财产所在地和所得或财产拥有者的居住国或国籍所在国的不一致，才导致了重复征税的发生，最终导致国际税收的形成。而一个国家对其管辖范围内的跨国纳税人的课税对象进行课税会涉及另一个相关国家的财政利益，这就需要各国通过签订税收协定来协调国家之间的税收分配关系。因此，国际税收是关于国家之间的税收分配关系。

二、国际税收与相关税收范畴的关系

提起国际税收，人们会自然联想到国家税收、外国税收、涉外税收等，甚至会混淆它们之间的关系，从而造成对国际税收的误解。事实上，国际税收作为一个相对独立的税收范畴，有着不同于其他税收范畴的特殊性。因此，分析国际税收与相关税收范畴的关系，有助于了解国际税收的基本特征，有助于更加准确地理解国际税收的概念。

（一）国际税收和国家税收

国际税收和国家税收既有联系，又有区别。

1.二者的联系

（1）国际税收以国家税收为基础。国际税收是由国家税收派生出来的，它不可能脱离国家税收而独立存在。没有国家税收，各国政府的税收管辖权以及税收利益就不会发生直接冲突，也就不会产生国际税收问题。

（2）由于经济全球化和各国所得税制度的发展，各国政府不可避免地要面对国际税收问题。为了更好地处理与其他国家之间的税收分配关系，各国政府在制定本国税收制度时，必须遵循国际税收规范或惯例。

2.二者的区别

（1）国家税收反映的是一国政府与其纳税人之间的税收分配关系；而国际税收反映的则是不同国家之间的税收分配关系。

（2）国家税收主要以所得、商品流转额和财产等为征税对象；而国际税收并非是一种具体的课征形式，其没有自己独立的征税对象，其涉及的征税对象主要是跨国所得和跨国财产。

（3）国家税收按照课征对象的不同，可以分为不同的税种；而国际税收由于不是一种具体的课征形式，因此其没有自己独立的税种，其涉及的只是各国实际课征的某些税种。

（4）国家税收以国家政治权力为后盾，实行强制性征税；而国际税收是在国家税收基础上产生的国家之间的税收分配关系，并不是一种凭借政治权力所进行的强制课征形式。

（二）国际税收和外国税收

人们常会认为国际税收就是外国税收，实际上，外国税收是相对于本国税收而言的。从本国的角度看，凡是其他国家的税收都是外国税收；从外国的角度看，本国税收相对于该国而言，就是该国的外国税收。正像中国税收一样，在中国人看来，自然是中国的国家税收了；而在外国人看来，中国税收则是外国税收。因此，在本质上，外国税收和本国税收都属于国家税收范畴。

（三）国际税收和涉外税收

国际税收与涉外税收也是有区别的。涉外税收反映的是以国家为一方主体和以涉外纳税人为另一方主体所形成的税收征纳关系。这一定义说明，涉外税收反映的是税收征纳关系，不反映相关国家之间的税收分配关系，这种征纳关系没有超越一国政府的管辖范围而进入国际范围，因而还是属于国家税收的范畴。由于各国采用的税收管辖权的标准不同，因此涉外纳税人既可能是一国境内的外国人和外国居民，也可能是本国人和本国居民，但必须是在一国税收主权管辖范围内的纳税人。从载体方面看，涉外税收体现为一国具体的税收制度，而国际税收则体现为国际惯例和税收协定等法律规范。

国际税收和涉外税收又有着密切的联系。如前所述，税收是国家凭借政治权力所进行的一种强制课征，每个主权国家都有权对本国公民和居民以及发生在本国领域内的一切经济活动征税。一旦某个国家的公民或居民在国外从事经济活动并有来自于国外的收入时，外国政府也有权向他征税，因而他就有可能面临被本国和外国两国政府征税的问题，从而形成了本国国家税收和外国国家税收（涉外税收）两重征纳关系。显然，尽管本国政府和外国政府向同一跨国纳税人征税，凭借的都是国家的政治权力，并且都是分别在各自的政权管辖范围内与这个跨国纳税人发生着征纳关系，从而依然属于国家税收范畴。但是，本国政府和外国政府在对跨国纳税人征税的过程中，已含有两种不同性质的矛盾：一方面，它反映了本国政府和外国政府各自同跨国纳税人之间利益分配的矛盾（税收征纳关系）；另一方面，它还反映了两国政府之间税收利益分配的矛盾（税收分配关系）。而两国政府之间税收利益分配的矛盾不可能由一国政府独立解决，而必须由相关国家政府通过共同协商谈判，签订双边或多边协议或条约予以解决。这种因征税而形成的在征纳关系中所发生的国家之间的税收分配关系，就是我们所要研究的国际税收。所以，此时的“涉外税收”已转化为“国际税收”。但是，如果本国政府并不对跨国纳税人来自国外的所得或收入征税，或虽然征税，却没有与外国政府签订税收协定，即并未发生协调国家之间的税收分配关系，那么“涉外税收”也就不是“国际税收”了。

三、国际税收的本质

国际税收的背后隐含的是国与国之间的税收关系，这种国家之间的税收关系是国际税收的本质所在。国与国之间的税收关系主要表现在以下两个方面：

（一）国与国之间的税收分配关系

国与国之间的税收分配关系涉及对同一征税对象由哪国征税或各征多少税的税收权益划分问题。当一国因征税而导致另一国不能征税，或者当一国多征税而造成另一国少征税时，两国之间便会发生税收分配关系。例如，为了避免对所得的国际重复征税，纳税人的居住国可以放弃对本国居民国外所得的征税权，而由所得的来源国单独行使征税权；或者居住国让来源国优先行使征税权，然后在来源国征税的基础上对这笔国外所得按来源国税率低于居住国税率的差额部分进行补征。在这两种情况下，居住国和来源国之间都会发生一定的税收分配关系。又如，在跨国公司从事国际避税的情况下，由于跨国公司通常要把公司集团的一部分利润由高税国转移至低税国去实现，因而高税国的所得税税基必然要受到影响，高税国和低税国之间也必然发生一定的税收分配关系。现实生活中的大量国际税收问题最终都将引发国家之间的税收分配关系，这也是国际税收关系的主要内容。

（二）国与国之间的税收协调关系

虽然征税是一国的主权，一个主权国家有权自主决定对什么征税、征多少税，但是由于税收又是国际经济交往和发展中的一种障碍，因此在一个开放的经济体中，各国之间在经济上相互依赖、相互依存，各国实际上并不能随意制定自己的税收制度并随意行使自己的征税权，在许多问题上必须考虑本国与其他国家之间的经济关系。这就要求国与国之间在税收政策和税收制度等方面进行一定的协调。

国与国之间的税收协调主要有三个方面的内容：

1.商品课税的国际协调

关税是国际贸易中最主要的障碍，因而自然成为商品课税国际协调的主要对象。商品课税国际协调的历史是从关税的国际协调活动开始的，而且在很长的历史时期内，关税协调一直是商品课税国际协调的唯一领域。第二次世界大战之后，由于《关税及贸易总协定》的签订和参与方的不断增加，国家间的关税关系开始趋向缓和；同时，为了促进国际经济的不断融合，第二次世界大战之后开始出现了国内商品税的国际协调活动。

2.所得课税的国际协调

所得课税的国际协调是国际税收协调的主要内容。由于跨国所得的形成和各国普遍开征所得税，因此出现了对所得的国际重复征税问题。为了消除或减缓对所得的国际重复征税问题，从20世纪初开始，一些国家和地区开始寻求通过签订双边或多边税收协定进行所得课税的国际协调。经济合作与发展组织（OECD）《关于对所得和资本避免双重征税的协定范本》和联合国税收协定专家小组《关于发达国家与发展中国家间避免双重征税的协定范本》的发布，事实上已成为各国处理国际税收活动的国际公约，极大地促进了所得税国际协调活动的发展。

3.财产课税的国际协调

当财产所在国与财产拥有者的居住国或国籍所在国不一致时，即出现跨国财产时，就可能出现对财产的国际重复征税问题。自19世纪中后期开始，随着跨国财产现象的增多，财产国际化引发的国际重复征税问题日益受到国际社会的重视。此后，财产课税的国际协调与所得课税的国际协调一同成为国际社会避免双重征税的重要任务。

国与国之间的税收协调主要有两种方式：一是合作性的税收协调，即有关国家通过磋商谈判就各自的税基、税率、征税规则等达成协议，并根据协议的内容确定对对方国家的商品或纳税人进行征税的制度和办法。国与国之间签订双边或多边税收协定，实际上就是一种合作性的税收协调。二是非合作性的税收协调，即一个国家在其他国家的竞争压力下，在其他国家税收制度既定不变的情况下单方面调整自己的税收制度，使本国的税收制度尽量与他国保持一致而形成的一种税收协调。这种协调实质上是一种被动型协调，如自20世纪80年代开始，西方国家为了防止资本外流和税收外流，纷纷降低本国所得税税率。这种大规模的降税浪潮就是国与国之间开展的一种非合作性的税收协调。

第三节　国际税收的研究对象和范围

一、国际税收的研究对象

国际税收的研究对象主要包括三个层次：一是国家之间的税收分配关系及税收协调；二是各国政府在处理税收分配关系过程中形成的国际准则和规范；三是各国在其管辖权范围内对跨国人员的所得、财产和商品的征税关系。

（一）国家之间的税收分配关系及税收协调

国际税收产生于缓解国家之间的税收利益矛盾，避免国际重复征税，因此其研究内容主要围绕国家之间的税收分配关系并不断发展和延伸；而缓解国家之间的税收利益矛盾、避免国际重复征税主要由国家之间的税收协调来处理。因此，国家之间的税收分配关系及其税收协调就成为国际税收的研究对象之一。

建立一个统一的多边国际税收协调体系、进一步设计国际公认的标准税制、实现世界性的税收协调和区域税收一体化是未来国际税收协调的趋势。目前，由于各国在政治、经济发展方面的差异，因此在全球范围内建立广泛税制的时机还不成熟，但随着区域共同市场的快速发展，以区域共同市场为主的税收一体化将成为世界税制协调的重要趋势。

税收一体化主要包括三个方面：一是关税协调。对于成员国之间的产品和劳务进出口，可以有选择地免除关税或降低税率；对于非成员国交易采取一致的关税政策。二是间接税协调。实行增值税和消费税的统一税基、统一税率，平衡税负水平，促进国际贸易和国际经济交流。三是直接税协调。这主要以双边或多边税收协定的方式体现，协定不仅涉及避免所得税和财产税的重复征税，而且涉及社会保障税、赠与税和遗产税的协调问题。

（二）各国政府在处理税收分配关系过程中形成的国际准则和规范

第二次世界大战前，国际上在协调各国对跨国所得和跨国财产征税方面还没有一个被大多数国家所接受的准则和规范。不同的国际税收协定解决重复征税问题的办法并不完全一样，有些协定的内容甚至相互抵触，从而造成国家之间的税收分配关系很不规范。1963 年和 1979 年，经济合作与发展组织以及联合国分别公布了避免双重征税的协定范本，这两个范本为世界上许多国家解决重复征税问题提供了依据、准则和规范，这些依据、准则和规范自然也就成为国际税收的研究对象。

（三）各国在其管辖权范围内对跨国人员的所得、财产和商品的征税关系

国家之间的税收分配关系及协调，最终体现在各国在其税收管辖权范围内对跨国人员的所得、财产和商品的征税关系中。由于各国对税收管辖权的界定不同，因此对于跨国人员的所得、财产和商品就产生了国际重复征税，从而使国际税收协调成为必要，并最终形成了国际税收。各国政府在对跨国纳税人的征税过程中形成的税收法律制度既是国际税收惯例、准则、规范产生的基础，也是这些惯例、准则、规范得以实施的保证。因此，国际税收还要客观、全面地研究各国在其管辖权范围内对跨国人员的所得、财产和商品的征税制度和准则。各国间税收制度和准则的矛盾与冲突，其协调解决的根本也在于各国间的税收分配关系。

因此，根据本国国情确定的税收管辖权方面的制度和准则，也是国际税收的研究对象之一。

二、国际税收的研究范围

国际税收的研究范围是由国际税收的概念及研究对象所界定的。国际税收的研究对象明确了本学科的任务和目标，国际税收的概念则明确了其研究范围。但是，由于人们对国际税收概念理解的不同，因此对国际税收的研究范围会有不同的界定。目前，学术界对国际税收的概念主要有“广义”和“狭义”两种不同的观点。

“广义”的观点认为，无论是对商品课税，还是对所得和财产课税，在经济国际化背景下，都具有税收国际化的特点，都反映了国家之间的税收分配关系，因而都是国际税收的研究范围。“狭义”的观点认为，只有对所得的课税才会涉及国家之间财权利益的分配关系，而对商品课税仅涉及国家之间的经济和贸易关系，并不涉及国家之间财权利益的分配，因而只应把所得税列入国际税收的研究范围。可以看出，“广义”和“狭义”国际税收概念的根本区别在于各国对跨国商品课税能否引发国家之间的税收利益分配。“广义”的观点认为，各国对跨国商品的课税能够引起国家之间的税收利益分配，需要通过国家之间商品课税制度的协调来促进国际贸易的发展，因此属于国际税收的研究范围。而“狭义”的观点认为，各国对跨国商品的课税不会引起国家之间的税收利益分配，因而不属于国际税收的研究范围。

税收的国际协调，首先是从商品课税的国际协调开始的，而且在很长的历史时期中，关税协调一直是商品课税国际协调的唯一领域。第二次世界大战以后，经过关税及贸易总协定主持的八轮关税减让谈判后，各国的关税税率大幅度下降。发达国家的平均关税税率已由1950年的40%下降到4%以下，发展中国家的平均关税税率也已降到15%以下，而且随着经济全球化程度的进一步加深，发展中国家的进口关税税率还有不断下降的趋势。因此可以说，关税的国际协调的成就是巨大的。在这种情况下，关税的财政收入功能和保护本国民族产业的功能普遍弱化。

为了弥补关税下降给财政带来的收入损失，防止关税下降弱化对本国产业的保护作用，越来越多的国家开始强化国内商品税，以替代关税。人们普遍认为，一旦用国内商品税取代关税的管理条件具备，各国就会采用增值税和消费税来替代关税充当贸易壁垒。过去一些欧洲国家对从拉美国家进口的香蕉征收消费税，北欧国家对葡萄酒征收高消费税而对威士忌酒征收低消费税，这实际上就是在用消费税充当保护本国产品的工具。因此，在未来国际经济关系十分紧张的情况下，这种用国内商品税替代关税保护贸易的做法是不能被国际社会接受的，如果出现这种情况，国际社会也应当像协调关税那样协调有关国家的国内商品税。从这个意义上说，未来商品税的国际协调也将成为国际税收的研究范围。但由于商品税的国际协调目前还是一个新生事物，因此本书还是采用“狭义”的观点，将所得税作为国际税收的重点研究范围。

三、国际税收的研究内容

国际税收的研究范围体现了国际税收研究的广度，而国际税收的研究内容则反映了国际税收研究的深度。国际税收的研究内容是指根据国际税收的研究范围，需要具体、深入、系统研究的有关国际税收的问题。国际税收的研究内容主要包括以下几个方面：

（一）税收管辖权问题

税收管辖权是一国政府在税收领域的主权，即一国政府在行使主权课税方面所拥有的管理权。税收管辖权包括居民管辖权、公民管辖权和地域（来源地）管辖权三种基本形式。一个国家行使税收管辖权的原则，在不违背国际法和国际条约规定的前提下，国际上并没有规定统一的标准，各国政府都可以自由选择税收管辖权。要理顺国际税收中的各种关系，最终的出路在于协调各国的税收管辖权。理想的模式是在世界范围内统一实施相同的税收管辖权，但实际上，这一点是不可能做到的。其原因是：一方面，在政治上没有超越国家的权力机构；另一方面，在经济上各国的发展水平相差很大，发达国家倾向于实行居民管辖权，发展中国家倾向于实行来源地管辖权。所以，要使税收管辖权完全统一起来是办不到的。正是由于各国实行不同的税收管辖权，从而导致了许多国际税收问题的产生。因此，税收管辖权是国际税收关系中一个根本性的问题，只有深入研究税收管辖权的建立原则、类型及由其导致的国际税收问题和影响，才能正确理解国际税收关系中一系列的问题。

（二）国际重复征税及其影响问题

国际重复征税，也称国际双重征税，是指两个或两个以上国家，对跨国从事经济活动的同一纳税人所发生的同一征税对象同时课征相同或类似的税收，即发生了重复征税。国际重复征税是各国税收管辖权交叉的结果，它会对国际经济的发展产生不利的影响：一方面，国际重复征税加重了跨国投资者的实际负担，不利于资金的国际流动和运用；另一方面，国际重复征税影响商品、劳务、人才和技术的国际流动，会对国际资源配置产生阻碍。从这个意义上说，缓解乃至消除国际重复征税是国际税收关系中最为实际的问题。因此，研究国际重复征税的产生、影响和重复征税的减除办法等问题，是国际税收研究的一项重要内容。

（三）国际避税及其防范问题

国际避税是指纳税人以不违法的手段跨越国境，通过人或物的流动或不流动，来达到减少或免除纳税的目的。换言之，国际避税并不是一种违法行为，而是利用了各国在税法规定上的缺陷。显然，跨国纳税人的国际避税活动，不仅违背了“公平税负”的原则，而且严重影响了有关国家的税收利益及其分配关系。因此，研究国际避税的概念、方式、影响，以及防范国际避税的方法等问题，是国际税收研究的又一项重要内容。

（四）国际税收协定

国际税收协定是对国际税收的全面实践和总结。由于世界上还没有一部超越国家的国际税法或国际税收法律制度，因此国家之间的税收分配关系只能依靠国家之间签订的税收协定来处理和规范。国际税收协定体现了主权国家之间的相互尊重和平等协商，赋予了跨国纳税人履行跨国纳税义务的安全保障，有利于解决有关国家之间的利益矛盾，防止纳税人利用跨国条件进行国际避税，促进国际经济的交往与发展。因此，研究国际税收问题，必须研究国际税收协定，主要是研究发达国家之间、发达国家与发展中国家之间以及发展中国家之间签订的税收协定，探索总结解决国际税收问题的有效措施，以及处理和协调国家间税收分配关系的准则和规范，以促进国际经济的合作与交流。

复习题

1.1 简答题

1. 国际税收是怎样形成的?

2. 什么是国际税收?国际税收与国家税收、外国税收和涉外税收的联系和区别是什么?

3. 国际税收的研究对象是什么?国际税收包含哪些研究内容?

1.2 判断题

判断下列观点是否正确,并说明理由。

1. 国际税收是单纯的经济范畴的概念。

2. 国际税收即涉外税收,是对同一税收行为的不同称谓。

3. 国际重复征税加重了跨国投资者的实际负担,不利于资金的国际流动和运用。

第二章

税收管辖权

【本章导读】

各国实行不同的税收管辖权是国际税收产生的根本原因。正是由于各国实行不同的税收管辖权，才导致了诸如国际重复征税的发生和国家之间税收分配关系的协调等。因此，税收管辖权是国际税收研究中的一个根本问题，是研究一切国际税收问题的基础和起点。本章主要阐述了税收管辖权的概念、确立原则与类型，介绍了地域税收管辖权、居民税收管辖权的概念、特征和判定标准。通过本章的学习，同学们要重点掌握税收管辖权的概念、跨国所得来源地的确定、居民身份的判定、各国税收管辖权的实施情况。

【开篇案例】

库克是美国公民，后移居墨西哥，在其取得在墨西哥城的居所并居住在该市时仍保留着这一身份。美国税务当局依据美国收入法规，责令库克将其收入转回国内缴纳所得税。库克服从了这一指令，但提出抗议，声明产生该项收入的财产位于墨西哥城。最后该项收入被征收 1 193.38 美元的税款，库克在支付部分税金后即提出诉讼，但并未得到法院的支持。法院认为，无论当事人的财产是否位于美国国内，以及当事人是否是他国的永久居民，只要是美国公民，美国政府就有权且应该对其征税。

第一节　税收管辖权的概念、确立原则及类型

国际税收问题是由两个或两个以上的国家，各自凭借其税收管辖权对跨国所得征税而引起的。如何尽量避免这一矛盾的产生和更好地协调各国的税收管辖权，从而协调好各国的税收征纳关系，就成为国际税收研究中的一个重要问题。由此可见，税收管辖权是国际税收研究中一个根本性的问题，是研究一切国际税收问题的基础和起点。要研究国际税收，首先要研究税收管辖权与国际税收的关系。

一、税收管辖权的概念

（一）管辖权

管辖权是国家权力的派生权力。从国际法看，任何一个独立的国家都拥有独立权、平等权、自保权和管辖权等基本主权。可见，管辖权是由国家权力派生的权力，它是国家权力的体现，属于国家的基本主权。

在法学中，管辖权的划分原则通常有属地主义原则、属人主义原则和保护地主义原则三项。按照属地主义原则和属人主义原则，在国际社会中，所有主权独立的国家，对其领域内的一切人、物、行为、事件均有行使法律的权力。按照保护地主义原则，任何人只要损害了本国的利益，不论是本国人还是外国人，不论损害者的国籍与所在地域，都要受到该国法律的追究。

（二）税收管辖权

税收管辖权是指一国政府在税收方面的主权，它是国家管辖权在税收上的具体体现，表现为一国政府有权决定对什么人征税、征什么税以及征多少税。到目前为止，世界上还没有一个国际公约对各个主权国家的税收管辖权加以任何约束，甚至所有国家的宪法也没有对政府的税收管辖权施加任何限制。因此，税收管辖权具有独立性和排他性，是一个主权国家在征税方面所拥有的不受任何约束的权力。当然，税收管辖权的独立性和排他性不是绝对的，它并不意味着一国政府在行使这种权力的时候不受任何限制和约束。作为国际社会的一员，每个国家都必须尊

重他国主权，不得以行使自己的税收管辖权为借口侵犯他国的税收管辖权。如果没有国家之间的条约规定或事先同意，一国税务机关不得在另一国内实施税务行政行为，包括不得派遣税务官员到外国境内收集税务信息、对纳税人进行审计、向住在外国境内的本国纳税人传送纳税通知书等。另外，对享有外交豁免权的外交代表机构及其人员、国际组织及其人员一般免于征税。

二、税收管辖权的确立原则与类型

由于税收管辖权是一国主权的体现，一个国家不能强迫他国实行什么样的税收管辖权，各国可以自行决定本国的税收制度和政策；客观上由于国与国之间经济发展水平和文化传统不同，各国也需要根据本国的具体国情选择不同的税制模式和税收管辖权。因此，各国的税收管辖权呈现一定的差异性。

（一）税收管辖权的确立原则

一个国家税收管辖权的确立，主要有以下两个原则：

1.属地主义原则

属地主义原则是以纳税人的收入来源地或经济活动所在地为标准，确定国家行使税收管辖权范围的一种原则。它是由领土最高管辖权引申出来的，是各国行使管辖权最基本的原则。

按照国际法的要求，任何国家可以基于其管辖的地域范围（包括领土、领海、领空）来行使税收管辖权。其中领土是指陆地；领海是指沿国家海岸或内水受国家主权支配和管辖的一定宽度的海水带；领空是指领土和领海的上空。根据属地主义原则，一个国家有权对本国境内的一切所得或财产征税，而不论所得的获得者或财产的拥有者是本国居民或公民还是外国居民或公民。对非居民纳税人而言，只有其在所得来源国或财产所在国履行了纳税义务，才能将有关所得或财产转移出境；而对其在来源国境外获得的所得和拥有的财产，则不属于该国税收管辖权的行使范围。

2.属人主义原则

属人主义原则是以一个国家政治权力管辖的人作为行使征税权力范围依据的一种原则。也就是说，一个国家可以对受本国管理的所有的人包括个人居民或公民、企业、团体等行使税收管辖权，只要是本国居民或公民，不论其所获得的收入或财产是否来源于本国，都要对本国承担纳税义务。属人主义原则以纳税人的国籍和住所为标准来确定国家税收管辖权的行使范围。所谓国籍，一般是指一个人属于某一国家的国民或公民的法律资格，是一个人同某一特定国家固定的法律联系。所以，国籍通常与国民或公民资格具有同一含义。所谓公民，是指具有本国国籍的人；所谓居民，是指居住在本国境内并享有一定权利和承担一定义务的人。居民的范围可以包括本国公民、外国公民以及具有双重国籍和无国籍的一切人员。因此，根据属人主义原则，一个纳税人是否为一国税收管辖权的管辖对象，在自然人方面，就看其是否为该国公民或居民，主要判断标准是纳税人在征税国存在住所、居所或具有征税国国籍；在法人方面，就看其是否在征税国注册或在征税国设有总机构或设有管理控制中心等。

（二）税收管辖权的类型

由上所述，一个国家的税收管辖权可以按照属地主义和属人主义两种不同的原则来确立，这就形成了下列三种税收管辖权：

1.地域税收管辖权

地域税收管辖权是指按照属地主义原则，以国家主权所能达到的地域范围为依据，基于所得来源地或财产所在地而行使的税收管辖权，因而又称收入来源地税收管辖权。

2.居民税收管辖权

居民税收管辖权是指按照属人主义原则，以国家主权所能达到的人员范围为依据，以居民为标准行使的税收管辖权。采用居民税收管辖权的国家，可以对本国税法中规定的居民（包括自然人和法人）的所得或拥有的财产行使征税权。

3.公民税收管辖权

公民税收管辖权也是按照属人主义原则确立的一种管辖权。它是以国籍为判定标准，即凡是具有本国国籍的公民，国家就有权对其来自于世界范围的全部所得或存在于世界范围内的全部财产进行征税。第二次世界大战以后，国籍与居住地不在同一国家的纳税人逐渐增多，公民税收管辖权日益暴露出其不合理的一面，因此绝大多数国家放弃了公民税收管辖权，转而采用居民税收管辖权。因此，本书对公民税收管辖权不作详细介绍。

第二节　地域税收管辖权

一、地域税收管辖权的特征

地域税收管辖权是按照属地主义原则确立的税收管辖权，一国政府只对来自本国境内的所得征税。因此，实行地域税收管辖权的国家以纳税人的收入来源地为依据来确定征税与否，从而有“从源课税”之说。也就是说，实行地域税收管辖权的国家只对跨国纳税人来自本国境内所取得的收入或在本国境内拥有的财产行使税收管辖权，而不分其是本国人还是外国人；而对于跨国纳税人来源于境外的收入，不论其所在国家是否征税，都不在本国税收管辖权范围之内。可见，地域税收管辖权的特征是只对来自本国境内的收入征税，而不对来自境外的收入征税。由于地域税收管辖权既体现了国际经济利益分配的合理性，又体现了税务行政管理的方便性，因此已得到世界各国的公认，并被普遍采用。当然，许多国家在采用地域税收管辖权的同时，也不放弃居民或公民税收管辖权，认为地域税收管辖权可以是一项占优先征税地位的税收管辖权，但不能是一项独占征税地位的税收管辖权，只有这样，才能使税收利益在收入来源国和居住国之间进行合理的分配。

地域税收管辖权实际可以分解为两种情况：一是对本国居民而言，只就本国范围内的财产和所得纳税，即使在国外有财产和所得，也没有纳税义务；二是对本国非居民（外国居民）而言，其必须就该国领土范围内的所得和财产承担纳税义务。

二、收入来源地的判定标准

行使地域税收管辖权的核心问题是确定跨国收入来源地。只有明确了收入来源地，才有可能进一步寻求合理的办法来处理收入来源国和投资者居住国的税收关系，合理地分配征税权。但是，收入来源地有时很难进行判断，往往会引起国家之间的利益纠纷，因此国际社会必须确立各国都能接受的收入来源地的判定标准和原则。一般来说，收入来源地为从事劳务活动或经济活动的所在地。但不同收入项目，如经营所得、劳务所得、投资所得和其他所得等，各国采取的确立标准和原则有所区别。

（一）经营所得来源地的确定

经营所得又称营业利润，即企业在某个固定场所从事经营活动获取的所得。本国居民取得的来自本国境内的所得，是不难确定其来源的，但在企业经营活动国际化的情况下，生产所在地、购销货的成交地、交货地、收付款地等，可以在不同国家进行。因此，对于非居民的经营所得，在什么条件下、在多大程度上属于来源于本国境内的所得，其判断是比较复杂和困难的。目前，各国对经营所得来源地的确定，主要有以下两种标准：

1.常设机构标准

（1）常设机构的含义。所谓常设机构，是指一个企业进行全部或部分经营活动的固定场所。它的范围通常包括分支机构、管理机构、办事处、工厂、车间、作业场所、建筑工地等。一般来说，大陆法系国家多采用常设机构标准来判定纳税人的经营所得是否来自于本国。

常设机构通常具有三个基本特征：第一，常设机构必须是一个营业场所，而这种场所并没有任何规模上的限制，通常是指用于从事营业活动的所有房屋、场地、设备或设施，如机器设备、仓库、摊位等，不论是其自有的还是租用的。第二，常设机构的营业场所必须是固定的，即有确定的地理位置，并且有一定的永久性，不包括没有确定地点的营业活动，如果在确定地点进行营业活动时有短暂的间断或停顿，也不影响其常设机构的存在。因此，这一基本条件是该营业场所具有相对的固定性或永久性，而非临时性，即要足以表明它是常设的。第三，常设机构的营业场所必须是企业用于进行全部或部分营业活动的场所，而不是为本企业从事非营业性质的准备活动或辅助性活动而设立的场所。

根据常设机构标准，如果一个非居民企业在本国有常设机构，并且通过该常设机构取得了经营所得，那么就可以判定这笔经营所得来源于本国，来源国就可以对这笔所得征税；反之，非居民企业在本国没有设立常设机构，那么该国就不能认定非居民企业的经营所得来源于本国，因而也就不能对非居民企业的这笔经营所得行使征税权。可见，采用常设机构标准的国家，非居民企业的经营所得是否要被课税，关键取决于其在该国是否设立了常设机构。

（2）常设机构经营所得的确定原则。常设机构取得的经营所得为来源于本国的所得，因此在确定常设机构的经营所得时，通常有以下两个原则：

一是归属原则。归属原则是指常设机构所在国行使地域税收管辖权时，只能以归属于该常设机构的营业利润为课税范围，而不能扩大到该常设机构所依附的对方国家企业来源于其国内的营业利润的一种原则。由于常设机构只是总机构或总公司的派出机构，本身并不具有独立的法人地位，因此各国的税法和国际税收协定都将常设机构视同一个独立的机构或企业，要求按照正常交易方式和独立核算原则计算其经济所得，并按其实际取得的营业利润向其所在国纳税，因此这种方法也称为实际所得法。由于归属原则契合地域税收管辖权的本质，因此已经得到了国际社会的公认。在我国与日本、英国、美国、法国等国家签订的双边税收协定中，对跨国经营所得的课税范围，均采用归属原则加以确定。

二是引力原则。引力原则是指常设机构所在国除了以归属于该常设机构的营业利润为课税范围以外，对虽不通过该常设机构，但经营的业务与该常设机构相同或类似，其所取得的所得，也要牵引到该常设机构中合并征税的一种原则。也就是说，如果一家非居民企业在本国设有常设机构，这时即使它在本国从事的一些经营活动没有通过这个常设机构，但只要这些经营活动与这个常设机构所从事的业务活动相同或类似，那么这些没有通过该常设机构取得的经营所得也要被归并到常设机构的总所得中，在当地一并纳税。引力原则扩大了常设机构所在国的征税范围，有助于防止跨国纳税人避税。比如，企业可能只在一个国家设立不营利而仅承担监管职责的常设机构，而企业实际销售产品的业务却通过独立代理人进行，监管活动的实际情况不容易得到证实，即使可以证实其所产生的利润数额，也难以合理确定，从而为避税提供了可乘之机。但是，从税务管理的角度看，引力原则在具体执行上存在一定困难，来源国（常设机构所在国）很难控制和掌握非居民企业未通过常设机构而自行开展的营业活动及取得的相应利润。因此，引力原则虽然曾经得到《联合国范本》的考虑，但并未被《经合组织范本》采纳。《经合组织范本》反对采用引力原则的理由是，这一原则不适当地扩大了收入来源地管辖权的行使范围，也不利于跨国公司精简机构。就实践来看，大多数国际税收协定为便利税收管理和减少对企业经营活动的干扰，都放弃了引力原则。

（3）常设机构经营所得的确定方法。在确定常设机构营业利润的具体数额时，有以下三种判定方法：

第一，分配法。分配法是指在常设机构不能提供准确凭证来计算扣除营业费用时，非居住国按照企业总利润的一定比例来确定设在本国的常设机构的所得的方法。一国企业在另一国设立常设机构，有时只办理联络、接洽等事宜，并不从事营业活动，因此并无营业利润，只有费用开支。对于这样的常设机构，既然没有所得，本来是不予征税的，但是，考虑到费用损失是取得营业利润的代价，既然有费用发生，就必有相应的收入和营业利润，只不过该项营业利润是包括在外国总机构的账内，没有直接体现在常设机构的账上而已。所以，常设机构的费用和利润，应由其总机构汇总按一定的比例重新分配给各常设机构，这样既可以体现各常设机构的经营成果，也可以为常设机构所在国行使地域税收管辖权进行征税提供方便。因此，这种向无营业利润的跨国企业的常设机构行使地域税收管辖权课征所得税的做法，目前已经被西欧一些国家所采用。

第二，核定法。核定法是常设机构所在国按照该常设机构的营业收入额核定利润或按经费支出额推算利润，并以此作为行使地域税收管辖权的课税范围的方法。例如，一些国家按常设机构实际发生的费用支出额，乘以规定的百分比（通常根据盈利水平的不同，规定为5%~10%），作为该常设机构的应税所得进行征税。

第三，独立核算法。根据独立核算法，常设机构同其总机构之间的交易和费用往来，按照两个完全独立的企业来处理，即允许常设机构从其毛收入中扣除因营业目的而发生的有关费用，包括它应该承担的总机构实际发生的总管理费和实际垫付的费用。考虑到常设机构与总机构之间的附属关系，对于发生在两机构之间的某些费用，除了属于偿还垫付实际发生的费用外，不得作任何其他的扣除，包括相互支付的特许权使用费、为提供特殊劳务或管理而相互支付的佣金手续费、相互提供资金所支付的利息等。

我国判定经营所得来源地实际上采用常设机构标准。同时，我国在对外国企业征税时不实行“引力原则”。《中华人民共和国企业所得税法实施条例》（以下简称《企业所得税法实施条例》）第七条规定，销售货物所得按照交易活动发生地确定是否来源于中国境内。《中华人民共和国企业所得税法》（以下简称《企业所得税法》）第三条第二款规定：“非居民企业在中国境内设立机构、场所的，应当就其所设机构、场所取得的来源于中国境内的所得，以及发生在中国境外但与其所设机构、场所有实际联系的所得，缴纳企业所得税。”第三条第三款规定：“非居民企业在中国境内未设立机构、场所的，或者虽设立机构、场所但取得的所得与其所设机构、场所没有实际联系的，应当就其来源于中国境内的所得缴纳企业所得税。”第四条规定：“企业所得税的税率为25%。非居民企业取得本法第三条第三款规定的所得，适用税率为20%。”上述法规表明：非居民企业如在中国境内设立机构、场所，并通过该机构、场所在中国境内从事生产、经营活动而取得的所得，属于来源于中国境内的经营所得，我国要对这种所得征收25%的所得税；如果非居民企业在中国境内没有设立机构、场所，而是直接与中国境内的企业或个人签订合同并开展经营活动（如销售产品），其取得的所得就不能认定为是来源于中国境内的经营所得，我国也不能对这种所得行使地域税收管辖权。此外，如果非居民企业在中国境内没有设立机构、场所，但从事了一些与中国境内企业或个人有联系的投资活动，如参股、发放贷款、开展租赁业务或转让特许权等，由此取得的股息、利息、租金、特许权使用费等所得（即《企业所得税法》第三条第三款规定的所得）在性质上已不属于经营所得，而是属于投资所得。对于这类投资所得，我国不再使用常设机构标准来判定其收入来源地（具体判定标准将在下面进行分析）。

2.交易地点标准

英美法系国家比较侧重用交易地点标准来判定经营所得的来源地。例如，英国法律规定，只有在英国进行交易所取得的收入才属于来源于英国的所得。这里的交易泛指各类贸易、制造等经营活动。在确定贸易活动是否在英国国内进行时，主要的依据是合同的订立地点是否在英国，而对于制造利润则是以制造活动发生地为所得的来源地。加拿大的规定与英国类似，只是以合同签订的习惯性地点作为交易的地点。美国税法规定，在美国从事贸易或经营活动所取得的利润属于来源于美国的所得。但美国判定贸易利润来源地时是以货物的实际销售地为来源地，并不注重合同签订的地点，这与英国和加拿大等国略有不同。在判定制造利润来源地时，美国和英国一样，也是以产品制造加工活动的地点为所得来源地。

中国香港也采用交易地点标准来判定经营所得的来源地，但其对交易地点的规定十分复杂。例如，对于香港公司通过传真、电话、电子邮件等手段对外签订销售合同的，销售利润被视同来源于香港境内，中国香港政府对这种利润要课征所得税。此外，如果销售合同是在香港签订的，销售利润就被视为产生于香港。

（二）劳务所得来源地的确定

劳务所得包括独立劳务所得和非独立劳务所得。独立劳务所得是指自由职业者从事专业性劳务或者其他独立性活动的所得。专业性劳务即个人独立地从事非雇用的各种劳动，包括独立从事的科学、艺术、教育或教学活动，以及医师、律师、会计师、建筑师、咨询师、翻译、牙医等从事的独立活动，但不包括工业和商业活动或在雇用形式下进行的专业性劳务。独立劳务所得具有独立性和随意性。非独立劳务所得是指个人从事受聘或受雇于他人的劳动而取得的工资、薪金或其他报酬。独立劳务所得和非独立劳务所得来源地的判断标准是不一致的。

1.独立劳务所得来源地的确定

判断独立劳务所得来源地的主要标准是劳务提供地标准，即跨国纳税人在A国提供劳务或工作，其获得的劳动报酬即为来源于A国的所得。例如，美国税法规定，凡在美国境内进行的劳务活动，不论付款人的居住地点、付款地点和业务合同订立地点在何处，获取的所得均属来源于美国的所得。可见，对跨国自然人从事独立劳务活动所取得的独立劳务所得来源地的确定，关键在于确定提供劳务的地点。在国际税收协定范本和各国双边税收协定中，衡量跨国独立劳动者提供劳务的地点及收入来源国，通常采用以下三种标准：

（1）固定基地标准。如果跨国纳税人在A国境内设有固定基地，如诊疗所、事务所，并且该所得是通过该固定基地取得的，则A国就可以认定该项所得来源于其境内。

（2）停留时间标准。如果跨国独立劳动者在A国境内从事独立劳务且未设立固定基地，但他在一个会计年度内停留在A国的时间连续或累计已达到规定天数（一般为183天），则其劳务提供地就可以确认为在A国境内，这一期间取得的所得确定为来源于A国境内，由A国对其行使收入来源地管辖权并征收个人所得税。

（3）所得支付者标准。所得支付者标准是指以支付劳务所得的居民或固定基地、常设机构的所在国为劳务所得的来源国。也就是说，如果某一跨国独立劳动者，虽然未在A国设立固定基地，在A国一个会计年度内连续或累计停留时间也未达到规定天数，但其所得是由A国的居民支付的，或者是由设在A国境内的固定基地、常设机构负担的，那么也可认定其所得来源于A国境内，由A国对其行使收入来源地管辖权并征收个人所得税。

在上述三项标准中，固定基地标准更加能够反映独立劳务所得的真正来源地，但仅按此标准来协调收入来源国和居住国对跨国独立劳务所得的征税权，会过多地限制收入来源国一方的权益，因此，《联合国范本》在此标准的基础上进一步放宽了对收入来源国的征税限制条件，规定跨国独立劳动者即使在某一国境内没有固定基地，但只要符合停留时间标准，该国仍然有权对跨国独立劳务所得行使收入来源地管辖权。但是，停留时间标准难以掌握，也不便执行。所得支付者标准考虑到了劳务报酬的支付人所在地和实际支付地，因而显得更为严密合理。

2.非独立劳务所得来源地的确定

非独立劳务所得和独立劳务所得的重要区别是，非独立劳务所得的劳动不能违背雇主意愿而独立进行，因此，非居住国对非独立劳动者的所得行使地域税收管辖权的条件是，该非独立劳动者的所得是受聘或受雇于非居住国而取得的。非独立劳务所得来源地的确定主要有所得支付地标准和停留时间标准两个判断标准。按照国际规范，一国居民在另一国因受雇而取得的工资、薪金、津贴、奖金等各项报酬所得，只要符合上述标准之一，即可确定其报酬所得是来源于另一国境内的，应由另一国政府对其行使地域税收管辖权进行征税。

（1）所得支付地标准。如果一个跨国纳税人受聘或受雇于A国（非居住国），其劳务报酬所得由A国具有居民身份的聘主或雇主支付，或者是由居住国的聘主或雇主设在A国的常设机构或固定基地支付，则可以认定其所得来源于A国，A国对其行使地域税收管辖权并进行征税。

（2）停留时间标准。如果一个跨国纳税人受聘或受雇于A国（非居住国），其所得不是由A国支付的，而是由居住国的聘主或雇主支付的，那么，只要该跨国纳税人在一个会计年度中，连续或累计停留在非居住国已超过183天，便可以认定该跨国纳税人在此期间取得的所得来源于A国，由A国对其行使地域税收管辖权并进行征税。

3.其他劳务所得来源地的确定

划分独立劳务所得和非独立劳务所得，是确定劳务所得征税的基础。对于某些劳务所得如跨国服务费用、董事费、表演所得等，由于其特殊性和复杂性，如何确定其来源地是一个重要的现实问题。

对于担任各种跨国公司的董事或其他高级管理人员，由于其经常在公司所在国境外的地点工作（如在分公司所在国或与公司业务有关的国家活动），流动性非常大，所以确定这类人员提供劳务活动的地点比较困难。因此，国际上通行的做法是把这类人员提供劳务活动的地点确定为公司所在国。也就是说，一国居民作为另一国居民公司的董事会成员或其他高级管理人员，不管这类人员属于哪一国居民、在境内停留时间多长以及实际劳务活动发生在哪一国家，其所取得的董事费或其他类似报酬所得，均应该被确定为来源于该董事会的公司所在国，由公司所在国对其行使地域税收管辖权并进行个人所得税的征收。例如，一个美国居民在我国某合资企业担任董事，由于该合资企业在我国注册登记，即为我国的居民企业，因此其从合资企业取得的董事费应被认定为来源于我国境内的所得，应由我国征税。我国同日本、美国、英国和法国等国家的税收协定都是这样规定的。

对于跨国从事演出或表演的演员、艺术家和运动员，由于其既不像一般非独立劳动者那样必须受聘或受雇于他人，也不像独立劳动者那样必须在非居住国设立固定基地或停留183天以上，因此从这些实际情况出发，按国际惯例这类劳务所得并不适用。不论该项所得是否属于演员、艺术家或运动员本人，都由表演活动取得所得的所在非居住国行使地域税收管辖权并进行征税。例如，美国的NBA在中国举办了一场为期10天的表演比赛，门票收入一部分由中国某主办公司和NBA职业联盟取得，另一部分支付给来华比赛的NBA球员。按照国际惯例，尽管他们在中国停留的时间很短，但由于比赛是在中国举行，演出所得的门票收入应认为全部来源于中国，应由中国行使地域税收管辖权并进行征税，其中也包括球员个人取得的报酬。但是，对于按照两国政府文化交流计划进行的演出活动，为了体现促进国际文化、艺术交流合作的精神，演出活动所在地国家应对演出所得免予征税。

（三）投资所得来源地的确定

投资所得是指投资者并不直接从事经营管理和营业活动，而是将资金、财产和权利供他人使用，据此所取得的所得，包括股息、利息、特许权使用费和租金等。其中，股息是指投资者因拥有股权以及其他与股权相似的公司权利而取得的所得；利息是指投资者凭借各种债权而取得的所得；特许权使用费是指因向他人提供专利权、秘方、专有技术、版权、商标权、商誉、经销权、特许经营权等无形资产的使用权而取得的所得；租金是指财产所有人向财产承租人收取的财产使用费。非居民纳税人取得上述来源于我国境内的投资所得要缴纳预提所得税，但其从我国境内取得的管理费、佣金、手续费等属于劳务所得，不缴纳预提所得税。

1.股息所得来源地的确定

目前，各国判定股息所得的来源地一般是以分配股息公司的居住地为标准，也就是以分配股息公司的居住国为股息所得的来源国。《中华人民共和国个人所得税法》（以下简称《个人所得税法》）规定，从中国境内的公司、企业以及其他经济组织和个人取得的股息、红利所得，不论支付地点是否在中国境内，均为来源于中国境内的所得，由我国政府行使地域税收管辖权。当然，我国对来源于我国境内的股息、红利有权征税，但并不意味着一定对其征税。实际上，目前我国对持有B股或海外股（包括H股）的外籍个人，从发行该B股或海外股的中国境内企业所取得的股息（红利）所得，暂免征收个人所得税（国税函〔1994〕440号）。

2.利息所得来源地的确定

各国判定利息所得的来源地一般是以借款人的居住地或信贷资金的

使用地为标准，如阿根廷、巴西、法国、印度、墨西哥、土耳其等。我国对于个人所得税的征收也采用这一标准。我国《个人所得税法》规定，从中国境内的公司、企业以及其他经济组织或者个人取得的利息，无论支付地点是否在中国境内，均为来源于中国境内的所得。不过，《企业所得税法实施条例》规定，利息所得的来源地按照负担和支付利息的企业或者机构、场所的所在地确定。按照这一规定，如果一笔贷款资金在中国境内使用，但利息由境外的企业或机构支付，则利息属于境外来源所得，这时，这笔利息不用负担我国10%的预提所得税，但与此同时，我国境内企业也不得将这笔利息在企业所得税前列支。同理，我国居民企业在境外的分公司或工程项目在当地借款支付的利息要由境内总公司负担，所以也要代扣代缴我国的预提所得税。

3.特许权使用费来源地的确定

特许权使用费来源地的确定主要有以下几项标准：一是以特许权的使用地为特许权使用费的来源地。例如，我国《中华人民共和国个人所得税法实施条例》（以下简称《个人所得税法实施条例》）规定，许可各种特许权在中国境内使用而取得的所得，不论支付地点是否在中国境内，均为来源于中国境内的所得。但我国《企业所得税法》的规定与此有所不同，它规定，特许权使用费所得的来源地按照负担、支付所得的企业或者机构、场所所在地确定，也就是说，某项特许权转让给中国境内的企业使用，但使用费由其境外关联企业支付，则这笔特许权使用费就不属于来源于中国境内的所得。美国税法也有类似的规定，特许权使用费以被许可人使用或有权使用特许权的地点为来源地，而与支付者或取得者的居住地无关。二是以特许权所有者的居住地（即对无形资产提供法律保护的国家）为特许权使用费的来源地，南非就采用这种标准。三是以特许权使用费支付者的居住地为特许权使用费的来源地，法国、比利时等一些欧洲大陆国家多采用这种标准，我国的《企业所得税法》也采用这一标准。四是以无形资产的开发地为特许权使用费的来源地，阿根廷等少数国家就采用这种标准。需要指出的是，电影放映和计算机软件方面的特许权使用费在有些国家被视为经营所得。

4.租金所得来源地的确定

租金所得来源地的判定标准与特许权使用费基本相同，各国主要依据产生租金的财产的使用地或所在地、财产租赁合同签订地或者租金支付者的居住地来判定租金所得来源地。我国对于个人所得税的征收主要采用的是租赁财产使用地标准。例如，我国《个人所得税法》规定，将财产出租给承租人在中国境内使用而取得的所得，为来源于中国境内的所得。但我国《企业所得税法》规定，租金所得的来源地按负担、支付所得的企业或者机构、场所的所在地来确定。

（四）财产所得来源地的确定

财产所得包括不动产所得和动产所得。

不动产所得包括不动产持有所得和转让所得。由于不动产具有不可移动性，因此各国通常以不动产实际所在地为不动产所得的来源地，即不动产的坐落国或所在国为其所得的来源地。我国也规定，不动产所得的来源地按照不动产的所在地确定。

对于动产所得，各国判定其来源地的标准并不完全一致。有些国家以动产的销售地或转让地（动产所有权的过户地点）为来源地，如1986年以前，美国就采用这种规则；有的国家以动产转让者的居住地为来源地。我国对于动产所得来源地的确定采用转让地标准和转让者居住地标准。我国《个人所得税法》规定，在中国境内转让其他财产（指建筑物、土地使用权等以外的动产）取得的所得为来源于中国境内的所得。财产在中国境内转让，是指动产的过户手续是在中国境内办理的。我国《企业所得税法》规定，动产转让所得的来源地按照转让动产的企业或者机构、场所的所在地确定；权益性投资资产转让所得的来源地按照被投资企业所在地确定。

第三节　居民税收管辖权

一、居民税收管辖权的概念

居民税收管辖权是指一国政府对其境内居住的所有居民（包括自然人和法人）来自于世界范围内的全部收入以及存在于世界范围内的财产所行使的课税权力。它是按照属人主义原则确立起来的一种税收管辖权。行使居民税收管辖权的核心在于对居民身份的确定，凡是本国居民，本国对其一切应税所得或财产都要征税，而不论这些课税对象是来源于本国还是来源于外国。

实行居民税收管辖权的理论基础是国家对居民提供了社会公共服务和法律保护，因此居民就应该对国家提供的公共产品履行纳税义务，这是一种权利与义务相对等的关系。对居民的境外收入而言，收入来源国不能独占税收管辖权，税收权益应该在收入来源国和居住国之间进行分配。

二、居民身份的判定标准

判定一个纳税人是否为本国的税收居民具有十分重要的意义。首先，对于一个行使居民税收管辖权的国家来说，只有确定纳税人是本国的税收居民，才能对其行使居民管辖权。因此，判定纳税人的居民身份是一国正确行使居民管辖权的前提。其次，一国与他国签订的国际税收协定一般只适用于缔约国一方或缔约国双方的税收居民，只有判定纳税人是本国的税收居民，该纳税人才能享受本国或对方缔约国在协定中提供的税收利益。因此，凡是实行居民税收管辖权的国家，都有判定税收居民的明确标准，包括自然人税收居民身份的判定标准和法人税收居民身份的判定标准。

（一）自然人税收居民身份的判定标准

税收居民和居住管理法规中的居民的概念不同。许多国家都制定了居住管理法，外籍公民在本国合法居住必须持有本国政府颁发的居住许可证，否则就不是本国的合法居民。但税收居民的概念强调的是纳税人在本国长期居住的事实，它不属于居住管理法的范畴。也就是说，一个纳税人即使没有居住许可证而在本国长期居住，也可以成为税收意义上的居民。各国对自然人税收居民身份的判定一般有以下几个标准：

1.住所标准

住所是一个民法上的概念，一般是指一个人固定的或永久性的住处，通常为配偶、家庭以及财产所在地。当一国采用住所标准判定自然人税收居民身份时，则凡是住所设在该国的纳税人均为该国的税收居民，税收居民承担无限纳税义务。住所标准的优点是：住所具有永久性和固定性，是法律规定的个人从事政治、经济活动的主要地点；居民在该国有获得国家保护的权利，也有纳税的义务。以住所为标准判定一个人的居民身份，可以体现上述权利和义务的关系。

住所标准是我国判定自然人税收居民身份的一项重要标准。我国《个人所得税法》第一条规定，在中国境内有住所的个人，从中国境内和境外取得的所得，要按照规定缴纳个人所得税。我国《个人所得税法实施条例》第二条规定，在中国境内有住所的个人，是指因户籍、家庭、经济利益关系而在中国境内习惯性居住的个人。这表明，我国税法判定个人住所依据的是个人的“习惯性居住地”。如果个人由于户籍、家庭和经济利益关系而在中国习惯性居住，则其住所就在中国境内，因而其也就被认定为中国的居民纳税人，并承担无限纳税义务。值得注意的是，这里所说的“在中国境内习惯性居住”是指个人由于住所在中国境内，而当其在国外学习、工作、探亲、旅游等活动结束后必然要返回中国境内居住，而不是指个人在中国境内实际居住。也就是说，只要某人的“习惯性住所”在中国境内，那么在某个纳税年度中，即使其实际并没有在中国境内居住，也还属于中国的居民纳税人。

2.居所标准

由于经济全球化的发展，不可避免地会产生个人居住场所和实际从事经济活动场所不一致的情况，因此单纯按照住所标准确认纳税人的居民身份，就会产生纳税人的义务发生地与创造所得的实际经济活动地分离的问题。所以在住所标准的基础上，许多国家又制定了居所标准来确认税收居民身份。居所一般是指一个人连续居住了较长时间但又不准备永久居住的居住地，由于它是确认纳税人纳税义务的主要标志，因此又称“财政居所”。

采用居所标准的国家主要有英国、加拿大、法国、瑞士、澳大利亚和德国等。如英国税法规定，凡在英国拥有住宅者，无论其居留时间的长短，只要在纳税年度内曾在英国停留，就应当被视为英国居民，英国有权对其行使税收管辖权并进行征税。德国税法规定，在德国拥有非临时性住房的人即为德国居民。但是，由于居所的定义非常抽象，在判定时存在很大困难，因此大部分国家都会用居住时间标准加以补充。

3.居住时间标准

居住时间标准是指以自然人在本国居住或停留时间的长短作为判定其是否为本国居民的标准。即使一个人在本国没有住所或居所，但在一个纳税年度中，其在本国实际停留的时间较长，超过了规定的天数，则也要被视为本国的税收居民。国际上采用居住时间标准的国家比较多，但是各国关于居住时间或期限的具体规定和要求又不尽一致。大多数国家规定的时间或期限为半年或一年，有的累计计算，有的连续计算。连续计算要求在一个纳税年度内，累计计算则不会规定纳税年度。许多国家采用累计计算，如英国、法国、德国、瑞典等国规定，在一个纳税年度内连续或累计居住超过183天（即半年）者为本国居民；中国、美国、日本等国规定在本国居住达1年（365天）以上者为本国居民。有些国家采用连续计算，如韩国规定，连续居住1年以上者为本国居民。

我国税法规定，在中国境内居住满1年的个人，不论国籍属于哪个国家，都被视为中国居民。在中国境内居住满1年的个人是指在一个纳税年度中，在中国境内居住满365天的个人。在一个纳税年度中临时离境的不扣减日数，即在一个纳税年度中，一次离境不超过30天或者多次离境累计不超过90天的，不扣减日数，连续计算。

停留天数的具体计算非常重要，因为多算1天或少算1天，很可能改变其税收居民身份，从而影响其纳税义务。在停留天数的计算方法上，各国的规定不完全相同。多数国家规定，在本国停留不足1天的按1天计算，即只要某人1天之中在本国待了几个小时甚至几分钟都要按1天计算；也有的国家以小时为单位计算，只有在本国停留的小时数相加达到了24小时，才算停留了1天。我国《国家税务总局关于在中国境内无住所的个人执行税收协定和个人所得税法若干问题的通知》（国税发〔2004〕97号）第一条规定："对在中国境内无住所的个人，需要计算确定其在中国境内居住天数，以便依照税法和协定或安排的规定判定其在华负有何种纳税义务时，均应以该个人实际在华逗留天数计算。上述个人入境、离境、往返或多次往返境内外的当日，均按1天计算其在华实际逗留天数。"

此外，一些采用居住时间标准的国家还根据居留时间的长短，把居民进一步划分为长期居民和非长期居民。对于不同类型的居民纳税人，规定不同的纳税义务。例如，日本规定，连续居住1年以上的为本国居民。居住满5年的为长期居民，对其在全世界范围取得的所得都要征税；居住满1年但不足5年的为非长期居民，对其境外所得就其带进或汇入本国的部分征税；居住不满1年的为非居民，只就其来源于日本境内的所得征税。我国的规定与日本大体相似。在中国境内居住满1年但不满5年的个人，从中国境外取得的所得，经主管税务机关批准，可以只就由中国境内公司、企业以及其他经济组织或个人支付的部分缴纳个人所得税。

表2-1概括了我国对跨国自然人缴纳个人所得税的规定。

表2-1　　我国对跨国自然人缴纳个人所得税的规定

<table>
<tr><th colspan="2" rowspan="2">类　别</th><th colspan="2">境内所得</th><th colspan="2">境外所得</th></tr>
<tr><th>境内支付</th><th>境外支付</th><th>境内支付</th><th>境外支付</th></tr>
<tr><td rowspan="2">视为非居民</td><td>居住时间少于183天（或90天）</td><td>征</td><td>免</td><td>不征</td><td>不征</td></tr>
<tr><td>居住时间大于183天（或90天）但少于1年</td><td>征</td><td>征</td><td>不征</td><td>不征</td></tr>
<tr><td rowspan="2">视为居民</td><td>居住时间在1年到5年之间（含1年或5年）</td><td>征</td><td>征</td><td>征</td><td>免（优惠）</td></tr>
<tr><td>居住时间在5年以上</td><td>征</td><td>征</td><td>征</td><td>征</td></tr>
</table>

注：“非居民90天标准”适用于未与我国签订税收协定国家的居民；“非居民183天标准”适用于与我国签订税收协定国家的居民。

（二）法人税收居民身份的判定标准

与对自然人征税一样，一个实行居民税收管辖权的国家在对法人征税时也要确定其是否为本国的居民。目前，各国对法人税收居民身份的判定主要有以下几个标准：

1.注册地标准

注册地标准又称法律标准，即凡是根据本国法律在本国注册成立的法人都是本国的法人居民，而不论该法人的管理机构所在地或业务活动地是否在本国境内，也无论该法人的投资者是本国人还是外国人。美国、芬兰、瑞士等国家都采用这一标准。例如，根据美国有关法律，在其境内注册登记的公司，不论其管理机构是否设在本国，也不论其股权属于谁，都是美国的法人居民，均要就该公司在世界范围内的所得向美国政府纳税。注册地标准由于容易识别，因此操作性强，但也存在一定的缺陷：一是公司注册地和实际经营管理地可能不一致，因此对这些公司的经营活动不易有效地进行税务管理；二是跨国纳税人容易通过选择注册地国家来达到避税目的，因此可能会出现各国之间的恶性税收竞争。

2.管理机构所在地标准

只要一个法人的管理机构或控制中心设在本国，那么无论其在哪个国家注册成立，都是本国的法人居民，都应履行无限纳税义务。公司的实际管理机构所在地有时也被称为“财政住所”，只要各公司或企业的管理机构设立在本国境内，均可确认其为本国的法人居民，该国就可以对其来自于境内外的全部所得行使居民税收管辖权并进行征税。如果不是这种情况，该公司或企业就不是本国的法人居民，就不属于该国居民税收管辖权的行使范围，该国只能对其行使地域税收管辖权，对其来源于本国境内的那部分所得征税。英国是采用管理机构所在地标准的典型国家。英国在1896—1986年长达90年的时间里，一直采用这一标准。英国采用这一标准的理由是：公司的注册地固然是决定公司控制地的一个重要因素，但不是决定因素，公司的注册地犹如一个自然人的出生地，不能将一个人的出生地作为该人一生的居住地。因此，英国税法规定以管理机构所在地为标准判定公司法人居民身份。

法人管理机构又分为管理控制中心机构和实际管理机构。

有些国家以管理控制中心机构来判定法人的居民身份，如澳大利亚、加拿大、德国、爱尔兰、新西兰、挪威、新加坡、英国等。管理控制中心机构是指经常对公司或企业的生产、经营、销售、分配等进行重要决策、管理、指挥、控制并发送重要指令的机构。一般来说，公司董事或股东掌握着上述权力，因此，这些国家以公司董事会或股东大会的开会地点作为公司的管理控制中心机构的地点。

实际管理机构的定义比较复杂，目前也没有一个统一的答案。在有的国家（如丹麦、荷兰、西班牙等），实际管理机构是指公司日常业务的管理机构，它负责公司经营决策的执行和具体的运营管理；而在另一些国家（如瑞士），实际管理机构是指公司的决策机构，它与管理控制中心机构实际上是同一个概念。不过，两个主要的税收协定范本在这个问题上有着基本相同的看法。经济合作与发展组织2008年在《税收协定范本注释》中对"企业实际管理机构所在地"的解释是："实际管理机构所在地是公司从事经营所必需的关键性管理和商业决策实际制定的地点；实际管理机构所在地通常是公司地位最高的人（例如董事会成员）制定决策的地方。"联合国的《税收协定范本注释》认为："在确定实际管理机构所在地时应考虑以下因素：①公司被实际管理和控制的地点；②对公司管理至关重要的最高决策的制定地点；③从经济和功能的角度来看对公司管理发挥重要作用的地点；④公司最重要账簿的保管地点。"

3.总机构所在地标准

这是以公司、企业的总机构是否设在本国为依据来判定是否为本国居民。在本国设有总机构的公司或企业为本国居民，负无限纳税义务；否则为非居民公司或企业，只负有限纳税义务。这里的总机构是指法人进行重大经营决策以及全部经营活动和统一核算公司盈亏的总公司和总店。从机构组织结构来看，一般总机构负责制定法人的重大经营决策，并负责统一核算法人的盈亏。在实践中，法人的总机构也就是法人的总公司或总店。与管理机构所在地标准相比，总机构所在地标准强调的是法人组织结构主体的重要性，而管理机构所在地标准强调的是法人权力或决策中心（法人的实际权力机构或人物）的重要性。采用这一标准的有日本和法国等。

4.资本控制标准

法人的选举权和控制权如果被某国居民股东所掌握，则这个法人即为该国的法人居民。采用这一标准主要是基于以下考虑：法人只不过是覆盖在一群成员（股东）身上的一层薄纱，它使这些成员（股东）联合起来凝聚成一个法人，所以法人与其被联合起来的股东实际上并不可分，法人股东的居住地也就是法人的居住地。采用这一标准的国家有美国、澳大利亚等。例如，美国税法规定，一家跨国公司即使在国外注册，但只要有50%以上的选举权股票被美国股东掌握，就可以将其认定为美国的居民公司，美国政府就可以对其行使居民税收管辖权并进行征税。

在各国的税收实践中，为了判定法人的居民身份，有的国家只采用一种判定标准，而更多的国家则采用某两种或两种以上标准。例如，美国以登记注册地标准为主，同时采用资本控制标准。又如，日本、法国不仅采用总机构标准，还采用登记注册地标准。再如，德国、比利时、奥地利、瑞典等国同时采用登记注册地标准、管理机构所在地标准以及资本控制标准，只要符合其中某一个标准，就为该国的居民公司。

我国对法人税收居民身份的判定，原来采用注册地标准和总机构所在地标准必须同时具备、缺一不可的做法，这可以通过过去实行的《中华人民共和国外商投资企业和外国企业所得税法》来加以说明。该税法第三条规定："外商投资企业的总机构设在中国境内，就来源于中国境内、境外的所得缴纳所得税。"也就是说，如果一家公司仅在我国依法注册，该公司只是我国的法人企业，但不是我国的居民企业；同样，如果一家公司在外国注册成立，即使其总机构设在我国境内，也不可能成为我国的税收居民。2008年，《企业所得税法》颁布后，在判定法人税收居民身份的标准方面与过去相比发生了较大变化。新的标准为：只要企业满足注册地标准和实际管理机构标准两者之一，就属于中国的居民企业。《企业所得税法》第二条规定："本法所称居民企业，是指依法在中国境内成立，或者依照外国（地区）法律成立但实际管理机构在中国境内的企业。"这种做法实际上与英国、爱尔兰、葡萄牙、瑞士等国是相同的。根据这种判定标准，一家在外国（或地区）注册成立的公司，如果将实际管理机构迁入我国，那么该公司也是我国的居民企业；反之，一家在我国注册成立的法人企业，即使将实际管理机构迁出了我国，它也是我国的居民企业。

对于什么是企业的实际管理机构，过去我国的税法一直将它与总机构视为同一。《中华人民共和国外商投资企业和外国企业所得税法实施细则》第五条就指出，企业的总机构"是指依照中国法律组成企业法人的外商投资企业，在中国境内设立的负责该企业经营管理与控制的中心机构"。这虽然符合大多数公司的实际情况，但严格来说，公司的总机构和实际管理机构毕竟是不同层面上的两个概念。2009年4月，国家税务总局下发了《关于境外注册中资控股企业依据实际管理机构标准认定为居民企业有关问题的通知》（国税发〔2009〕82号），规定同时符合下列条件的境外注册的中资控股企业为实际管理机构在中国境内的居民企业：

第一，企业负责实施日常生产经营管理运作的高层管理人员及高层管理部门履行职责的场所主要位于中国境内；

第二，企业的财务决策（如借款、放款、融资、财务风险管理等）和人事决策（如任命、解聘和薪酬等）由位于中国境内的机构或人员决定，或需要得到位于中国境内的机构或人员批准；

第三，企业的主要财产、会计账簿、公司印章、董事会和股东会议纪要档案等位于或存放于中国境内；

第四，企业1/2（含1/2）以上有投票权的董事或高层管理人员经常居住于中国境内。国税发〔2009〕82号文实际上给出了我国判定实际管理机构的四条标准。

三、部分国家税收居民身份的判定标准

为了更清楚地阐述居民税收管辖权的确立情况，现将部分国家税收居民身份的判定标准列表如下，见表2-2。

表2-2　**部分国家税收居民身份的判定标准**

国别	自然人税收居民身份的判定标准	法人税收居民身份的判定标准
澳大利亚	1.在澳大利亚有住所或长期居住地 2.在纳税年度内连续或累计停留半年以上（除非该个人在澳大利亚以外有经常性住所，而且该个人并不打算居住在澳大利亚）	1.在澳大利亚注册 2.在澳大利亚经营 3.管理中心和控制机构在澳大利亚 4.投票权被澳大利亚居民股东控制 （满足其中之一即可）
比利时	1.已婚夫妇的家庭设在比利时 2.住所或经济基地在比利时	1.在比利时依法注册成立 2.公司的总部或实际管理机构设在比利时 （满足其中之一即可）
巴西	1.持有巴西的长期签证 2.因有就业合同而持有巴西的临时签证（最长2年） 3.在任何12个月中在巴西停留满183天	1.在巴西注册成立 2.公司的总部设在巴西境内 （同时满足两个条件）

续表

国别	自然人税收居民身份的判定标准	法人税收居民身份的判定标准
加拿大	1. 在加拿大有全年可使用的住处，有银行账户、信用卡以及个人财产 2. 一个日历年度内在加拿大停留183天或以上	1. 在加拿大依法注册成立 2. 管理中心和控制机构设在加拿大 （满足其中之一即可）
丹麦	在丹麦连续停留6个月以上	1. 在丹麦依法注册成立 2. 实际管理机构设在丹麦 （满足其中之一即可）
法国	1. 在法国有家庭或经济利益中心 2. 在法国就业或从事就业活动 3. 一个日历年度内在法国停留183天以上	在法国注册成立
德国	1. 一个日历年度内在德国停留超过6个月 2. 一年中累计停留了6个月以上	1. 在德国注册成立 2. 管理中心在德国 （满足其中之一即可）
希腊	有在希腊安家或长期居住的倾向	1. 在希腊注册成立 2. 在希腊有管理机构 （满足其中之一即可）
印度	1. 在纳税年度内停留182天以上 2. 在以前4个年度居住至少365天，而在本纳税年度内至少停留了60天	1. 在印度注册成立 2. 管理和控制机构设在印度 （满足其中之一即可）
爱尔兰	1. 在纳税年度内停留183天以上 2. 在纳税年度内停留183天以上，同时在该纳税年度及之前的年度中总共停留了244天以上	1. 在爱尔兰注册成立 2. 管理和控制机构设在爱尔兰 （满足其中之一即可）
意大利	1. 在意大利办理了居住人口登记 2. 在意大利有利益中心或经营地 3. 一个财政年度内在意大利停留183天以上	1. 在意大利注册成立 2. 法人的管理总部设在意大利 3. 主要目的是在意大利经营 （满足其中之一即可）

续表

国别	自然人税收居民身份的判定标准	法人税收居民身份的判定标准
日本	1.在日本有生活基地和生活重心 2.在日本连续居住满1年	1.在日本注册成立 2.注册办公地点或公司总部在日本 （满足其中之一即可）
韩国	1.在韩国有住所或至少居住了1年的居所 2.在韩国有1年及1年以上的就业岗位	1.在韩国依法注册成立 2.总机构或主要机构在韩国 （满足其中之一即可）
卢森堡	1.在卢森堡有长期使用的住房 2.在卢森堡连续停留了6个月以上（短期离境不扣除天数）	1.在卢森堡注册成立 2.有效管理机构在卢森堡 （满足其中之一即可）
马来西亚	1.一个日历年度内在马来西亚连续或累计停留满182天 2.评税年度内在马来西亚停留不到182天，但这次停留与评税年度前一年或后一年中的182天以上的停留期相连 3.评税年度内在马来西亚停留90天以上，但在以前4年中的任何3年居住在马来西亚或每年停留满90天	管理和控制中心在马来西亚
墨西哥	在墨西哥安家，除非在一个日历年度中连续或累计在别国停留183天以上，并能够证明已在别国取得了税收居民身份	主要经营中心在墨西哥
荷兰	1.在荷兰有家庭、住处、经济社会中心，或有长期居住意向 2.在荷兰停留了一定时间	1.依法在荷兰注册成立 2.中心或实际管理机构在荷兰 （满足其中之一即可）
新西兰	1.在新西兰有长期性住所 2.任何12个月中在新西兰停留183天以上	1.在新西兰依法注册成立 2.法人总部设在新西兰 3.管理和控制机构在新西兰 （满足其中之一即可）

续表

国别	自然人税收居民身份的判定标准	法人税收居民身份的判定标准
挪威	1.有在挪威长期居住的意愿 2.在挪威停留了6个月以上	1.在挪威注册成立 2.有效管理或控制中心在挪威 （满足其中之一即可）
葡萄牙	1.一个日历年度内在葡萄牙累计停留了183天以上 2.在葡萄牙停留时间不到183天但拥有习惯性的居所	1.法人注册的总部在葡萄牙 2.法人的有效管理机构在葡萄牙 （满足其中之一即可）
新加坡	1.在新加坡定居或有定居意向 2.纳税年度内在新加坡停留满183天 3.评税年度的上一年在新加坡停留183天或以上	管理和实际控制机构在新加坡
西班牙	1.在西班牙有经济或职业活动的基地 2.在西班牙有家庭（配偶和子女） 3.一个日历年度内在西班牙停留183天以上	1.在西班牙注册成立 2.法人的总部在西班牙 3.法人的有效管理中心在西班牙 （满足其中之一即可）
瑞士	1.在瑞士有合法住宅并打算定居 2.因从事有收益的活动而在瑞士停留3个月以上；因从事非收益性活动而停留6个月以上	1.在瑞士注册成立 2.有效管理机构设在瑞士 （满足其中之一即可）
英国	1.访问英国的年度中在英国有可供其使用的住房 2.纳税年度中在英国停留183天以上 3.在连续4年中到英国访问，平均每年达到91天以上	1.在英国注册成立 2.管理中心和控制机构设在英国 （满足其中之一即可）
泰国	任何纳税年度内在泰国累计停留满180天	1.在泰国注册成立 2.在泰国境内从事商业行为 （满足其中之一即可）
美国	1.有美国的长期居住证 2.当年在美国停留满31天，并且近3年来在美国停留天数的加权平均值等于或大于183天	在美国依法注册成立

第四节 各国税收管辖权的选择与实施

一、各国行使税收管辖权的分歧

税收管辖权的选择和行使是一个国家的国内事务，任何一个国家都有权根据本国国内的具体情况选择不同类型的税收管辖权。由于不同类型的税收管辖权的行使体现了不同的税收利益，因此，一个国家选择何种类型的税收管辖权往往反映了该国的经济地位以及维护本国财政利益的态度，各国都会尽量选择对本国有利的税收管辖权。一般来说，发达国家和发展中国家由于经济发展水平不同，因此它们对税收管辖权的选择也不同。

发展中国家一般倾向于选择地域税收管辖权。发展中国家在与发达国家的经济交往中，由于资金贫乏、技术落后、人才缺乏，往往只能从发达国家引进资金和技术，因此一般是资本输入国和技术引进国，本国对外的投资小于外商在本国的投资，境外收益相对较少，资本和技术呈现单向流动，处于资本、技术引进国的地位。与此相对应，发生在本国领土内的别国居民的所得和财产较多，而本国居民从他国获得的所得和财产较少，因而发展中国家更加倾向于选择地域税收管辖权。但是，出于国家间利益对等的原则，发展中国家同时也行使居民税收管辖权以维护本国的利益。

发达国家一般倾向于选择居民税收管辖权。由于资本充裕、技术先进，发达国家往往是资本输出国和技术输出国，同时也会大量地吸引外资和引进某些更先进的技术。从资本和技术的输出角度而言，大量开展的国外业务会产生巨大的境外收益，居民中从事跨国经济活动的较多，本国居民和公民来自于世界范围内的所得和财产也比较多，按照属人主义原则选择税收管辖权对本国的税收收益比较有利，因而发达国家比较强调居民或公民税收管辖权的行使，以扩大对本国居民在国外的所得和财产征税的范围。但是，出于国家间利益对等的原则，发达国家同时也采用地域税收管辖权来维护本国的利益。

二、各国税收管辖权的行使

从目前世界各国的情况来看，选择一种税收管辖权的国家比较少，大多数国家都选择双重税收管辖权。总体来说，多数国家都是以一种税收管辖权为主，而以另一种或两种税收管辖权为辅。表2-3描述了世界主要国家或地区税收管辖权的行使情况。

表2-3　　**世界主要国家或地区税收管辖权的行使情况**

税收管辖权	国家或地区
地域税收管辖权	中国香港、文莱、玻利维亚、阿根廷、巴西、多米尼加、厄瓜多尔、危地马拉、巴拿马、尼加拉瓜、巴拉圭、委内瑞拉
同时行使地域税收管辖权和公民税收管辖权	菲律宾、罗马尼亚
同时行使地域税收管辖权和居民税收管辖权	中国、印度、阿富汗、澳大利亚、孟加拉国、斐济、日本、韩国、马来西亚、印度尼西亚、巴基斯坦、新西兰、新加坡、泰国、斯里兰卡、哥伦比亚、秘鲁、萨尔瓦多、洪都拉斯、奥地利、比利时、希腊、瑞士、英国、卢森堡、土耳其、西班牙、摩纳哥、法国、荷兰、加拿大、俄罗斯
同时行使地域税收管辖权、公民税收管辖权和居民税收管辖权	美国、墨西哥

资料来源　黄济生，殷德生．国际税收理论与实务［M］．上海，华东师范大学出版社，2001.

从表2-3可以看出，所有国家都行使地域税收管辖权，大多数国家同时行使地域税收管辖权和居民税收管辖权，仅行使地域税收管辖权的国家和地区多数为拉丁美洲的国家和地区，同时行使地域税收管辖权和公民税收管辖权或同时行使地域税收管辖权、公民税收管辖权和居民税收管辖权的国家很少。就我国来看，我国也是同时选择行使地域税收管辖权和居民税收管辖权，但我国的香港特别行政区单独行使地域税收管辖权。以个人所得税为例，我国《个人所得税法》第一条规定：“在中国境内有住所，或者无住所而在境内居住满1年的个人，从中国境内和境外取得的所得，依照本法规定缴纳个人所得税。在中国境内无住所又不居住或者无住所而在境内居住不满1年的个人，从中国境内取得的所得，依照本法规定缴纳个人所得税。”这表明我国同时实行地域税收管辖权和居民税收管辖权。

三、地域税收管辖权优先征税原则

在国际税收实践中，实际上已经没有任何一个国家单纯地行使居民或公民税收管辖权，或者单纯地行使地域税收管辖权，各国都是以其中一种制度为主，而以另一种制度为补充。然而，就总的发展趋势而言，随着经济全球化的不断深入，大多数实行地域税收管辖权的国家在向属人主义原则的税收管辖权方面过渡，各国既按属人主义原则，也按属地主义原则行使税收管辖权。我国就是同时实行居民税收管辖权和地域税收管辖权的国家之一。

在税收管辖权中，不仅许多国家兼用属人主义原则和属地主义原则，实行居民或公民税收管辖权和地域税收管辖权，而且大多数国家一般都同意并遵循地域税收管辖权优先征税原则。所谓优先征税原则，是指在国际税收关系中，确定将某项课税客体划归来源国，由来源国优先行使征税权的一项原则。地域税收管辖权优先征税原则，是指同一笔跨国所得，所得来源地国家有优先征税权，即承认在课税权方面，所得来源地及地域税收管辖权是优先于居民或公民税收管辖权的。也就是说，从哪个国家取得的所得，应当首先向哪个国家纳税。如果不允许所得来源国优先征税，而让纳税人居住国优先征税，那么，所得来源国就不会同意别国的居民在其境内通过合法劳动取得劳动或收入。在国际税收实践中，尽管可以实行不同的税收管辖权，但是各国通常都偏重于运用地域税收管辖权，因为对一个国家而言，采取地域税收管辖权更直接、更有效。如果不承认收入来源地国家可以优先征税，就无法对跨国纳税人在其他国家取得的收益予以课税。因此，在签订国际税收协定时，通常规定对常驻代表机构的所得、非独立个人的劳务所得、董事费、表演家和运动员的所得，由来源国优先征税。同时，世界上的许多国家，主要是发达国家，既然希望通过投资技术转让与国际贸易从别的国家赚取所得，就不能不承认所得来源国在征税权上的优先。不过，优先不等于独占，这里有两点需要注意：

第一，优先是有限制的。所得来源国并不能对非居民的一切所得都从源课税，而只能对在其境内居住一定期限的自然人和非居民企业所属的常设机构征税。

第二，优先不能完全排斥纳税人居住国的税收管辖权。居住国在所得来源国优先征税后，仍将分情况对纳税人行使税收管辖权。因此，对于纳税人的所得，其来源国可以先行使税收管辖权并进行征税，然后该纳税人的居住国才能行使税收管辖权。

综上所述，所谓地域税收管辖权优先征税原则，就是对跨国纳税人的跨国所得允许来源国先行征税，然后该纳税人的居住国才能对其行使居民或公民税收管辖权。这一原则在国际税收实践中，已经成为大多数国家公认的原则。

复习题

2.1 简答题

1.什么是税收管辖权？税收管辖权的确立原则有哪些？

2.什么是地域税收管辖权？

3.判定各类所得来源地的标准有哪些？

4.什么是居民税收管辖权？居民身份的判定标准有哪些？

5.什么是地域税收管辖权优先征税原则？

6.各国的税收管辖权选择有何不同？

7.我国的税收管辖权有哪些？如何判定来源于我国的各类所得？如何确定我国的居民身份？

2.2 判断题

判断下列观点是否正确，并说明理由。

1.即使各国都实行地域税收管辖权或居民税收管辖权，也可能会发生国际重复征税。

2.一个国家可以实行地域税收管辖权，也可以实行居民税收管辖权，但不能既实行地域税收管辖权，又实行公民税收管辖权，还实行居民税收管辖权。

3.地域税收管辖权优先征税原则是在国际税收多年的实践中形成的，也是大多数国家普遍认可并遵循的，但这并不能排斥居民税收管辖权。

2.3 实务操作题

1.帕瓦罗蒂涉税案

世界三大男高音之一、著名歌唱家帕瓦罗蒂，1935年生于意大利北部的摩德纳镇，1983年宣布移居摩纳哥的蒙特卡洛，并在摩纳哥拥有一座价值20万英镑、占地面积100平方米的公寓。1999年，帕瓦罗蒂家乡摩德纳所属的博洛尼亚大区税务部门认为，帕瓦罗蒂是通过“假移民”手段逃避意大利税收的，因此对其起诉。

帕瓦罗蒂认为，自己是一个足迹遍及整个世界的艺术家，所以只向演出所在地的政府缴税；而且，自己已是摩纳哥居民，不必就其在意大利境外的所得在意大利纳税。律师也坚持帕瓦罗蒂不再是意大利的居民。律师说：“我不排除他在停止歌唱生涯后回到意大利，但现在他是一个游历世界的人。”

但意大利税务当局坚持对其财产状况进行调查，还调查了帕瓦罗蒂的家庭和所有在意大利的社会关系，包括他本人、他的前妻、未婚妻及以前的秘书，以确认意大利是否有他的永久性居住地。

意大利税务当局在对其财产状况调查后认为，帕瓦罗蒂在摩纳哥的那座价值20万英镑的公寓占地面积不到100平方米，其面积、设施与帕瓦罗蒂的身价不符，不能算是一个永久居住的地方。他在意大利的摩德纳也有一套豪华住宅，但有15个公寓和1个花园，价值200万英镑，由帕瓦罗蒂和前妻共有。同时，他在意大利的佩萨罗还有一间别墅，其中包括3栋小公寓、1个可以停放6辆车的车库、1个游泳池，共价值120万英镑。另外，帕瓦罗蒂还动用70万英镑，正为自己和未婚妻建造3栋房子，他还有1个赛马场和1家餐馆。因此，帕瓦罗蒂也应当被判定为意大利税收居民。

请根据上述资料，分析帕瓦罗蒂的主张依据和意大利税务当局的判定依据。

2.德·贝尔斯联合矿业有限公司纳税案

德·贝尔斯联合矿业有限公司是一家在南非注册成立的公司，总机构设在南非金伯利，公司主要从事金刚石的开采、加工和销售活动，并在许多国家设有营业机构。英国税务当局要求该公司就其全部企业所得向英国纳税。该公司提出异议，并向英国上院提出上诉。

上诉认为：公司在南非注册成立，主要的生产经营活动也都在南非进行，属于南非企业，在英国并无生产经营活动，仅需在南非纳税即可，无须向英国政府纳税。

英国税务当局认为，德·贝尔斯联合矿业有限公司虽然是在南非注册，但公司董事会成员中的大部分董事和终身董事均住在伦敦（部分董事和终身董事住在南非），公司高级管理人员中的一部分也是英国人，公司的董事会多在英国伦敦召开，从而公司的重要经营与管理决策，如矿产开发、钻石销售与利润分配、其他资产处置、任命公司经理等均是在英国伦敦做出的，由此可判断该公司的管理和控制中心在英国伦敦，该公司为英国的居民公司，该公司应依法就其全部所得在英国纳税。

英国上院通过审理，同意英国税务当局的观点，判定德·贝尔斯联合矿业有限公司应向英国政府申报纳税。

请根据上述资料，分析德·贝尔斯联合矿业有限公司和英国税务当局各自主张的税收管辖权。为了避免对德·贝尔斯联合矿业有限公司的双重征税，可能的途径是什么？

第三章

国际重复征税及其减除

【本章导读】

国际重复征税及其减除是国际税收的核心内容，是当前国际税收领域最普遍、最突出的问题，也是国际税收领域重点研究的课题之一。目前，在解决国际重复征税的问题上，国际社会已经形成了普遍共识，并形成了一整套规则和规范，指导着国际税收实践。本章介绍了国际重复征税的含义、类型、产生的原因和经济影响，阐述了减除国际重复征税的方式及方法，重点介绍了单边方式的抵免法，而税收饶让是抵免法的拓展和延伸。通过本章的学习，同学们应理解国际重复征税的类型和产生原因、减除国际重复征税的各种办法，掌握直接抵免法和间接抵免法的计算，尤其要掌握我国减除国际重复征税的制度及计算方法。

【开篇案例】

《深圳法制报》2002年5月28日报道：美国前总统克林顿应深圳京基房地产开发有限公司邀请来深圳发表了30分钟的演讲。根据合同规定，此次活动该公司共支付费用25万美元，其中克林顿演讲报酬15万美元（折合人民币123万元），其他工作人员的工作费用和酒店机票等共10万美元。深圳京基房地产开发有限公司向地税部门代扣代缴了克林顿在深演讲所得的个人所得税共38.66万元人民币。

郑州《大河报》2005年9月7日以题为《克林顿郑州酬金25万美元个税不在中国缴》报道：从郑州市地税部门了解到，克林顿郑州行的10万余元人民币营业税款已缴纳入国库……克林顿此行是由美国急行者代理公司操办，邀请方河南中陆物流配送有限公司向美国急行者代理公司支付了25万美元。同时，河南中陆物流配送有限公司在向境外付款时，已代扣急行者106 671.05元人民币的营业税，克林顿本人并未向我国税务机关申报个人所得税。

克林顿在深圳和郑州同样是演讲，为什么深圳只征收个人所得税，郑州却只征收了营业税。同样情形，同样行为，同样所得，为什么征收的税种不一，让人不禁产生疑问。①

第一节　国际重复征税的产生及影响

一、国际重复征税的含义及类型

（一）国际重复征税的含义

重复征税是指同一课税对象在同一时期被相同或类似的税种课征了两次或两次以上。这里必须强调的是，同一征税对象被不同税种课征不属于重复征税。比如在许多发达国家，职工工资既被课征个人所得税，又被课征社会保险税（工薪税），但个人所得税和社会保险税的性质不同，因此这两个税种对同一笔工资收入同时课征并不属于重复征税。

重复征税既可以发生在一国之内，也可以发生在国与国之间。国内重复征税主要发生在联邦制国家，它又可分为纵向国内重复征税和横向国内重复征税。纵向国内重复征税是指各级政府对同一纳税人的同一笔所得同时行使征税权所造成的重复征税。如果下级政府在对纳税人征税时不允许纳税人抵扣其已缴纳的上级政府的所得税款，就会发生纵向国内重复征税。横向国内重复征税是指不同的地方政府对纳税人的同一笔所得同时行使征税权而导致的重复征税。比如，在联邦制国家中，如果一个纳税人属于一个州的居民，但有来自另一个州的收入，则有可能被

① 曹明征．克林顿国内演讲：两地为何征税不一［J］．涉外税务，2006（1）．

两个州同时课征相同的税种而发生横向国内重复征税。

国际重复征税与发生在一国之内的横向重复征税的原因大致相同，是指同一纳税人的同一笔所得被两个或两个以上拥有税收主权的国家或地区征收同一种税的情况，或者不同纳税人的同一笔所得被两个或两个以上拥有税收主权的国家或地区征收同种或同类税的情况。前者出现于总分公司的跨国企业，也被称为法律性国际重复征税；后者出现于母子公司的跨国企业，也被称为经济性国际重复征税。

（二）国际重复征税的类型

国际重复征税按性质的不同，可分为法律性国际重复征税和经济性国际重复征税。

1.法律性国际重复征税

法律性国际重复征税，即两个或两个以上拥有税收主权的国家（地区）由于实行不同的税收管辖权，或即使行使相同的税收管辖权但因其对“居民身份”或“收入来源地”的界定不同，从而造成同一纳税人的同一笔所得被不同征税主体重复征税的情况。比如，某甲国的法人居民来自乙国的收入既被实行地域管辖权的乙国征税，也被实行居民管辖权的甲国征税，所以同一笔收入既要向来源国纳税，又要向居民国纳税，最终造成双重税负。

所以，不同课税权主体如果分属于两个或两个以上国家的征税当局，就会形成法律性国际重复征税。

2.经济性国际重复征税

经济性国际重复征税是不同纳税人的同一笔所得被两个或两个以上拥有税收主权的国家（地区）征收同种或同类税的情况，即对不同纳税人的同一税源征税。所以，如果同一税源的不同纳税人是在两个或两个以上国家，就会形成经济性国际重复征税。

分处两个税收主权国家的母子公司，由于它们之间的控股关系，子公司会将其税后利润的一部分作为股息汇给母公司，母公司所在国再对这笔收入向母公司征收企业所得税。虽然母公司与子公司是两个独立的经济实体，子公司的税前利润和母公司的股息是不同的纳税客体，但从税源来看，都是子公司的利润。可见，在不同税收主权的国家或地区，同一税源由不同的征税主体向不同的纳税主体征税，就是经济性国际重复征税。

法律性国际重复征税与经济性国际重复征税的区别主要在于纳税人是否具有同一性。也就是说，当两个或两个以上拥有税收管辖权的征税主体对同一纳税人的同一课税对象同时行使征税权时，产生的重复征税属于法律性国际重复征税；当两个或两个以上拥有税收管辖权的征税主体对不同纳税人的同一课税对象同时行使征税权时，产生的就是经济性国际重复征税。

此外，还有一些其他类型的国际重复征税。比如，目前各国普遍采用复合税制，对同一纳税人的同一税源实行多税种、多环节的征税，这会造成税制性国际重复征税。

二、国际重复征税产生的原因

（一）法律性国际重复征税产生的原因

1.各国行使不同税收管辖权的冲突和重叠

一个国家往往根据自身的利益选择税收管辖权，一般来说会行使一种或两种甚至三种税收管辖权。因此，在对跨国纳税人的跨国所得征税时，地域税收管辖权同居民或公民税收管辖权，以及居民税收管辖权同公民税收管辖权之间会发生交叉重叠，从而使同一纳税人的同一笔所得被重复征税，引起国际重复征税。这也是目前国际上普遍和经常发生的国际重复征税。国与国之间税收管辖权相互交叉重叠的情况主要有以下三种：

（1）地域税收管辖权与居民税收管辖权的重叠导致国际重复征税。例如，A国某居民在B国获得了100万美元的收入。A国实行居民管辖权，所得税税率为20%；B国实行地域税收管辖权，所得税税率为30%。A国和B国分别按各自的税收管辖权征税，该居民应向A国缴纳20万美元税款，向B国缴纳30万美元税款。该居民的同一笔收入在同一时期被两个国家两次课征所得税，共计50万美元，实际税负率为50%。

（2）地域税收管辖权与公民税收管辖权的重叠导致国际重复征税。地域税收管辖权与公民税收管辖权的重叠导致国际重复征税的原理与第一种情况非常类似。但由于当前所属国籍与居住地不在同一国家的纳税人日益增多，公民税收管辖权日益暴露出其不合理的一面，因此实行公民税收管辖权的国家已经很少，公民税收管辖权与地域税收管辖权重叠的情况也较少。

（3）居民税收管辖权与公民税收管辖权的重叠导致国际重复征税。由于公民与居民的概念不同，因此同一纳税人可能被两个国家分别认定为居民和公民。当行使居民税收管辖权的国家与行使公民税收管辖权的国家同时对同一跨国纳税人征税时，就会出现国际重复征税。例如，A国某公民长期居住于B国而被B国视为居民，A国实施公民税收管辖权，B国实施居民税收管辖权，则该公民的全球收入同时被两国征税，从而发生了国际重复征税。

2.各国行使同种居民税收管辖权的冲突和重叠

不同的国家同时行使居民税收管辖权，但是由于各国对居民身份的判定标准不同，因此同一纳税人可能被两个或两个以上国家同时判定为居民，从而发生国际重复征税。例如，对于自然人税收居民身份的确定，有的国家采用住所标准，有的国家采用居所标准和居住时间标准。如果一个人在A国有永久性住所，但他又在B国停留183天以上，那么，A国根据住所标准确定这个人是本国居民，B国根据居所标准和居住时间标准也确定这个人是本国居民，A、B两国同时依法认定这个人是本国居民，都要对其在全世界的收入征税，从而导致国际重复征税。又如，对于法人税收居民身份的确定，有的国家采取注册登记地标准，有的国家采取管理机构所在地标准。如果某公司的注册登记地在A国，管理机构在B国，则A国根据注册登记地标准确定该公司的居民身份，B国又依据管理机构所在地标准确定该公司的居民身份，A、B两国同时认定该公司为本国居民，都要对该公司在全世界的收入征税，从而产生国际重复征税。

3.各国行使同种地域税收管辖权的冲突和重叠

不同的国家同时行使地域税收管辖权，但是由于对收入来源地的判定标准不同，因此同一纳税人的同一笔收入可能被两个或两个以上国家同时视为来源于本国，从而使该笔收入被两个或两个以上国家同时征税，最终导致国际重复征税的发生。例如，A国一家公司在B国有常设机构，B国判定经营所得来源地采用常设机构标准，A国采用交易地点标准。在这种情况下，如果A国该公司通过其在B国的常设机构向B国的公司销售货物，但销售合同是由A国公司与B国公司直接在A国境内签订的，这时，A国就要根据交易地点标准判定这笔销售利润来自于本国，并据此对A国公司征税，而B国则会根据常设机构标准判定这笔销售利润来自于本国，也要对A国公司设在B国的常设机构征税，从而产生了国际重复征税。再如，在判定劳务所得来源地的问题上，A国采用所得支付者标准，B国采用所得支付地标准。如果B国居民到A国为一家公司提供劳务，但其劳务所得由A国公司设在B国的分支机构支付，那么该居民的劳务所得就会被A、B两国都判定为来源于本国。

（二）经济性国际重复征税产生的原因

造成经济性国际重复征税的原因有两个方面：一是税制；二是经济。在税制上，由于几乎所有的国家都既征收企业所得税又征收个人所得税，当子公司把税后利润的一部分汇给另一国的母公司，或股份公司把股息、红利汇给居住在另一国的股东时，这部分税后利润或股息又要向其居住国缴纳企业所得税或个人所得税，从而造成同一税源的重复征税。在经济上，由于跨国控股关系的快速发展，母公司控制子公司，子公司控制孙公司，孙公司控制重孙公司的现象频频出现，从而使得同一税源被不同征税主体重复征税。控股层数越多，重复征税的程度越高。

三、国际重复征税的经济影响

（一）违背税收公平原则

公平原则是一国制定税收政策和设计税收制度所应遵循的指导思想和基本原则。税收公平原则包括横向公平与纵向公平。横向公平是指相同纳税能力的人应负担相同的税；纵向公平是指不同纳税能力的人应负担不同的税。税收公平原则要求同等收入承担同等税负，而不论它来自国内还是国外。尤其对于跨国投资者来说，境外投资要面对更多风险，就更应强调税负公平。而国际重复征税使一笔境外收入的税收负担重于等额的国内收入，同样的纳税能力负担了更多的税收，这是不公平的。

（二）妨碍资源的最优配置

资本、技术、劳动力在国家间自由流动，是生产要素在全球范围得到最有效率、最合理的利用的基本要求。而国际重复征税的产生，为生产要素在国内和国外的选择制造了障碍和壁垒，原本在国外可以获得更高回报的要素被迫在国内低效率使用。只要一个国家存在这样的情况，全球的生产要素就不是最佳配置，跨国投资、经营、技术合作的积极性就会受到影响，生产要素的流动也会受到制约，从而阻碍国际经济的发展。

（三）影响国家间的税收权益

两国甚至多国政府对跨国纳税人实行重复征税，使纳税人税负大大超过国内投资者，于是在没有相关国家采取税收抵免、减免措施的情况下，纳税人会减小境外投资规模，从而使东道国外资的引入缩小，税收收入也会相应减少。如果居住国政府对跨国投资者的已纳税收入实行免税或抵免税的税收政策，鼓励本国投资者向国外投资，这样，跨国投资者在国内政府的税收抵免政策下就不会减少在国外的投资，东道国政府从跨国投资者那里得到的税收收入也会有增无减。居住国政府用本国应收税款的牺牲换来的是东道国税收收入的增加，由此可见，国际重复征税使税收权益在国家间流动，一国税收权益的增加表示另一国税收权益的减少。

（四）不利于国际交往

社会化大生产的发展要求社会分工、协作的国际化，要求国家之间在更大的范围内交流与合作，这是国际经济发展的趋势和方向。但国际重复征税的存在，使从事或参与国际经济活动的各类企业或个人的税收负担加重，这实际上是在打击跨国投资以及其他国家交往活动的积极性，为国家间经济、技术、文化的相互交流与合作设置了一道税收障碍。如果国际重复征税问题得不到恰当解决，就会造成跨国纳税人税收负担的增加，大大减少其实际所得或收益，直接削弱跨国纳税人在国际经济领域的竞争力，进而迫使其抽回资金或减少投资。国际重复征税的存在不仅会阻碍国际交流与合作的发展，而且会使国际经济蒙受巨大的损失。

第二节　减除国际重复征税的方式及方法

如前所述，造成国际重复征税的根本原因在于各国税收管辖权的冲突和重叠。不同税收管辖权的冲突和重叠有三种，其中最主要、最常见的是两个国家居民税收管辖权和地域税收管辖权的冲突和重叠。在国际税收实践中，大量的问题也是关于如何解决这两种税收管辖权的冲突和重叠所造成的国际重复征税。

一、减除国际重复征税的方式

目前，各国采用的减除国际重复征税的方式分为单边方式、双边方式和多边方式三种。

（一）单边方式

单边方式是指一国政府为了鼓励国内资本向外投资，增强人员、资本在国家间的流动，单方面地在国内税法中规定对本国居民（自然人或法人）来自国外的所得免除或减少在国内的纳税义务，而不要求对方政府给予同等的让步。单边方式实际上承认了地域税收管辖权优先的原则，以牺牲国内的财政收入来减轻本国居民的税收负担。由于双边谈判的协议成本太高，所以这种单边方式比较常用，通常出现在一些资本比较富足的发达国家。单边方式主要采用扣除法、免税法和抵免法。例如，日本所得税法规定，日本居民纳税人如果有来源于国外的所得并缴纳了外国的所得税的，则这项外国所得税额可获得该年度的税收抵免；有的国家如荷兰、罗马尼亚等多采用免税法；泰国、智利等国家采用扣除法来单方面避免重复征税；美国、瑞士和新西兰还采取多种方式和手段来避免和缓和国际重复征税。

（二）双边方式

双边方式是指两国政府在平等互利的基础上通过双边谈判、签订税收协议的方式来协调两国之间的税收分配关系，以此来避免对与两国发生经济关系的跨国纳税人的重复征税问题。签订双边税收协定比由一国单方面做出让步更公平有效，也比由多国共同签订税收公约的协商成本更小，所以这种方式被视为当今解决国际重复征税问题的最有效方式。

随着各国对外缔结税收协定的步伐不断加快，国际税收协定对国际重复征税问题的解决已经并且将会发挥越来越大的作用。近年来，世界上缔结国际税收协定的国家的数目骤然增多，到1997年9月，全世界187个国家已签订的双边国际税收协定就达到了500多项。尤其引人注目的是，发展中国家对外缔约的数量增加得最快。我国十一届三中全会以后，与国外签订税收协定的数量也迅速增加。到2007年4月，我国已先后同89个国家签订了双边税收协定。这些双边税收协定无论在维护国家权益，还是在吸收外资、引进先进技术、优化投资环境等方面，都发挥了积极的作用。

（三）多边方式

多边方式是指两个以上的国家政府在平等互利的基础上通过谈判协商、签订协议的方式对税收权力分配所达成的一种谅解，以达到减轻对与缔约国发生经济关系的跨国纳税人重复征税的目的。多边免除国际重复征税的措施出现得更晚，而且至今仍只签订了几个小区域性的多边税收协定。其中最著名的例子就是1989年9月12日，丹麦、芬兰、冰岛、挪威和瑞典等国家缔结的以避免对所得和财产重复征税为主要目的的《北欧税收公约》。该公约已历经数次修改，至今仍具有较强的生命力。

多边税收协定与双边税收协定相比，存在难以协调、条文冗长的缺陷。由于缔结公约关乎各国的根本税收利益，涉及的国家越多，利益冲突就越难协调，最终达成协议的可能性也越小，因此现在的税收协定多采用双边税收协定。但是，多边税收协定也有双边税收形式无法比拟的优点。例如，当同一纳税人同时被认定为三个或三个以上国家的居民时，多边税收协定则会强制性要求各国在居住国认定问题上取得一致。

二、减除国际重复征税的方法

目前，各国税法和国际税收协定允许采用的减除国际重复征税的方法主要有扣除法、减免法、免税法和抵免法四种。

（一）扣除法

扣除法是指一国政府在对本国居民的国外所得征税时，允许其将该所得负担的外国税款作为费用从应税国外所得中扣除，而只对扣除后的余额征税。值得注意的是，扣除法只适用于纳税人在东道国直接缴纳的所得税或财产税和直接被东道国扣缴的预提所得税，其他在东道国缴纳的税收不能扣除。其计算公式为：

$$居住国应纳所得税税额=\left(\begin{matrix}纳税人国内外\\全部应税所得\end{matrix}-\begin{matrix}国外已纳\\所得税税额\end{matrix}\right)\times居住国税率$$

【例3-1】假设甲国一居民公司A在某纳税年度内取得总所得100万元，其中来自于甲国（居住国）的所得为70万元，来自于乙国（非居住国）的所得为30万元。甲国公司所得税税率为40%，乙国公司所得税税率为30%。该公司的纳税情况为：

A公司向乙国应纳税额=30×30%=9（万元）

A公司向甲国应纳税额=（70+30−30×30%）×40%= 36.4（万元）

A公司应纳税总额=9+36.4=45.4（万元）

在该例中，如果该公司只负担甲国税收，则不存在任何重复征税，其纳税额为40万元；如果甲国不允许纳税人使用扣除法，则其应纳税额为49万元；而在实行扣除法的情况下，该公司实际共负担税款45.4万元。显然，扣除法可以缓解重复征税，但不能完全免除重复征税。

正是由于扣除法不能彻底解决国际重复征税问题，而且它不鼓励居住国的纳税人对外投资，所以《经合组织范本》和《联合国范本》都不主张在国与国之间签订的双重税收协定中采用扣除法解决国际重复征税问题。但一些国家在国内税法中规定，纳税人可以使用扣除法作为消除双重征税的备选方案，或者用于解决本国纳税人跨国间接投资的双重征税问题（因为有的国家规定，股权比重低于一定比例的境外投资不能办理外国税收抵免）。例如，美国《国内收入法典》规定，凡美国公民、居留侨民和国内公司在外国缴纳的所得税，可以采用扣除法从美国应税所得中扣除，也可以采用抵免法冲抵应缴纳的美国所得税税款。此外，德国、法国、瑞士、爱尔兰、泰国、智利等国也都允许纳税人在一定条件下采用扣除法。我国税法过去也有关于扣除法的规定。《中华人民共和国外商投资企业和外国企业所得税法实施细则》第二十八条规定："外国企业在中国境内设立的机构、场所取得发生在中国境外的与该机构、场所有实际联系的利润（股息）、利息、租金、特许权使用费和其他所得已在境外缴纳的所得税税款，除国家另有规定外，可以作为费用扣除。"

（二）减免法

减免法又称低税法，即一国政府对本国居民的国外所得在标准税率的基础上减免一定比例，按较低的税率征税，而对其国内来源所得按正常的税率征税。显然，一国对本国居民来源于国外的所得征税的税率越低，越有利于缓解国际重复征税。但由于减免法只是居住国对已缴纳外国税款的国外所得按减低的税率征税，而不是完全对其免税，因此它与扣除法一样，也只能减轻而不能免除国际重复征税。因此，《经合组织范本》和《联合国范本》也都没有将减免法作为避免双重征税的方法，目前只有个别国家在国内税法中使用这种方法来缓解国际重复征税。例如，比利时所得税法规定，对本国公司从国外分支机构取得的所得减征75%的企业所得税。

（三）免税法

（1）免税法的概念和应用。免税法也称豁免法，是指一国政府对本国居民的国外所得给予全部或部分免税的待遇。由于纳税人居住国只对来源于本国的所得征税，放弃了对来源于国外的收入的征税权，这实际上是只行使地域税收管辖权，彻底免除国际重复征税。鉴于此，《经合组织范本》和《联合国范本》都将免税法列为避免国际重复征税的推荐方法。

值得注意的是，在国际税收实践中，为了防止一笔所得在国内、国外都不被征税，或只征收轻税，实行单边免税的国家对本国居民国外来源的所得免税往往规定有严格的条件：

首先，能够享受免税的国外所得必须来源于那些课征有与本国相似所得税的国家，而对来源于不征所得税或所得税税率很低的国际避税地的所得一般不给予免税。因为，如果国外所得来源国的所得税税率与居住国相同或接近，居住国即使采用抵免法也征不到多少税款。换句话说，当来源国的税率接近或高于居住国时，免税法和抵免法的效果区别不大。

其次，享受免税的国外所得一般应为本国纳税人从国外分公司取得的利润或从参股比重达到一定比例的外国居民公司分得的股息、红利（即“参与免税”或“参股免税”）。欧洲大陆许多国家（如奥地利、丹麦、德国、法国、芬兰、瑞典、荷兰、意大利等）的国内税法中都有这种“参与免税”的规定，但各国享受免税的参股比例并不完全相同，如奥地利、瑞典为25%，丹麦为20%，德国、芬兰、澳大利亚为10%，荷兰、法国和比利时为5%。而居住国对本国纳税人从国外取得的消极投资所得如利息、特许权使用费以及股权比重达不到“参与免税”要求的股息等一般都不给予免税。因为这些消极投资所得的来源国往往只对其课征较低的预提税，这时如果居住国仍对这几类所得免税，它们就可能被课征很低的税收。

再次，享受“参与免税”必须符合一定条件：一是其在国外企业持有股份的时间必须达到规定的最低期限（一般要求持股期限为1～2年），否则就不给予办理“参与免税”。例如，法国规定为2年，比利时规定为1年等。二是一些国家（如德国）在实行“参与免税”时，要求派息分红公司必须是从事制造业、商业、银行业等经营活动的公司，其目的是提高这些海外子公司的竞争力。三是一些国家把免税待遇给予在国外企业中拥有相当大的经营管理权的本国企业，而不是给予那些仅作为散股投资、不掌握对方经营管理权的企业。

需要指出的是，一些国家对本国居民的全部外国所得给予免税待遇，有的国家只对境外所得的一部分免税。例如，法国和比利时的免税比例为95%，意大利对来源于非欧盟国家的所得的免税比例为60%，对来源于欧盟国家的所得的免税比例为95%。另外，有些国家对本国公司境外分公司的利润免税，但对境外分公司的亏损一般也不允许用于冲减总公司的利润；在对境外所得免税的同时，对纳税人取得境外所得而发生的费用一般也不允许在计算本国应纳税额时扣除，因为如果再允许扣除这种费用，则会导致对一部分来源于本国的所得也给予免税待遇。

（2）免税法的类型。免税法按计税方法的不同，可分为全额免税法和累进免税法。全额免税法是指一国政府对该居民来源于国外的已税所得和存在于国外的已税财产全额免予征税，并且在确定对其国内所得征税的税率时也不考虑这笔免于征税的国外所得。这是一种彻底消除国际重复征税的办法。累进免税法是指一国政府对该居民来源于国外的已税所得和存在于国外的已税财产全额免予征税，但在确定对其国内所得征税的税率时，要将这笔免于征税的国外所得与国内所得汇总一并考虑。为了介绍全额免税法和累进免税法的区别，现举例如下。

【例3-2】甲国A公司在该年内总共获利200万元，其中来自居住国的所得150万元，来自来源国乙国的所得50万元。甲国实行超额累进税率，100万元以下税率为10%，100万～200万元税率为20%，200万元以上为30%；乙国实行30%的比例税率。

①如果甲国没有采取单边方式来避免国际重复征税，甲国和乙国之间也没有签订避免国际重复征税的协定，则A公司的纳税情况为：

甲国应征税额=100×10%+100×20%=30（万元）

乙国应征税额=50×30%=15（万元）

A公司应纳税总额=30+15=45（万元）

②如果甲国采用免税法避免国际重复征税，即对来自乙国的50万元不征税，只对来自国内的150万元征税，则在全额免税法下，A公司的纳税情况为：

甲国应征税额=100×10%+50×20%=20（万元）

乙国应征税额=50×30%=15（万元）

A公司应纳税总额=20+15=35（万元）

③如果甲国采用免税法避免国际重复征税，则在累进免税法下，A公司的纳税情况为：

在累进免税法下，对于甲国应征税额的计算，应先计算适用税率，再根据适用税率计算应征税额。适用税率的计算公式为：

适用税率=全额征收所得税时的应纳税额÷国内外全部收入

=国内外全部应税所得×对应税率÷国内外总收入

=（100×10%+100×20%）÷200

=15%

甲国应征税额=150×15%=22.5（万元）

乙国应征税额=50×30%=15（万元）

A公司应纳税总额=22.5+15=37.5（万元）

由上例可知，相对于累进免税法，全额免税法减弱了对本国居民纳税人国内所得征税的累进性，所以为了维护本国的税收利益，实行免税法的国家一般都采取累进免税法，《经合组织范本》和《联合国范本》两个税收协定范本也赞成采用累进免税法。例如，中国与德国签订的税收协定第二十四条规定："除了部分股息（德国居民在支付股息的中国公司有的资本不足10%情况下取得的股息）、利息、特许权使用费、董事费或监事费、艺术家和运动员所得等适用于税收抵免法的所得外，其他来源于中国并可在中国征税的所得或财产免除德国税收，但德国在确定税率时可以对免税的所得或财产予以考虑。"又如，中国和瑞典签订的税收协定第二十三条第四款也规定："瑞典居民取得的所得或收益，按照本协定免征瑞典税收，瑞典在确定其累进税率时，可以考虑该项所得或收益。"但累进免税法实施起来比较复杂，因为它要求居住国掌握本国纳税人在境外取得的所得的数量。

（四）抵免法

相对于上述三种减除国际重复征税的办法，抵免法既承认收入来源地的优先征税权，又保留行使居民税收管辖权的权利，这样既不会过分牺牲纳税人居住国的税收利益，也不会一味保全居住国利益而阻碍国际重复征税的免除，更不会加重跨国纳税人的税收负担。例如，我国2007年公布的《企业所得税法》就采取了抵免法。《企业所得税法》第二十三条规定，居民企业来源于中国境外的应税所得，以及非居民企业在中国境内设立机构、场所，取得发生在中国境外但与该机构、场所有实际联系的应税所得，已在境外缴纳的所得税税额，可以从其当期应纳税额中抵免，抵免限额为该项所得依照本法规定计算的应纳税额；超过抵免限额的部分，可以在以后五个年度内，用每年度抵免限额抵免当年应抵税额后的余额进行抵补。第二十四条规定，居民企业从其直接或者间接控制的外国企业分得的来源于中国境外的股息、红利等权益性投资收益，外国企业在境外实际缴纳的所得税税额中属于该项所得负担的部分，可以作为该居民企业的可抵免境外所得税税额，在本法第二十三条规定的抵免限额内抵免。

由于抵免法同时兼顾居住国、来源国和跨国纳税人三方的利益，因此在国际税收实践中被视为最佳选择，许多国家采用抵免法作为减除国际重复征税的方法。下一节我们将对抵免法进行详细介绍。

三、扣除法、减免法和免税法的比较

扣除法只是减轻了国际重复征税，但由于不承认收入来源地的优先征税权，因此使得国际重复征税仅仅被免除了一部分，跨国纳税人仍然被重复征税问题所困扰。正是基于这种缺陷，在避免国际重复征税的实践中，扣除法很少被采用。

减免法不能彻底消除国际重复征税问题，但可以使国际重复征税问题得到一定程度上的缓解。而缓解的程度和作用如何，完全取决于所得税税率的降低程度。当实际征收的税率接近原税率时，则缓解国际重复征税的作用基本失去；当实际征收的税率接近零税率时，则可基本起到免除国际重复征税的作用。

免税法在避免国际重复征税的效果上是最佳的，它使居住国对居民纳税人来自外国的已向来源国缴纳税款的那部分所得免于征收所得税，从而彻底消除了重复征税问题。但是，免税法也有一个重大缺陷，即它完全放弃了居民税收管辖权并承认地域税收管辖权的独占地位，这样必然会导致居住国政府的税收损失；同时，免税法还为跨国纳税人进行国际避税提供了机会，他们可能会千方百计地把居住国的利润和财产转移到低税国去。

第三节 抵免法

在减除国际重复征税的四种方法中，抵免法既承认收入来源国的优先征税地位，又不要求居住国完全放弃对本国居民国外所得的征税，因而受到了世界各国的普遍采用，《经合组织范本》和《联合国范本》也都将抵免法列为供签订税收协定的国家选择的避免双重征税的一种方法。就世界范围来看，抵免法的使用是相当普遍的。鉴于抵免法的重要性以及实用的复杂性，我们把抵免法单独作为一节对其进行详细介绍。

一、抵免法的概念

抵免法的全称为外国税收抵免法，即一国政府在对本国居民的国外所得征税时，允许其用国外已纳的税款冲抵在本国应缴纳的税款，从而实际征收的税款只为该居民应纳本国税款与已纳外国税款的差额。显然，抵免法承认所得来源国的征税优先权，但并不放弃居民税收管辖权，而且可以有效地免除国际重复征税，因而受到世界各国的普遍采用。其计算公式为：

居住国应征所得税税额=国内外总收入×本国税率－允许抵免的已交国外税额

从抵免法的概念可以看出，居住国（国籍国）允许本国居民用已缴所得来源国的所得税税款冲抵应缴本国政府的所得税税额。这表明，抵免法在承认所得来源国优先征税的同时，并未放弃居民税收管辖权，同时也较好地解决了国际重复征税难题，因而成为世界各国普遍采用的避免国际重复征税的办法。抵免法分为直接抵免法和间接抵免法。

二、直接抵免法

（一）直接抵免法的概念和适用范围

直接抵免法是指一国政府在对其居民的全球所得或财产征税时，允许该纳税人从其应纳税额中扣除已由其直接在国外缴纳的税额的一种消除国际重复征税的方法。直接抵免法之所以称为“直接”，是因为只有居民纳税人本人直接向东道国缴纳的税额，才允许抵免。直接抵免法消除的是不同国家征税权主体对同一纳税人的同一征税对象进行的法律性重复征税。

由定义可知，直接抵免法的适用对象为同一个经济实体，包括同一跨国纳税自然人和同一跨国法人的总分支机构。因为一国居民直接缴纳外国税款，可以是自然人居民到国外从事经济活动取得收入而向当地政府纳税，可以是居住国的总公司设在国外的分公司（总公司与分公司在法律上属于同一法人实体）向所在国缴纳税款，也可以是居住国的母公司从国外子公司取得股息、利息等投资所得而向子公司所在国缴纳的预提税。所以，直接抵免法一般适用于自然人的个人所得税抵免、总公司与分公司之间的企业所得税抵免，以及母公司与子公司之间的预提所得税抵免。其中，预提税在形式上虽然是由向本国支付所得的国外单位代缴，但实际上是由居住国的跨国法人居民负担的，因此可以视为跨国纳税人直接缴纳给收入来源国政府的所得税，可从本国的所纳税款中直接抵免。

（二）直接抵免法的分类

1.全额抵免法

全额抵免法是指居民法人在国外缴纳的按照收入来源国的税率计算的所得税税款，可以从以国内外总收入为税基、按照本国税率计算的应纳税额中全部抵免。其计算公式是：

居住国应征所得税税额=居民的国内外总收入×居住国税率-国外已征全部税额

由计算公式可知，如果国外的税率高于国内，那么不仅国外的税负会被抵免，而且来源于国内收入的应纳税额也会被部分抵免，这就使居住国政府的应得税收转移给了来源国，因而全额抵免法在税收实践中几乎没有国家采用。

2.限额抵免法

限额抵免法是指纳税人从境外获得的所得，已在境外按照收入来源国的税率计算缴纳的所得税税款，可以在纳税人的应纳税额中抵扣，但抵扣的数额不能超过按照本国税法计算的应纳税额。也就是说，纳税人从境外获得的收入，应当按照本国税法的规定计算应税所得，确定应纳税额并将此作为抵免限额。已在境外缴纳的税款，如不超过此限额，可全部抵免；如果超过此限额，超过部分不抵免。

居住国应征所得税税额=居民的国内外总所得×居住国税率−允许抵免的国外已征税额

限额抵免法保证了居住国政府的税收利益，它与全额抵免法的不同是：居住国政府对跨国纳税人在国外缴纳的所得税给予抵免时，数额不能超过按本国税率计算的应纳税额。具体来说，如果国外税率低于本国，那么在国外已缴税额可全部抵免；如果国外税率高于本国，则只能部分抵免，其数额是抵免限额。

（三）抵免限额

当实行全额抵免法时，尤其是当国外税率高于本国税率时，居住国国内的税基就会遭到侵蚀，本国的税收利益就会受到损失，而限额抵免法的出现就是为了避免这种情况的发生。因此在实践中，各国为了保证本国的税收利益，都实行了限额抵免法，而抵免限额是限额抵免法中的一个重要概念。

1.抵免限额概述

抵免限额和允许抵免的国外已征税额是两个不同的概念。抵免限额是指居住国政府允许跨国纳税人从本国应纳税额中扣除的在来源国所纳税款的最高限额。当跨国纳税人的国外纳税额高于这个限额时，不予抵免；当不及这个限额时，将在国内补征。所以，实际允许抵免的税额是实纳税额与抵免限额相比的较小者。可见，实行限额抵免法的国家虽然承认来源国优先行使地域税收管辖权，但并不完全放弃对本国居民的征税权利。进行税收限额抵免的目的是避免纳税人的跨国所得承受双倍的税收压力，并不能把跨国纳税人的税负从高税率来源国转嫁给低税率居住国。抵免限额的计算公式是：

抵免限额=居民纳税人国内外所有应税所得×居住国税率×按照本国税法计算的来自国外的应税所得÷来自国内外的所有所得

这一公式适用于居住国采用累进税率和比例税率的情况。如果居住国实行比例税率，则上述公式可以简化为：

抵免限额=按照本国税法计算的来自国外的应税所得×居住国税率

国外已征税款（本国居民在国外实际缴纳的税款）=按照国外税法计算的国外应税所得×来源国税率

允许抵免的国外已征税额=min（抵免限额，国外已征税款）

下面以累进税率为例说明抵免限额的计算。

【例3-3】甲国一公司某年度有总收入100万元，其中来自国外分公司的收入有30万元。居住国实行超额累进税率，即50万元以下税率为10%，50万～60万元税率为20%，60万～70万元税率为30%，70万～80万元税率为40%，80万～90万元税率为50%，90万元以上税率为60%；非居住国税率为30%。允许抵免的国外已征税额计算如下：

抵免限额=（50×10%+10×20%+10×30%+10×40%+10×50%+10×60%）×30÷100

=7.5（万元）

国外已征税款=30×30%=9（万元）

允许抵免的国外已征税额=min（7.5，9）=7.5（万元）

2.抵免限额的类型

在经济生活中，居住国纳税人在同一纳税年度来自国外的所得可能来自几个国家，而且收入所得通常包括很多项目，如营业利润、利息、股息和特许权使用费等，而且各国政府对不同项目所规定的税率也有不同。因此，抵免限额的类型又可分为分国限额法、综合限额法、分项限额法以及分国分项限额法。

（1）分国限额法。这是指居住国政府对其居民来自每一个非居住国取得的所得，分别计算出各自的抵免限额。其计算公式为：

$$\text{分国抵免限额}=\frac{\text{境内、境外总所得按居住国税率计算的应纳税总额}}{}\times\frac{\text{来源于某外国的所得额}}{\text{境内、境外所得总额}}$$

在居住国税率为比例税率的情况下，可以采用比较简便的计算方法。其计算公式为：

分国抵免限额=某外国所得×居住国税率

（2）综合限额法。这是指居住国政府对其居民来自不同国家的所得汇总相加，按居住国税率计算出一个统一的抵免限额。其计算公式为：

$$\text{综合抵免限额}=\text{境内、境外总所得按居住国税率计算的应纳税总额}\times\frac{\text{来源于境外的总所得额}}{\text{境内、境外所得总额}}$$

在居住国税率为比例税率的情况下，可以采用比较简便的计算方法。其计算公式为：

综合抵免限额=全部境外所得×居住国税率

（3）分项限额法。某些国家出于自身利益的需要，对纳税人的收入分类征税，如对股息、利息、资本利得征收低税，对营业所得等征收高税。如果居住国政府按综合限额法进行抵免，就会有某些项目实际缴纳的税款不足抵免限额的部分抵消掉某些超过抵免限额的税款，从而使纳税人减少了税负，居住国政府的一部分应得税收被抵免掉了。分项抵免法就是把所有国外收入按类别分别抵免，而不考虑国别，从而使各项之间不能互相冲抵。其计算公式如下：

$$\text{分项抵免限额}=\text{境内、境外总所得按居住国税率计算的应纳税总额}\times\text{国外专项应税所得}\div\text{国内外全部应税所得}$$

对专项收入按分项抵免时，其余部分抵免限额按综合抵免限额法计算，其公式为：

$$\text{其他项目抵免限额}=\text{境内、境外总所得按居住国税率计算的应纳税总额}\times\left(\text{国外全部应税所得}-\text{专项应税所得}\right)\div\text{国内外全部应税所得}$$

（4）分国分项限额法。分国限额法是按收入来源国分别抵免，不考虑收入的类别。分项限额法是把所有国外收入按类别分别抵免，而不考虑国别。这样，就有某些纳税人利用不同国家的不同专项税率的相互抵免，增加在居住国的实际抵免额。因此，某些国家通过实行分国分项限额法来避免这种情况的发生，以减少抵免额，增加财政收入。其计算公式为：

$$\text{分国分项抵免限额}=\text{境内、境外总所得按居住国税率计算的应纳税总额}\times\text{纳税人在某国的某项应税所得}\div\text{国内外全部应税所得}$$

由于分国分项限额法计算复杂，因此在国际税收实践中，除个别国家使用此法外，多数国家采用的是分国抵免法或分项抵免法。例如，美国对居民的境外利息、外国销售公司收入等低税率项目，以及海外石油、矿产开采等高税率项目实行分项抵免。我国则实行分国抵免。下面通过一个例子来说明抵免限额的计算。

【例 3-4】甲国总公司 A 来源于国内的总收入为 1 000 万元，甲国实行超额累进税率。来自乙国的分公司 B 的收入为 400 万元，其中 60 万元是股息，140 万元是特许权使用费，乙国所得税税率为 35%，股息所得税税率为 40%，特许权使用费税率为 45%。来自丙国的分公司 C 的收入为 600 万元，其中 100 万元是资本利得，200 万元是特许权使用费，丙国所得税税率为 40%，资本利得税率为 45%，特许权使用费税率为

50%。请用不同的抵免方法考虑A公司应向甲国政府缴纳的税额和A公司可获得的税收抵免额。表3-1和表3-2分别是甲、乙、丙三国的税率表。

表3-1　　甲国税率表

应税收入（万元）	税率（%）
100以下	10
100～200	20
200～300	30
300～400	40
400以上	50

表3-2　　乙国、丙国税率表（%）

乙国		丙国	
所得税税率	35	所得税税率	40
股息所得税率	40	资本利得税率	45
特许权使用费税率	45	特许权使用费税率	50

第一步：计算A公司在抵免前应向甲国缴纳的税额：

A公司在抵免前应向甲国缴纳的税额=100×10%+100×20%+100×30%+100×40%+1 600×50%

=900（万元）

第二步：计算分公司应向乙国和丙国实纳税额：

分公司B向乙国缴纳的税额：

一般所得缴纳税额=200×35%=70（万元）

股息所得缴纳税额=60×40%=24（万元）

特许权使用费缴纳税额=140×45%=63（万元）

合计=70+24+63=157（万元）

分公司C向丙国缴纳的税额：

一般所得缴纳税额=300×40%=120（万元）

资本利得所得缴纳税额=100×45%=45（万元）

特许权使用费缴纳税额=200×50%=100（万元）

合计=120+45+100=265（万元）

第三步：按四种抵免方法计算抵免限额：

（1）分国限额法。

对乙国已纳税额的抵免限额=900×400÷2 000=180（万元）

由于抵免限额180万元大于实纳税额157万元，因此允许抵免的B公司对乙国所纳税额为实纳税额157万元。

对丙国已纳税额的抵免限额=900×600÷2 000=270（万元）

由于抵免限额270万元大于实纳税额265万元，因此允许抵免的C公司对丙国所纳税额为实纳税额265万元。

因此，A公司向甲国缴纳税额为：

A公司向甲国缴纳税额=900−157−265=478（万元）

（2）综合限额法。

对所有国外已纳税额的抵免限额=900×1 000÷2 000=450（万元）

国外所有实纳税额=157+265=422（万元）

由于抵免限额450万元大于实纳税额422万元，因此允许抵免的所有国外已纳税额为实纳税额422万元。

因此，A公司向甲国缴纳税额为：

A公司向甲国缴纳税额=900−422=478（万元）

（3）分项限额法。

①对国外股息已纳税额的抵免限额=900×60÷2 000=27（万元）

国外股息实纳税额=60×40%=24（万元）

因此允许抵免的国外股息所纳税额为实纳税额24万元。

②对国外资本利得已纳税额的抵免限额=900×100÷2 000=45（万元）

国外资本利得实纳税额=100×45%=45（万元）

因此允许抵免的国外资本利得所纳税额为45万元。

③对国外特许权使用费所得已纳税额的抵免限额=900×340÷2 000=153（万元）

国外特许权使用费所得实纳税额=140×45%+200×50%=163（万元）

因为对国外特许权使用费所得已纳税额的抵免限额153万元小于国外特许权使用费所得实纳税额163万元，因此允许抵免的国外特许权使用费所得所纳税额为抵免限额153万元。

④对国外非专项所得抵免限额=900×（1 000-60-140-100-200）÷2 000=225（万元）

国外非专项所得实纳税额=200×35%+300×40%=190（万元）

因为对国外非专项所得已纳税额的抵免限额225万元大于国外非专项所得实纳税额190万元，因此允许抵免的国外非专项所得实纳税额为抵免限额190万元。

⑤A公司应向甲国缴纳税收=900-24-45-153-190=488（万元）

（4）分国分项限额法的计算和上述相同，同学们自己可以比照计算。

3.抵免限额的年度结转

由前述可知，抵免限额是允许纳税人抵免本国税款的最高数额，它并不一定等于纳税人的实际抵免额。纳税人在某一年度被允许的实际抵免额为其在来源国已纳的所得税税额与抵免限额相比的较小者。如果纳税人的抵免限额大于在来源国已纳的所得税税额，即实纳税额全部抵免后的剩余部分，称为抵免限额余额。相反，如果该纳税人的抵免限额小于在来源国已纳的所得税税额，即未被抵免的实纳税额部分，称为超限抵免额。跨国纳税人在经营中，某一年度可能出现抵免限额余额，另一年度则可能出现超限抵免额，所以在税收实践中，纳税人要求在一定期限内对抵免限额余额和超限抵免额互相冲抵，以达到减轻税负的目的，这就产生了抵免限额的年度结转。

所谓抵免限额的年度结转，是指对跨国纳税人某些年度超出抵免限额而未被抵免的国外已缴税额（超限抵免额），在一定的年限以内，居住国政府允许与其他年度的不足限额（抵免限额余额）相互结转冲抵的办法。

对于超限抵免额的处理，各国的规定不同。有些国家允许超限抵免额向后结转，如美国、加拿大和日本等国规定，纳税人当年的超限抵免额可以向以后年度结转，即纳税人可以用当年的超限抵免额增加以后某年度的实际抵免额。举例来说，假定某纳税人2010年有超限抵免额5万元，2011年其在国外缴纳的税款为10万元，当年抵免限额为15万元，抵免限额余额为5万元，而2011年应向本国缴纳的税款为30万元。在不允许超限抵免额结转的情况下，该纳税人的实际抵免额为10万元，抵免后缴纳本国税款20万元；如果允许超限抵免额向以后年度结转，则该纳税人2011年实际抵免额就可以增加到15万元，抵免后只需向本国政府缴纳15万元税款。还有些国家不允许纳税人的超限抵免额向前或向后结转，如英国、德国等国税法中都有这种规定。但其中有些国家（如德国、卢森堡、法国等国）规定，超限抵免额可以作为费用从当年本国的应税所得中扣除。对于超限抵免额向后结转的期限的规定，各国也有不同，如加拿大规定为7年，美国规定为5年，日本规定为3年。我国也有超限抵免额向后结转的规定，我国《企业所得税法》第二十三条规定："超过抵免限额的部分，可以在以后五个年度内，用每年度抵免限额抵免当年应抵税额后的余额进行抵补。"除了向后结转以外，有些国家还允许超限抵免额向以前年度结转，即退还以前某年度纳税人因抵免不尽而多缴纳的本国税款，如加拿大就规定，超限抵免额可以向前结转3年。

4.来源国亏损的跨年度结转

所谓来源国亏损的跨年度结转，是指在跨年度的经济活动中，来源国政府对该国的亏损不予亏损结转时，居住国政府按亏损结转计算其抵免限额。其理由是，当国外的分公司或分支机构出现亏损时，某些来源国政府对这部分亏损允许在一些年限内抵免，而某些国家政府则不允许抵免。在不允许抵免的情况下，对居住国政府来说，国外分公司出现亏损时，国内应税收入减少，税收也相应减少。来年国外分公司出现盈利，而来源国政府又不允许亏损结转，只就该盈利额课税，那么该年内总公司向居住国政府纳税时，国外的已纳税款就可以在抵免限额内得到抵免。这样，国外分公司出现亏损时，国内应税收入可被冲抵，有盈利时，国外已缴税款获得抵免。显然，这对居住国政府是不合理的。所以，很多国家对此采取来源国亏损的跨年度结转措施，以避免跨国纳税人双重受益。下面举例说明。

【例3-5】甲国总公司A 2010年来源于国内的总收入为1 000万元，2011年为2 000万元；来自乙国分公司B的收入2010年亏损200万元，2011年盈利400万元。甲国税率为30%，乙国税率为40%。

（1）如果乙国不实行亏损年度结转，甲国也不实行来源国亏损的跨年度结转，则：

2010年，B公司因发生亏损，所以对乙国的纳税额为0。

2010年A公司向甲国应纳税额=（1 000−200）×30%=240（万元）

2011年B公司向乙国缴纳税款=400×40%=160（万元）

2011年甲国对B公司已纳税款的抵免限额=400×30%=120（万元）

2011年A公司向甲国应纳税额=（2 000+400）×30%-120=600（万元）

两年内A公司向甲国纳税总额=240+600=840（万元）

设在甲国的A公司本身应向甲国纳税税额=（1 000+2 000）×30%=900（万元）

由此可以看出，两年内A公司本身应向甲国纳税税额为900万元，但实际缴纳了840万元，A公司向甲国政府少纳税60万元，此值正好为乙国2010年亏损的200万元乘以甲国的税率30%，这就是因乙国不实行亏损的跨年度结转而在甲国纳税时被抵免掉的税额。因此，甲国承担了乙国不跨年结转的税收损失，这对甲国政府是不公平的。

（2）如果乙国不实行亏损年度结转，甲国实行来源国亏损的跨年度结转，则：

2010年，B公司因发生亏损，所以对乙国的纳税额为0。

2010年A公司向甲国应纳税额=（1 000-200）×30%=240（万元）

2011年B公司向乙国缴纳税款=400×40%=160（万元）

2011年甲国对B公司已纳税款的抵免限额=（400-200）×30%=60（万元）

2011年A公司向甲国应纳税额=（2 000+400）×30%-60=660（万元）

两年内A公司向甲国纳税总额=240+660=900（万元）

设在甲国的A公司本身应向甲国纳税税额=（1 000+2 000）×30%=900（万元）

甲国在对B公司已纳税款的抵免限额进行计算时，按乙国实行年度结转计算，这样抵免限额减少，甲国征收的税款比不实行来源国亏损跨年度结转的情况多了60万元，从而保证了甲国政府的税收利益，这也是税收公平原则的要求。

（四）我国的直接抵免制度

我国目前对企业和个人外国税收抵免限额的计算主要采用分国限额法。我国的有关税法规定，企业如果能全面提供境外完税凭证，可采取分国不分项的办法计算企业的外国税收抵免限额。而且，我国税法不允许用境外分公司的亏损冲减境内总公司的利润。我国《企业所得税法》第十七条规定："企业在汇总计算缴纳企业所得税时，其境外营业机构的亏损不得抵减境内营业机构的盈利。"另外，我国税法也规定，一国分公司（分支机构）的亏损也不能抵减另一国分公司的应纳税所得额。下面举一个简单的例子加以说明。

【例3-6】我国某公司某年在我国境内经营取得的应税所得额为300万元，税率25%；其在A国的分公司当年取得的应税所得额折合人民币150万元，A国规定的企业所得税税率为40%，当年该公司还从A国取得特许权使用费50万元，A国规定的预提所得税税率为15%；当年该公司从B国取得的应税所得额折合人民币100万元，其中租金收入30万元，利息所得50万元，特许权使用费20万元，B国课征的预提所得税税率为20%。该公司的境外所得均已在当地纳税。要求计算该公司当年的外国税收抵免限额和实际应向我国缴纳的所得税税额。

（1）计算该公司允许抵免的A国所得税税款。

在A国的分公司向A国缴纳税款=150×40%+50×15%=67.5（万元）

在A国的分公司的抵免限额=（300+150+50+100）×25%×（150+50）÷（300+150+50+100）

=50（万元）

因此，该公司允许抵免的A国所得税税款为50万元。

（2）计算该公司允许抵免的B国所得税税款。

在B国的分公司向B国缴纳税款=100×20%=20（万元）

在B国的分公司的抵免限额=（300+150+50+100）×25%×100÷（300+150+50+100）

=25（万元）

因此，该公司允许抵免的B国所得税税款为20万元。

（3）计算该公司当年向我国实际纳税的所得税税额。

该公司当年向我国实际纳税的所得税税额=（300+150+50+100）×25%−50−20

=80（万元）

我国的个人所得税也允许采取分国限额法计算抵免限额，但与企业所得税采用分国不分项的办法不同，它要求采用分国分项限额法计算抵免限额。这是因为我国目前不实行综合个人所得税制度，不同的所得项目适用的税率、费用扣除标准等不一定相同，所以要计算某一国的税收抵免限额，只能区别来源于该国的应税所得项目，依照我国税法规定的费用扣除标准和适用税率分别计算各项所得的应纳税额，再把来源于该国的各项所得的应纳税额加总，求出该国的税收抵免限额。

三、间接抵免法

（一）间接抵免法的概念和适用范围

间接抵免法是区别于直接抵免法而言的。间接抵免法是指一国政府在对其居民全球所得征税时，允许扣除由其取得的股息所承担的子公司所缴纳的外国税款。间接抵免法之所以称为“间接”，是因为允许抵免的不是直接由母公司缴纳的外国税款，而是由其子公司缴纳但由其间接负担的外国税款。间接抵免法消除的是不同国家征税权主体对不同国家居民或公司的同一税源进行的经济性国际重复征税。

直接抵免法适用于总分公司形式的跨国公司，由于分公司不是法人实体，它是总公司的组成部分，其所有利润完全属于总公司，因此分公司在国外缴纳的所得税可视为国内总公司缴纳的，可以在总公司向居住国政府缴纳的税收中直接抵免。间接抵免法适用于母子公司形式的跨国公司，国外的子公司是独立的经济实体，在法律上与母公司是两个不同的经济组织，因而在税收上构成了两个独立的纳税主体。母公司与子公司之间是控股关系，所以子公司的收入并不完全属于母公司，而是把税后利润按股权比重分配给母公司。因此，母公司得到的来自子公司的股息收入已经负担了子公司所在国的税款，但这部分税款并不是母公司直接缴纳的，而是间接承担的，所以母公司在所在国缴纳税款时应获得间接抵免，即抵免该股息收入承担的子公司已缴纳的所得税额。所以说，间接抵免来源于直接抵免，允许抵免的国外税收是跨国纳税人间接缴纳的税收。它包括以下两层含义：

其一，间接抵免法是由两个居住国对两个纳税人征税产生的国际重复征税。

其二，母公司所在的居住国政府允许母公司抵免的税额，并不是子公司向其所在国缴纳的全部税款，而是母公司所分股息应承担的那部分税款。这部分税款只能通过母公司收到的股息、红利间接地计算出来。

在国际税收中，当子公司向母公司支付股息时，还要代母公司向子公司所在国缴纳预提税；若不缴纳预提税，股息就不得汇出。可见，预提税的实际纳税人是股息收取者，即母公司。母公司所在国对这笔预提税要用直接抵免法来减少国际重复征税，所以间接抵免法通常是伴随着直接抵免法一同进行的。

实行间接抵免法的国家，一般都规定有限制条件。这些限制条件通常包括：

第一，间接抵免法只适用于具有母、子公司关系的跨国公司，自然人纳税人不能享受间接抵免。

第二，母、子公司的领导层公司，必须是直接参加其外国下层公司业务经营的积极投资者，而不是那种只是购买股票和其他有价证券，并不参与被投资公司业务经营的消极投资者。

第三，母公司拥有其子公司具有表决权的股票必须达到规定的最低限额。美国税法规定，允许给予间接抵免的母、子公司，母公司必须拥有其子公司具有表决权的不少于10%的股票。

（二）间接抵免额的计算

间接抵免法按照控股层数的多少分为一层间接抵免法和多层间接抵免法。一层间接抵免法适用于只存在母子公司控股关系的重复征税问题。但是，很多跨国公司不仅母公司控股子公司，而且子公司还控股孙公司，甚至出现孙公司再控股重孙公司的多层控股现象。因此，重孙公司的税后利润按一定比例作为股息汇给孙公司，孙公司将该股息还原后并入自己的收入中纳税，税后的利润再按一定的比例作为股息汇入子公司，如此一层层向上，最终到达母公司。也就是说，母公司来自子公司的股息不仅负有子公司所在国的税款，而且负有从子公司到最底层公司各层的税款。多层间接抵免法就是为了解决这种多层控股关系的重复征税问题。其基本计算公式如下：

$$\text{母公司应纳居住国税额}=\left(\text{母公司本国所得}+\text{母公司来自子公司的还原所得}\right)\times\text{母公司所在国税率}-\text{允许抵免的间接抵免额}$$

1.一层间接抵免法

在间接抵免的情况下，母公司向居住国缴纳的税额应分三步计算。

第一步，计算母公司间接缴纳的子公司所在国的税款。

在直接抵免的情况下，只要纳税人缴纳的外国税款不超过本国的抵免限额，就可以用于冲抵本国的应纳税款。但在间接抵免的情况下，子公司所缴纳的外国税款并不一定都能被母公司用于抵免本国的应纳税款，因为子公司与母公司不属于一个法人实体，子公司的缴纳并不等于母公司的缴纳；母公司真正能够用于抵扣本国税款的部分，只是其承担的或者说其间接缴纳的子公司所在国的税款。母公司究竟负担了多少外国子公司缴纳的税款，可以根据母公司分得的股息收入以及其他有关数据计算出来，其计算公式为：

$$\text{母公司承担的外国子公司所得税}=\text{外国子公司所得税}\times\frac{\text{母公司分得的毛股息}}{\text{外国子公司缴纳所得税后的所得}}$$

外国子公司所得税=子公司纳税前的全部所得×子公司所在国的适用税率

子公司若实行比例税率，则上述公式可改为：

$$\text{母公司承担的外国子公司所得税}=\text{母公司来源于子公司的股息收入}\div\left(1-\text{子公司所在国所得税税率}\right)\times\text{子公司所在国所得税税率}$$

第二步，计算抵免限额。

$$\text{抵免限额}=\text{母公司国内外所有应税所得}\times\text{母公司居住国税率}\times\text{母公司来自国外子公司的应税收入}\div\text{母公司国内外的所有所得}$$

在子公司所在国对股息收入征收预提税的情况下，应同时使用直接抵免法。母公司间接承担的股息已纳税额与直接缴纳的预提税之和为实际缴纳的税额。比较抵免限额与实纳税额的大小，以较小者作为母公司纳税时允许抵免的来源于子公司股息收入的已纳税额。

第三步，计算母公司实际应纳税额。

$$\text{母公司实际应纳税额}=\text{母公司国内外所有应税所得}\times\text{母公司居住国税率}-\min\left(\text{抵免限额},\text{母公司承担的外国子公司所得税}\right)$$

下面，我们举例说明母公司如何进行间接抵免。

【例3-7】甲国母公司A拥有设在乙国子公司B的40%的股份。A公司在某纳税年度内获利1 000万元。B公司在同一纳税年度内在本国获利500万元，缴纳所得税后，按股权比例向母公司支付股息，并扣缴预提所得税。甲国所得税税率为40%，乙国所得税税率为30%，乙国预提税税率为10%。现计算甲国A公司的间接抵免额及向甲国的应纳税额。

第一，计算母公司间接缴纳的子公司所在国的税款。

B公司缴纳乙国所得税税额=500×30%=150（万元）

B公司缴纳所得税后的所得=500−150=350（万元）

B公司应支付A公司毛股息=350×40%=140（万元）

A公司承担的B公司所得税=500×30%×140÷350=60（万元）

第二步，计算实际抵免额。

抵免限额=（1 000+140+60）×40%×200÷（1 000+200）=80（万元）

乙国征收预提所得税=140×10%=14（万元）

A公司承担的B公司所得税=500×30%×140÷350=60（万元）

A公司承担的B公司已纳税额=14+60=74（万元）

因为A公司间接和直接缴纳的乙国税额为74万元，小于抵免限额80万元，所以实际抵免额取两者中的较小数额即74万元。

第三步，计算母公司实际应纳税额。

A公司抵免前应向甲国纳税=（1 000+200）×40%=480（万元）

A公司抵免后应向甲国纳税=480−74=406（万元）

2.多层间接抵免法

母公司从国外子公司取得股息，要负担子公司所在国的所得税，如果该子公司在另一个国家也拥有子公司（该公司为上述母公司的孙公司），而且另一国也课征所得税，则母公司就要面临多层间接抵免问题。下面以三层次的间接抵免为例，说明多层间接抵免的计算方法。

首先，外国孙公司缴纳该国所得税后，从税后利润中分配股息给子公司，这部分股息应承担的外国孙公司所得税税额为：

$$\text{外国子公司承担的外国孙公司所得税税额}=\text{外国孙公司所得税}\times\frac{\text{外国子公司分得的毛股息}}{\text{外国孙公司缴纳所得税后的所得}}$$

其次，外国子公司以其本身的所得，加上来自孙公司的毛股息及该股息应承担的外国孙公司的税额，构成子公司的应税所得。子公司向该国缴纳所得税后，从税后所得中分配股息给母公司。母公司分到的这部分股息所承担的外国子公司和孙公司缴纳的外国所得税的计算公式为：

$$\text{母公司承担的外国子公司和外国孙公司所得税税额}=\left(\text{外国子公司所得税}+\text{子公司承担的外国孙公司所得税}\right)\times\frac{\text{母公司分得的子公司毛股息}}{\text{外国子公司缴纳所得税后的所得}}$$

值得注意的是，子公司所在国与母公司所在国都要计算抵免限额，如果上述公式计算出的税额不超过抵免限额，则可以用其冲抵外国子公司或母公司应向本国政府缴纳的所得税。

再次，母公司在计算自己的应税所得额时，应以自己的所得加上从子公司分得的毛股息以及该股息应承担的外国子公司和孙公司的所得税额，作为向本国政府缴纳税收的依据。

现举例说明三层次间接抵免的具体计算方法。

【例3-8】假设甲国A公司为母公司，乙国B公司为子公司，丙国C

公司为孙公司。A公司和B公司各拥有下一层附属公司股票的50%，A公司、B公司和C公司在某一纳税年度的基本情况见表3-3。

表3-3　**A公司、B公司和C公司在某一纳税年度的基本情况**

公司	所得（万元）	所在国税率（%）	拥有下一层附属公司股份（%）
甲国A公司	200	40	50
乙国B公司	200	30	50
丙国C公司	100	20	

要求计算：A公司、B公司和C公司各自向所在居住国缴纳的税额（征收股息预提税，忽略不计）。

（1）C公司向丙国纳税：

C公司缴纳所得税=100×20%=20（万元）

C公司税后所得=100-20=80（万元）

C公司分配给B公司的股息=80×50%=40（万元）

（2）B公司向乙国纳税：

B公司承担的C公司税额=20×40÷80=10（万元）

B公司全部应税所得=200+40+10=250（万元）

B公司抵免前应纳乙国所得税=250×30%=75（万元）

B公司税后所得=250-75=175（万元）

B公司分配给A公司的股息=175×50%=87.5（万元）

B全司的抵免限额=（40+10）×30%=15（万元）

因为B公司承担的C公司税额10万元小于抵免限额15万元，所以B公司的实际抵免额为10万元。

B公司抵免后应纳乙国所得税=250×30%-10=65（万元）

（3）A公司向甲国纳税：

A公司承担的B公司和C公司所得税额=（65+10）×87.5÷175=37.5（万元）

A公司全部应税所得=200+87.5+37.5=325（万元）

A公司的抵免限额=（87.5+37.5）×40%=50（万元）

因为A公司承担的B公司和C公司所得税额37.5万元小于抵免限额50万元，所以A公司的实际抵免额为37.5万元。

A公司抵免后应纳甲国所得税=325×40%-37.5=92.5（万元）

3.我国的间接抵免

我国税法过去一直不允许企业办理外国税收的间接抵免。2008年开始实施的《中华人民共和国企业所得税法》允许纳税人办理外国税收的间接抵免。该法第二十四条规定:“居民企业从其直接或者间接控制的外国企业分得的来源于中国境外的股息、红利等权益性投资收益，外国企业在境外实际缴纳的所得税税额中属于该项所得负担的部分，可以作为该居民企业的可抵免境外所得税税额，在本法第二十三条规定的抵免限额内抵免。”我国《企业所得税法实施条例》第八十条还规定，我国居民企业办理间接抵免的直接控股比例要求为20%，间接控制的股份比例要求也为20%以上。间接控制的股份比例将按连乘法计算。2010年7月，国家税务总局发布的《企业境外所得税收抵免操作指南》(国家税务总局公告2010年第1号）对财税〔2009〕125号文件中的有关规定作了进一步说明。下面我们运用两个例子来说明间接抵免的条件。

【例3-9】二层持股条件的判定。中国居民A企业直接持有甲国B企业20%的股份，直接持有乙国C企业16%的股份，并且B企业直接持有C企业20%的股份。图3-1是二层持股条件的判定。

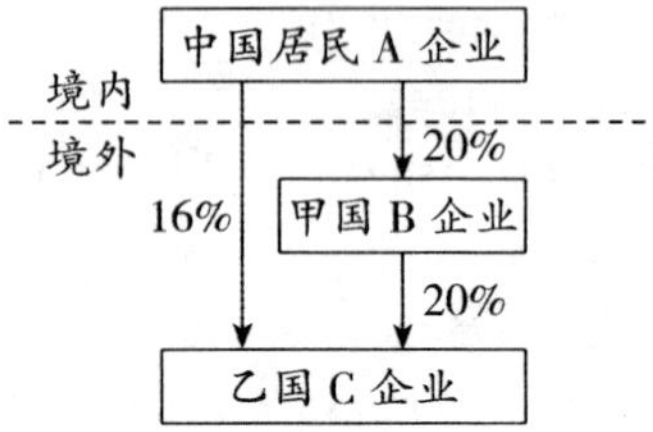

图3-1 二层持股条件的判定

(1)中国居民A企业直接持有甲国B企业20%的股份，满足直接持股20%(含20%)的条件。

(2)中国居民A企业直接持有乙国C企业16%的股份，间接持有乙国C企业的股份为4%(20%×20%)。由于A企业直接持有C企业的股份不足20%，因此不能计入A企业对C企业直接持股或间接持股的总和比例之中。因此，C企业未满足居民企业通过一个或多个符合规定持股条件的外国企业间接持有总和达到20%以上股份的外国企业的规定。

【例3-10】多层持股条件的综合判定。中国居民企业A分别控股了四家公司，它们分别为甲国B1公司、甲国B2公司、乙国B3公司、乙国B4公司，持股比例分别为50%、50%、100%、100%；B1公司持有丙国C1公司30%的股份，B2公司持有丙国C2公司50%的股份，B3公司持有丁国C3公司50%的股份，B4公司持有丁国C4公司50%的股份；C1、C2、C3、C4分别持有戊国D公司20%、40%、25%、15%的股份；D公司持有戊国E公司100%的股份。图3-2是多层持股条件的综合判定。

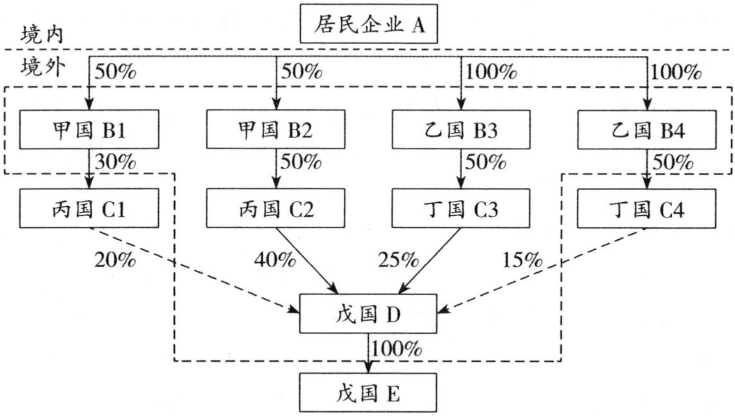

图3-2　多层持股条件的综合判定

注：虚线内为判定符合间接持股条件的公司及可就分配的股息计算间接抵免税额的所持股份。

（1）B层各公司间接抵免持股条件的判定。

B1、B2、B3、B4公司分别直接被居民企业A控股50%、50%、100%、100%，均符合间接抵免第一层公司的持股条件。

（2）C层各公司间接抵免持股条件的判定。

①C1公司虽然被符合条件的上一层公司B1控股30%，但仅受居民企业A间接控股15%（50%×30%），因此不属于符合间接抵免持股条件的公司（但如果协定规定为10%，则符合间接抵免条件）；

②C2公司被符合条件的上一层公司B2控股50%，且被居民企业A间接控股达到25%（50%×50%），因此属于符合间接抵免持股条件的公司；

③C3公司被符合条件的上一层公司B3控股50%，且被居民企业A

间接控股达到50%（100%×50%），因此属于符合间接抵免持股条件的公司；

④C4公司的情形与C3公司相同，属于符合间接抵免持股条件的公司。

（3）D公司间接抵免持股条件的判定。

①虽然D公司被C1公司控股达到了20%，但由于C1公司不属于符合持股条件的公司，所以C1公司对D公司的20%的持股比例也不得再计入D公司间接抵免持股条件的范围，来源于D公司20%部分的所得的已纳税额也不能进入居民企业A的抵免范畴；

②D公司被C2公司控股达到40%，但被居民企业A通过符合条件的B2、C2公司间接持股仅10%，未达到20%，因此，还不能由此判定D公司是否符合间接抵免条件；

③D公司被C3公司控股达到25%，且由居民企业A通过符合条件的B3、C3公司间接控股达12.5%（100%×50%×25%），加上居民企业A通过B2、C2公司的间接控股10%，间接控股总和达到22.5%。因此，D公司符合间接抵免条件，其所纳税额中属于向C2公司和C3公司分配的65%的股息所负担的部分，可进入A公司的间接抵免范畴。

④D公司被C4公司控股15%，虽然C4公司自身为符合持股条件的公司，但其对D公司的持股不符合直接控股达20%的持股条件，因此C4公司对D公司15%的持股，不能计入居民企业A对D公司符合条件的间接持股总和之中；同时，D公司所纳税额中属于向C4公司按其持股15%分配的股息所负担的部分，也不能进入居民企业A的间接抵免范畴。

（4）E公司间接抵免持股条件的判定。

居民企业A通过其他公司对E公司的间接控制由于超过了三层（居民企业A→B2（B3）→C2（C3）→D→E，E公司处于向下四层），因此E公司不能纳入A公司的间接抵免范畴；即使D公司和E公司在戊国实行集团合并（汇总）纳税，D公司就E公司的所得所汇总缴纳的税额部分，也须在计算A公司间接负担的税额时在D公司的合并（汇总）税额中扣除。

第四节　税收饶让

一、税收饶让的含义和缘由

税收饶让也称税收饶让抵免，是指一国政府（居住国政府，一般为发达国家）对本国纳税人在国外投资且得到投资所在国（收入来源国或称东道国，一般为发展中国家）减免的那一部分税收，视同已经缴纳，准予抵免待遇。税收饶让虽不属于国际重复征税的减除办法，但与税收抵免有密切的关系，所以本书把它作为税收抵免的特殊方式来介绍。

税收饶让一般发生在发展中国家与发达国家之间。发达国家对到发展中国家投资的本国居民实行税收饶让，这对于发展中国家有着特别的意义。发展中国家政府为了吸引外资，鼓励发达国家居民来本国投资，往往会实行各种税收优惠政策，而给予外国投资者一定的所得税减免优惠则是一种常用的手段，有的还给予再投资退税优惠等。然而，若投资者居住国仅根据该投资者在国外实际缴纳的所得税款给予限额抵免，发展中国家对发达国家投资者减征或免征的税款最后还要由发达国家补征，这就使发展中国家的优惠政策失去了意义，起不到通过税收优惠政策吸引外资、引进技术的作用。也就是说，这是发展中国家牺牲本国税收利益来增加发达国家的财政收入。另外，即使跨国投资者所在的居住国实行参与免税法解决双重征税问题，但实行免税法的国家一般都要求来源国课征一定水平的企业所得税，如果发展中国家对外国投资者给予税收优惠，那么这些外国投资者在其居住国就有可能享受不到参与免税的待遇。

为保证税收优惠措施真正有惠于跨国纳税人，实行税收优惠的发展中国家以及跨国纳税人（投资者）纷纷向投资者居住国政府提出税收饶让问题，要求居住国政府对其居民在国外所获减免的税款，视同已经缴纳而准予抵冲居住国纳税税额。而许多发达国家出于鼓励本国资本输出地考虑，也同意对发展中国家实行税收饶让。在发达国家中，有的国家如德国在国内税法中规定对发展中国家给予税收饶让，有的则通过协商、谈判或签订税收协定同意给予发展中国家税收饶让待遇，如日本、英国、比利时等国，但有的国家如美国从来不同意建立税收饶让条款。

二、税收饶让的类型

居住国因具体情况的不同而采用不同的税收饶让方式，一般分为差额税收饶让与定率税收饶让两类。

（一）差额税收饶让

差额税收饶让是指所得来源国给予居住国纳税人减税或退税等优惠政策时，按没有这些优惠政策时来源国应征的税款给予税收抵免，把纳税人应该缴纳给来源国与实际缴纳的税额之间的差额也抵免掉。这种做法主要适用于对营业利润课征所得税的税收饶让。减除双重征税采用抵免法的国家多实行这种做法。

实行税收饶让的国家，在与其他国家签订的双边税收协定中，对跨国纳税人的所得征税都会规定一个限制税率。所谓限制税率是指税收协定的缔约国双方在协定中规定的双方对对方居民的所得应采用的最高税率，这种最高税率通常要低于双方国家国内税法中规定的税率。差额税收饶让就是缔约国双方对对方的居民征税时，必须按协定规定的限制税率征税，而居住国政府对跨国纳税人征税时，按非居住国税法规定的税率进行抵免，限制税率与税法税率之间的差额视同已在所得来源国征税。

【例 3-11】甲国A总公司获得来自乙国B分公司1 000万元的营业收入，乙国的所得税税率为40%，因为对外资公司实行税收减半的政策，税率降为20%。甲国所得税税率为40%。用差额税收饶让法计算B分公司实纳税额、A总公司向甲国应纳税额。

B分公司向乙国实纳税额=1 000×20%=200（万元）

A总公司可获得的税收饶让差额=1 000×（40%-20%）=200（万元）

A总公司视同B分公司的已纳税额=B分公司向乙国实纳税额+A总公司获得的税收饶让差额

=200+200=400（万元）

A总公司获得来源于乙国所得的抵免限额=1 000×40%=400（万元）

A总公司实纳税额=1 000×40%-400=0

（二）定率税收饶让

定率税收饶让是指居住国纳税人从来源国取得的投资所得，无论是来源国按照国内税法给予其减免税待遇，还是按照本国的实际税率对其征税，居住国对本国纳税人征税时都要按税收协定规定的限定税率给予税收抵免。这种做法主要适用于对来源国课征的预提所得税的税收饶让。由于欧洲大陆国家对跨国经营所得一般都实行“参与免税”，不存在税收抵免及饶让问题，所以这些国家的税收饶让主要是针对来源国对汇出股息、利息、特许权使用费等课征的预提所得税。

【例3-12】甲国母公司获得乙国子公司50万元股息收入，乙国规定股息预提税税率为25%，甲国所得税税率为30%，甲、乙两国的税收协定规定股息固定税率为20%，用定率税收饶让抵免法计算母子公司分别纳税的情况。

乙国子公司实纳税额=50×25%=12.5（万元）

协定规定抵免的固定税额=50×20%=10（万元）

母公司实纳税额=50×30%-10=5（万元）

由此例可以看出，乙国子公司已纳税额中的2.5万元（12.5-10）并未被抵免。当来源国税率高于规定税率时，定率税收饶让抵免不能将纳税人在来源国所纳的税额完全抵免掉。只有当来源国税率低于规定税率时，来源国的税收优惠政策才能发挥作用。在国家间签订的税收协定中，对投资所得的税收饶让抵免多数为定率税收饶让抵免，日本与我国签订的税收协定中就规定，日本政府对日本居民来自中国的特许权使用费按已经缴纳20%的税率予以抵免。

三、中国的税收饶让制度

（一）我国签订税收饶让制度情况

截至2008年8月，我国对外签订的89个税收协定中，有48个协定列入了税收饶让条款。其中，经合组织成员国与我国签订的30个税收协定中有25个含有税收饶让条款。只有希腊、爱尔兰、墨西哥、土耳其和美国目前没有与我国签订税收饶让条款。另外，在与我国签有税收饶让条款的经合组织成员国中，捷克、意大利、韩国、葡萄牙四国与我国签订的是相互给予税收饶让协议。我国与发展中国家签订的税收协定中也有不少含有饶让条款，如我国与马来西亚、泰国、巴基斯坦、塞浦路斯、马耳他、阿联酋、印度、越南、南斯拉夫等国签订的税收协定中双方都承诺向对方提供税收饶让（即相互饶让）。在发展中国家中，新加坡单方面给予我国税收饶让。

对于我国对外签订的税收协定中承诺的税收饶让，国内税法也给予了认可。财税〔2009〕125号文第七条规定："居民企业从与我国政府订立税收协定（或安排）的国家（地区）取得的所得，按照该国（地区）税收法律享受了免税或减税待遇，且该免税或减税的数额按照税收协定规定应视同已缴税额在中国的应纳税额中抵免的，该免税或减税数额可作为企业实际缴纳的境外所得税额用于办理税收抵免。"

（二）我国主要的税收饶让制度

1.给予我国税收饶让的国家一般对本国投资者在我国取得的营业利润所得税的减免给予税收饶让

我国与英国签订的税收协定第二十三条规定，如果英国居民公司直接或间接控制向其支付股息的中国公司的选举权10%或10%以上时，英国在办理税收抵免时应考虑该居民公司从支付股息中缴纳的中国税收；这里"缴纳的中国税收"应视为包括任何年度可能缴纳的，但按照中国的有关法律规定给予免税、减税的中国税收数额。又如，中日税收协定第二十三条第二款第二项规定，如果日本居民公司从中国公司得到股息，而且该日本居民公司拥有支付股息公司选举权股份或者该公司发行的总股票不少于25%时，日本在对本国居民公司办理税收抵免时应考虑支付该股息公司就该项所得缴纳的中国税收；这时"缴纳的中国税收"一语应视为包括假如没有关税法规定给予免税、减税或者退税而可能缴纳的中国税收数额。

2.给予我国税收饶让的国家一般对预提税的减免税优惠也予以税收饶让抵免

例如，中国和比利时签订的税收协定第二十三条第一款第一项中就有如下规定：比利时对来源于中国的除股息、利息和特许权使用费以外的所得应免于征税；比利时在对来源于中国的股息（这里指控股比例没有达到规定比例时取得的股息）、利息和特许权使用费征税时，应给予税收抵免，该项抵免应考虑对这些所得征收的中国税收，不论是否实际缴纳了税款；该项抵免应相当于比利时法律规定的外国税收定额抵免，但其税率不能低于扣除可能征收的中国税收后受到的所得数额的15%；如果特许权使用费按照中国税法的一般规定应在中国纳税，但由于为了中国经济发展所采取的特别措施而免征中国税收的，应以20%的税率给予抵免。法国、挪威、丹麦、芬兰、瑞典、捷克、奥地利等其他欧洲大陆国家与我国签订的税收协定中也都有类似定率税收饶让抵免。

3.国外给予我国税收饶让大都有一定的时间限制

例如，澳大利亚、英国、比利时、瑞典、挪威等国与我国签订的税收协定中就规定，饶让的有效期为协定生效后的10年。英国和瑞典在饶让到期后已经同意再给予我国10年的税收饶让，但澳大利亚和挪威在饶让到期后没有延长饶让的期限。

2010年7月，国家税务总局发布《企业境外所得税收抵免操作指南》(国家税务总局公告2010年第1号)，并列举一个示例对税收饶让计算作了说明。

中国居民企业A公司，在甲国投资设立了B公司，甲国政府为鼓励境外投资，对B公司第一个获利年度实施了企业所得税免税。按甲国的税法规定，企业所得税税率为20%。A公司获得了B公司免税年度分得的利润2 000万元。根据中国和甲国政府签订的税收协定规定，中国居民从甲国取得的所得，按照协定规定在甲国缴纳的税额可以在对居民征收的中国税收中抵免。所缴纳的税额包括假如没有按照该缔约国给予减免税或其他税收优惠而本应缴纳的税额。所缴纳的甲国税收应包括相当于所放弃的甲国税收的数额。计算如下：

A公司在计算缴纳企业所得税时，B公司的免税额=2 000×20%=400(万元)，应计算为由A公司抵免的间接负担的境外税额。

复习题

3.1 简答题

1.国际重复征税产生的原因是什么？

2.什么是国际重复征税？国际重复征税的类型有哪些？

3.减除国际重复征税的主要方法有哪些？

4.什么是抵免限额？其类型有哪些？

5.直接抵免法和间接抵免法在使用范围和计算公式上有什么异同？

6.什么是税收饶让？税收饶让有哪两种类型？

7.中国减除国际重复征税的制度规定是什么？

3.2 判断题

判断下列观点是否正确，并说明理由。

1. 母国行使地域税收管辖权对承担低于本国税负的国外所得补征税收。

2. 确定纳税人抵免限额时，由母国计算的其国外所得的应税所得可能不同于东道国计算的应税所得。

3. 税收饶让是一种免除国际重复征税的方法。

4. 中国的《企业所得税法》对中国居民企业的国外所得实行的是分项不分国抵免。

5. 中国的个人所得税法对中国居民个人的国外所得实行的是分国不分项抵免。

3.3 实务操作题

1. 甲国M公司在某一纳税年度的国内所得为500万美元，来源于乙国的所得为700万美元。甲国实行累进税率：年所得500万美元以下的税率为30%，500万美元至1 000万美元的税率为40%，超过1 000万美元的税率为50%。乙国实行的比例税率为30%。试按全部免税法和累进免税法分别计算M公司在该纳税年度的纳税总额。

2. 某集团是一家中国企业，在A、B两国设有分支机构。2010年度其境内经营应纳税所得额为400万元，A国分支机构所得为200万元，其中经营所得150万元，A国规定税率为30%，投资所得50万元，A国规定税率为10%；B国分支机构所得为100万元，其中经营所得80万元，B国规定税率为35%，租赁所得20万元，B国规定税率为20%。试计算该集团在2010年度的应纳所得税税额。（注：中国企业所得税税率为25%）

3. 中国居民A企业2008年度境内外净所得为160万元。其中，境内所得的应纳税所得额为300万元；设在甲国的分支机构当年度应纳税所得额为100万元；设在乙国的分支机构当年度应纳税所得额为-300万元；A企业当年度从乙国取得利息所得的应纳税所得额为60万元。试计算该企业当年度境内、外所得的应纳税所得额。

第四章

国际避税

【本章导读】

在国际税收领域，国际重复征税与国际避税表现为两个不同的对立面，前者表现为税收负担超限，后者表现为税收负担不足。两者都不符合税收负担原则，都是税收征纳关系不正常的表现。随着经济生活的国际化，一方面，各国税收管辖权的重叠和冲突产生了国际重复课税的问题；另一方面，各国所行使的税收管辖权在实施范围和程度上的差异，也为国际避税活动提供了更为广阔的空间。国际避税现已成为国际税收领域中的一个普遍性问题。跨国纳税人逃避有关国家的税收，减轻或消除自己的国际税收负担，不仅导致了跨国纳税人之间的税负不公平，而且直接损害了有关国家的利益。因此，国际避税是国家间税收分配关系亟待解决的又一重大课题。本章着重介绍国际避税基本原理的相关知识。同学们通过本章的学习，应该基本掌握跨国纳税人主要通过哪些方式进行国际避税，并对当今世界一些国际避税地有所了解。

【开篇案例】

2017年6月，英国《星期日泰晤士报》引用美国证交会提供的数据称，美国互联网搜索引擎巨头谷歌利用旗下空壳公司转移利润，在过去5年避税至少32亿英镑（约合46.3亿美元）。该报调查揭露，谷歌的公司网络横跨包括爱尔兰、荷兰、百慕大在内的至少5个法律管辖区，其海外营收在旗下的子公司合法地自由转移，最终达到避交巨额税项的目的。最近，税收可能是让几大科技巨头最头疼的问题了。微软刚对跨国避税事件加以澄清，英国政府又准备以“谷歌税”（Google Tax）的名义对众多科技企业下手。从2006年到2011年，谷歌在英国获得了180亿美元的广告收入，但是谷歌在英国的纳税总额，仅为160万美元，不到0.009%。12月3日，英国财政大臣乔治·奥斯本（George Osborne）提议一项对跨国公司征收25%的新税收政策。尽管奥斯本未在发言中具体指出哪家公司，但犀利的英国媒体已将此政策称为“谷歌税”。

第一节　国际避税概述

一、国际避税的含义

（一）避税的含义

避税（tax avoidance）是一个常引起人们争议的概念。一般认为，避税是指纳税人以不违反税法规定为前提而减少纳税义务的行为。

荷兰国际财政文献局对避税下的定义是：“避税一词指的是用合法手段以减少税收负担。该词含有贬义，通常表示纳税人通过个人或企业活动的巧妙安排，钻税法上的漏洞、反常和缺陷，谋取税收利益。”当代著名经济学家萨缪尔森（P.A.Samuelson）在分析美国联邦税制时指出：“比逃税更加重要的是合法地规避赋税，原因在于议会制定的法规有许多‘漏洞’，听任大量的收入不上税或者以比较低的税率上税。”

以上叙述表明：避税与偷税无论是从动机还是从最终结果来看，两者之间并无绝对明显的界限。但是，避税与偷税毕竟是两个不同的概念，其重要区别在于是否非法。一方面，避税是利用税法中的某些漏洞或税收鼓励来达到减轻税负的目的，因而它并不违法，而偷税则是非法的，是违法犯罪行为。另一方面，避税是钻税法的空子，利用税收漏洞，有悖于国家的税收政策导向，似乎有悖于道德上的要求。避税与节税相比，主要区别在于，前者虽不违法，但有悖于国家的税收政策导向和意图，而后者则是完全合法的，甚至是税收政策予以引导和鼓励的。

对于纳税人钻税法空子规避税收的行为，人们的看法和态度不尽一致。有人主张对税收不能以道德的名义提出额外要求。避税在当今世界经济活动中已是一种普遍现象，不仅在发展中国家有，而且在发达国家也时有发生，避税的实例也举不胜举。有人认为不论纳税人钻不钻税法空子，只要合法或不违法一概是许可的，因而不必划分避税与节税。有人主张避税有广义与狭义之分，前者包含节税，后者不含，但广义的避税往往给税收实务带来困难，因为难以做出明确的反对或保护对策。我国台湾税务界则是把避税分为“正当避税”与“不正当避税”两类。所谓“正当避税”，就是国际上流行的“节税”或“税收筹划”的概念。例如，有人针对政府课征烟税，采取了少吸烟多吃水果的行为，这在客观上是一种避税。但这种避税是正当的，因为限制吸烟本来就是国家法律的意志所在，几乎所有的国家都曾做过“吸烟有害健康”的广告。少吸烟自然少负担税收，但少吸烟也符合政府的政策导向。像这样的例子在现实生活中可以说比比皆是，不胜枚举。所谓“不正当避税”，即上述的狭义避税。尽管纳税人乐此不疲，可是税务机构还是要通过完善税制和加强征收管理的途径加以堵塞。例如，某人针对政府课征遗产税，在生前尽量把财产分割出去，这是不正当的避税，因为这种行为背离了政府的政策导向和意图，所以许多国家在课征遗产税的同时课征赠与税，借以堵住人们生前分割财产以规避税负的漏洞。

（二）国际避税的含义

国际避税（international tax avoidance）一般是指跨国纳税人利用国与国之间的税制差异以及各国涉外税收法规和国际税法中的漏洞，在从事跨越国境的活动中，通过种种合法手段，规避或减小其在有关国家纳税义务的行为。对于上述国际避税的概念，可从以下三点去把握：

1.国际避税与国内避税的区别

国内避税是指一国纳税人利用本国的税法漏洞进行的避税，它不通过纳税人跨越国境的活动，其所规避的纳税义务仅为居住国的纳税义务。国际避税则是利用国与国之间的税法差异，钻涉外税法和国际税法的漏洞而进行避税。国际避税活动需要纳税人从事一些跨越本国国境的活动，或者纳税人跨越本国国境进行自身的流动，或者纳税人将自己的资金或财产转移出本国，使其在国家间进行流动；国际避税所要规避的纳税义务不仅限于纳税人的居住国，而且还包括所得的来源国；纳税人进行国际避税的目的往往不是减轻其在某一国的税收负担，而是减轻其全球总税负。另外，也有人从特定国家的税收利益出发，把纳税人通过跨国交易造成居住国或某一来源国出现税收收入损失的行为视为国际避税，但这时纳税人在一国得到的税收利益要被在别国纳税义务的增加所抵消，从而其全球总税负并没有减轻。可以说，这是一种广义的国际避税概念。我们在后面将要谈到的我国外商投资企业的国际避税问题在很多情况下就属于这种广义的国际避税。

2.国际避税与国际偷税的区别

国际偷税是纳税人在跨国经营活动中利用非法手段逃避其在有关国家已负有的纳税义务，它与国内偷税活动一样，是一种违法行为。国际避税则是纳税人利用公开、不违法的手段进行的，一般并不违反有关国家的税法，所以总体上说它不属于违法行为。例如，高税国的制造业公司在避税地建立销售子公司，然后低价向该子公司销售自己的产品，再由避税地的销售子公司用较高的价格向第三国的关联企业销售这批产品，这样，母公司的利润就转移到了避税地子公司的账上。如果这时货物也是这个流程，即制造公司先把货物发到避税地销售子公司，然后销售子公司再把这批货物发送到第三国的关联公司用于对外销售，那么跨国纳税人的这种行为就属于避税（这里至多是转让定价是否合理的问题）；如果货物仍是从制造公司直接发运到第三国关联企业，只是账目处理发生变化，那么跨国纳税人的行为就是一种国际偷税，因为从“实质重于形式”的原则出发，这里纳税人存在欺诈行为。由于国际避税和和国际偷税的性质不同，所以对两者的处理方法也有所不同。对于国际偷税，有关国家要像对待国内的偷税活动一样对违法者进行法律制裁，而对于国际避税，有关国家一般只能通过完善本国的涉外税收法规或修订本国与他国签订的税收协定堵塞法律漏洞，不给跨国纳税人提供国际避税的可乘之机，但并不能像对待国际偷税那样对跨国纳税人进行严厉的法律制裁。

3.国际避税是国内避税在国际范围内的延伸和发展

避税作为一种普通的经济现象，实质上是经济活动主体（纳税人）利用税法规定的缺陷和漏洞。在国际税收领域中，一方面，国际投资者在进行国际投资的可行性研究或选择最优投资方案时，总是要把有关国家政府所得税负的大小作为确定其资本投向的一个重要因素；另一方面，对于国际投资者的跨国投资经营活动，各国政府也多半是给予某些特殊税收优惠待遇的，因而各国在征税范围、税率高低以及征管水平上的差异，就有可能为国际投资者进行国际性的避税提供可乘之机，使跨国纳税人拥有选择纳税的条件和机会，从而实现跨国避税。所以，当国际投资者的避税活动超越一国的税收管辖范围时，这种避税活动也就具有了国际意义。

国际避税是避税活动在国际范围内的延伸和发展，是跨国纳税人利用各国税法规定的差别和漏洞，以种种公开的合法手段减轻国际税负的行为。很明显，它与跨国纳税人采取种种隐蔽的非法手段进行的国际逃税（偷、漏税）活动的性质是不同的。

二、国际避税的成因

（一）国际避税产生的主观原因

任何事物的形成都有它的原因，国际避税也不例外。从主观上看，在市场经济条件下，企业行为最重要的目标之一是追求企业财务利益最大化，企业的经营战略、经营策略、经营组织和经营方式等都服从使企业财务利益最大化这一目标。在市场经济条件下，个人行为的目标会去追求个人利益最大化，而国际避税可能使纳税人规避或减轻其纳税义务。从这个意义上说，跨国纳税人具有的减轻税收负担、实现自身经济利益最大化的强烈愿望，则是国际避税产生的主观原因。

（二）国际避税产生的客观原因

从客观上看，国与国之间的税制差异以及国际税收关系中的法律漏洞为跨国纳税人的国际避税活动创造了必要的条件。概括起来，国际避税产生的客观原因主要有以下几个方面：

1.税收管辖权的差异

有关国家和地区税收管辖权的差异以及判定居民身份的标准和判定所得税来源地的标准存在差异，可以为跨国纳税人提供“税收管辖权的真空”，从而使跨国纳税人有可能避开一些国家和地区的纳税义务。历史上著名的“朗勃避税案”就是利用税收管辖权的真空进行的。朗勃是英国一种汽轮机叶片的发明人，他将这项发明转让给卡塔尔一家公司，得到47 500美元的技术转让费。朗勃根据技术转让费的获得者不是卡塔尔居民不必向卡塔尔政府纳税的规定，避开了向卡塔尔政府的纳税义务。同时，朗勃又将其在英国的住所卖掉，迁居到了中国香港，以住所不在英国为由避开了向英国政府的纳税义务。而香港仅实行地域管辖权，不对来自香港以外地区的所得征税。这样，朗勃虽取得一笔不小的技术转让费收入，但因处于各国（地区）税收管辖权的真空，所以可以不就这笔收入承担任何纳税义务。

2.税率差异

税率是税法的核心，它的高低直接关系到纳税人的税收负担。如果世界上所有国家和地区所征收的税率高低一致，没有一个可供其进行国际避税的场所，则纳税人一般也就没有可能通过人或财物的跨国流动进行避税。然而，在现实中国家（地区）之间的税率差异很大，有的税率较高，有的税率却极低，甚至有的国家（地区）根本不征收所得税。这就为纳税人将所得从高税国（地区）转移到低税国（地区）进行避税提供了可能。大量的国际避税现象表明，一个低税的（或无税的）国际避税地存在，是跨国纳税人进行国际避税的重要前提条件之一。

3.国际税收协定的大量存在

为避免所得的国际重复征税，目前世界上存在着大量的国际税收协定。然而，税收协定中的有关规定很容易被跨国纳税人用来进行国际避税。例如，根据国际规范，缔结协定的各方只有当对方国家的企业在本国设立常设机构时，本国才能对对方国家的企业从本国取得的经营利润征税。假如缔约双方一方是高税国，另一方是低税国，则低税国企业在与高税国发生经营关系时，为了规避高税国的纳税义务，就可以采取不在高税国设立常设机构的办法来进行避税。又如，目前各国对本国居民向外国居民支付的股息、利息、特许权使用费一般要征收较高的预提所得税。但如果一国与他国签订了税收协定，则对向对方国家居民支付的股息、利息等课征的预提所得税税率就会大为降低。这时，一个第三国居民企业为了从上述两国得到预提税方面的好处（协定规定的低税率），就可以在其中一国建立中介性质的附属公司，以便利用两国间的税收协定减轻预提税的纳税义务，这就是我们后面要谈到的滥用国际税收协定（treaty shopping）。滥用国际税收协定为跨国公司进行国际避税打开了方便之门。

4.涉外税收法规中的漏洞

一国涉外税收法规中存在漏洞，也可以为纳税人进行国际避税创造有利条件。这方面的突出例子是一些发达国家实行的推迟课税规定。推迟课税（tax deferral）又称延期纳税，是指一国政府对本国居民从国外分得的股息在汇回本国以前不征税，只有当这笔股息汇回本国时再对其征税。实质上，发达国家制定推迟课税的规定是为了鼓励本国居民在海外子公司的发展，增强其对当地公司的竞争能力，但这一规定后来被许多跨国公司用来从事国际避税。它们在低税国或国际避税地建立自己的子公司，通过种种手段把利润转移到这些子公司，并将分得的利润长期滞留在海外子公司。由于可以享受推迟课税待遇，这些跨国公司就凭借这种手段成功地避开了居住国较重的税收。

三、国际避税的消极影响

在国际经济往来中，各种税收方面的、非税收方面的国际避税客观条件，使跨国纳税人谋求利益最大化的愿望成为可能，国际避税活动愈演愈烈，这也给世界经济合作与发展带来了严重的危害。

（一）严重损害有关国家的财权利益

国际避税产生的直接后果就是造成有关国家税收的大量流失，严重损害有关国家的财权利益。据美国财政部1976年发表的《关于国内对外销售公司经营与效果的年度报告》，美国1972年跨国公司在国外的子公司的税前利润为145.16亿美元，向美国政府缴纳的所得税为0.53亿美元，税款占利润的比例仅为0.37%。不仅美国如此，其他国家亦然。

（二）妨碍国际经济交流与合作的正常发展

跨国纳税人基于国际避税的目的，采取纳税主体与客体流动或不流动等策略，抽逃资金、转移利润，引起国际资本的不正常流动及流通秩序混乱，导致有关国家的国际收支出现巨额逆差，迫使有关国家采取种种管制措施，阻止本国资本外流，其结果必然对整个国际经济活动产生不良的影响。

（三）扭曲公平竞争的税收环境

市场经济要求经济主体之间在公平基点上开展竞争，这种公平包括税收的公平。由于跨国纳税人精心安排的避税活动减轻或规避了税收负担，使得同一市场的经济主体之间的税负失衡，而导致这种税负失衡的原因是人为的扭曲而非税收法规的不公正。

（四）损害国家税法尊严，影响跨国纳税人对税务当局的信赖

税法是主权国家依据政治权力，经过立法程序制定的法律规范，具有绝对的尊严，税务部门是税收法规的执法机关，应对所有纳税人采取不偏不倚的公正原则，以此博得纳税人的信赖。但是，在跨国纳税人国际避税活动得逞而有关国家又束手无策的情况下，税收的不公正会使那些普通的诚实的纳税人对国家的税法及税务部门的信赖产生怀疑和动摇。如果有关国家为了避免避税产生的危害而单纯采取增加税收负担的办法以弥补受损的财政收入，则无疑将激发诚实的纳税人放弃诚实守法而另择避税蹊径，以减少不公正的税收损失。

第二节　国际避税的主要方式

对于跨国纳税人来说，国际避税相对于国际逃税来说是一种更为隐蔽、更为安全的逃避税负的手段，在各国税法越来越趋向于完善的情况下，跨国纳税人更倾向于采用避税的方式减轻税负。随着国际经济交往越来越密切，纳税人跨国活动增加，尤其是跨国公司的子公司遍布许多国家，活动的范围遍布全球，国际避税形式也变得多种多样。这一节我们主要介绍国际避税的基本方式以及我国外商投资企业避税的情况，滥用国际税收协定这一国际避税的特殊方式将在本章第四节作专门介绍。

一、国际避税的基本方式

各国政府征税是在其税收管辖范围内，依据征税对象数额的大小对跨国纳税人进行征税的。不同的国家政府，对于纳税行为主体（跨国纳税人）和纳税行为客体（跨国纳税人的所得以及财产等）所采用的税收管辖权原则不尽相同，这就导致了各国对纳税人和纳税客体的定义不同。国际避税的基本方式就是跨国纳税人通过借用或滥用有关国家税法、国际税收协定，利用它们的差别、漏洞、特例和缺陷，规避纳税主体和纳税客体的纳税义务，不纳税或少纳税。下面从这两个角度介绍国

际避税的一般方式。

（一）纳税主体的流动

纳税主体的流动是指一个国家税收管辖下的纳税主体迁出该国，成为另一个国家（较低税负国家或避税地）税收管辖权下的纳税主体或没有成为任何一个国家的纳税主体，从而规避或减轻其纳税义务的国际避税方式。纳税主体流动的实现有以下几种方式：

1.纳税人居所的避免

一般来说，实行居民管辖权的国家在确定一个自然人的居民身份时，一般基于当事人是否在本国境内存在住所、居所或居住达到一定天数的法律事实，而本国有无居所是决定性因素。由于各国在居所的认定上多以停留时间为标准，不同国家规定的停留时间长短是不同的，跨国纳税人从而在不同的国家停留选择居住期，使自己避免成为任何一个国家的居民，达到规避居民纳税义务的目的。

法人也可以通过选择或改变税收居所的方式来逃避税收管辖。各国判定一个公司法人是否为本国居民纳税人的主要标准是注册地、总机构以及实际管理中心或控股权股东所在地。因此，公司可以通过消除注册地、总机构以及实际管理中心的法律象征来转移或隐藏公司住所，以达到避税目的。

2.纳税人居所的国际迁移

跨国自然人可以通过把居所迁往低税国或无税国，成为低税国或无税国居民的方式来规避税收。出于这种避税目的而迁移的一般是所得税税率较高国家的居民，例如瑞典、挪威等高税国的退休者可以向国际避税地或是税负比较低而风景优美的法国、意大利等国家长期移居，以减轻对财产、退休金和遗产所得的税负。

对于法人来说，不宜采取通过居所的国际迁移来达到避税目的。虽然居住在高税国的跨国公司面临的个人所得税、企业所得税、赠与税、财产税等要比居住在低税国的跨国公司高出很多，但在实际中，一家公司将其居所由高税国转向低税国是有许多困难的：许多固定资产（如厂房、其他建筑物、土地及大型设备等）不便带走或无法带走；有些设备虽然可以拆卸运输，但要支付高额的运输成本，经济上不合算；公司带走资产需要承担的拆装和运输成本很高，无法带走的资产变卖后必须就其资本利得上缴大量税款。因此，跨国法人不会轻易采取这种办法避税。

3.居所或住所的部分迁出

所谓“部分迁出”，是指高税国的跨国纳税人为了减轻税负，依据有关国家税法的规定，利用法律的漏洞，只把法律规定的构成居所或住所的部分迁往低税国或无税国，而高税国纳税人在原居住国还保留着一些构成居住所的因素，并未完全消除或摆脱在原居住国构成其居民身份的某些因素（包括在原居住国仍保留住所、保留银行账号、参与某些社会经济活动等），有一种藕断丝连的关系。

4.成为临时纳税人

纳税人可以临时迁到他国去，从而在该国具有临时居住权，这样的纳税人通常被称为临时移民。根据国际惯例，临时移民可以享受居住国税收方面的特别优惠。临时被派往到其他国家工作的跨国自然人，就属于临时移民，他们往往能够得到临时工作所在国减免所得税的特殊优惠，或者享受该国只有临时住所或第二住所的税收待遇。这种临时住所或第二住所的税收待遇，在国际上被称为“暂时移民”税收待遇。第二住所与主要居所是不同的，但都可以享受一定的税收优惠。

（二）纳税人主体的非流动

纳税人主体的非流动是指纳税人本身并不离开原居住国或改变其居民身份，而是通过别人在他国为自己建立一个相应的机构或媒介，通过使其所得或财产形式上与本人分离，来达到本人在居住国避免这部分所得或财产纳税的目的。一般地，通过他国相应机构或媒介，主要是采用信托的方式，来达到规避税收管辖权、减轻税负的目的。

由于英美法系的特点，许多跨国纳税人选择采取信托方式避税。在信托业刚刚兴起的时候，利用信托进行国际避税的主要是自然人，因为可以通过信托资产的分割，将其财产转移到继承人或受赠人名下，借此来规避在有关国家的继承税、遗产税或赠与税。如今，随着跨国公司全球化经营的蓬勃发展，利用信托进行国际避税已越来越受到跨国集团公司的青睐，成为跨国公司避税和低税融资的重要手段。跨国公司往往在避税地国家成立信托公司，然后把在高税国的财产信托给该公司经营。例如，德国某公司为躲避本国所得税，将其年度利润的80%转移到巴哈马群岛的某一信托公司，由于巴哈马群岛是世界上著名的避税港，则该德国公司就可以有效避税。

由于信托本身所具有的隐蔽性，以及各国对信托具体制度的规定总是存在这样或那样的差异，所以跨国纳税人利用信托进行避税的具体对策相应就更加多样化。而且，随着信托避税越来越引起有关国家税务当局的注意，通常也被列为反国际避税的打击目标，从而也迫使跨国纳税人不得不尽量采取信托关系复杂化的办法来摆脱居住国对信托的控制。

在实际避税活动中，除了信托形式之外，纳税人还可以运用订立各种形式的信托合同来进行国际避税。例如，一国纳税人与某一低税国银行签订信托合同，该银行受托替该纳税人收取利息，这样，这笔利息所得就变成低税国银行的所得，可按较低税率纳税。

（三）纳税客体的流动

纳税客体的流动，又称为物的流动，是指跨国纳税人将其在一个国家税收管辖权下的纳税客体转移出该国，在各国之间流动，使之成为另一个国家税收管辖下的纳税客体，或没有成为任何国家的纳税客体，以规避或减轻纳税人总纳税义务的国际规避方式。这里的纳税客体指的是跨国纳税人的各类所得、财产以及资金、商品、劳务、费用等相关要素。

在国际规避活动中，跨国纳税人采取将课税对象从高税国转移到低税国来进行避税的方式更为常见，因为课税主体转移容易引起高税国的注意，容易成为高税国采取反避税措施的主要打击对象，而课税对象转移这种方式则更为隐蔽、更为安全，难于被发现，是一种有效的国际避税方式。利用纳税客体的流动性进行避税的方式主要有以下几种：

1.避免成为常设机构

世界上大多数国家都采用《联合国范本》和《经合组织范本》两个范本规定的“常设机构”标准，但实际上有很多国家的双边税收协定规定了许多免税的常设机构活动，从事相应活动的经营形式也不在常设机构的标准之列，如货物储存、货物管理、货物购买、广告宣传、信息提供以及其他准备性或辅助性活动等。跨国纳税人利用这些国家的税收协定，建立一些不在常设机构标准之列的机构，如仓库、辅助性经营场所等，然后将货物、资金、劳务转移到该机构，从而规避非居住国的地域管辖权。

另外，跨国纳税人还可以利用各国对常设机构认定的时间标准的规定，避免构成常设机构的标准。例如，建筑工地或工程连续为期6个月以上才构成常设机构，这样跨国纳税人可以缩短工期，避免使建筑工地成为常设机构，从而逃避纳税。再如，在中东和拉美国家规定非居民公司在半年内获得的收入可以免税的情况下，韩国一些海外建筑承包公司常常设法在半年以内完成其承包工程，以免缴纳这些国家的收入所得税。

2.通过常设机构进行避税的方法

跨国纳税人利用常设机构的国际避税方式有多种，常见的有以下几种：

（1）利用常设机构转移营业财产。跨国经营企业往往在国外有许多常设机构，其中一些常设机构的所在国为低税国或避税地，或是专门从事免税营业活动。当跨国企业一些常设机构所在国的经营税税率较高时，跨国公司总是要考虑和权衡营业财产从高税国的常设机构转入免税国或低税国的常设机构后税负的变化，并考虑不同国家对财产不同的评估方法，利用常设机构之间营业财产的转移，减少企业总税负。

（2）利用常设机构转移各种费用，包括劳务费和管理费用。跨国纳税人常设机构常常为其总机构提供某些辅助性服务，这一类服务可能是技术性或管理性的。常设机构可能为其总机构所生产的产品做广告，或是提供技术服务或推销活动等。在《经合组织范本》的注释里，主张对这类服务的“佣金”不计入常设利润机构；相反，总机构为常设机构提供服务，常设机构为此付出的“佣金”，在计算利润时也不予列支。利用这些关于劳务费用不予扣除和收入不计入所得的规定，跨国法人可以将一部分劳务活动从高税国转向低税国的常设机构，以增加低税国常设机构的这类劳务活动，这就意味着一部分利润随之转入了低税国，从而减少了跨国法人对这部分利润承担的税收。

（3）利用常设机构转移管理费用。尽管设在国外的常设机构或多或少都有一些重要的决策自主权，但一个跨国法人的主要管理工作往往是集中在居住国的总机构进行的，这样就产生了一个有关总机构管理费用如何让在总机构和常设机构之间分配的问题。在采用直接法确定常设机构利润的国家，税务当局就要了解总机构是否以及在多大程度上对该常设机构进行实际管理。如果常设机构的确受益于这种管理活动，则可以相应负担总机构有关费用，并从它的利润中予以扣除。对此，可以用直接分配这些成本的方法，或采用假设从常设机构向总机构支付报酬的方法来代替成本分配法。正是由于总机构管理费用在分配上有很大弹性，各国税制之间存在着差异，跨国法人才可以利用这一点来达到减轻税负的目的，比如，尽量对高税国中的常设机构多分配一些费用，相应就减少了常设机构的利润和税负。

（4）利用常设机构转移利息、特许权使用费和其他类似费用也是国际避税的常用手段之一。这里所说的利息和特许权使用费的概念是清楚的，各国税法及两个税收协定范本中对此均有明确定义。至于其他类似的费用，则是指一些国家不包括在特许权使用费中的为使用非专利技术、商誉和商业秘密等而支付的费用。所有这些费用，既可能发生在企业与第三方之间，也可能发生在总机构与常设机构之间。许多国家的税法和税收协定是对此严加区分的：向第三方企业的支付，被认为是“真实支付”，可以在纳税时作为费用扣除；总机构与常设机构之间的这种支付，则被认为是“虚假支付”，对支付方不准作为纳税扣除，对收取方也不予以计入利润。

这种规定对银行业和其他金融机构可能有某些例外，因为这些行业的主要业务是货币借贷，其收入与费用表现为收取利息和支付利息。此外，具有垫付性质的向第三方的“转手”支付也可以作为纳税扣除。例如，A国总机构向银行借贷，然后转借给在B国的常设机构用于费用开支或投资，那么B国常设机构与使用这笔贷款有关的利息支出（从形式上直接支付给总机构）则可以扣除；同时这笔利息也不予计入A国总机构的利润。当总机构向第三方支付，其中有一部分与某常设机构活动有关时，该常设机构在计算利润时就可以按比例扣除。然而，这些原则性的规定在实际工作中有时很难准确把握，在不予扣除和允许扣除之间存在许多模糊点，跨国纳税人对此须加以巧妙利用，才可以达到减轻税负的目的。

（5）除了费用、营业财产转移以外，利用常设机构亏损进行避税。虽然跨国法人通常都要连其国外常设机构的当年收益一起汇总向居住国或国籍国计算纳税，但发生在高税国中的亏损和发生在低税国中的亏损，有时会产生大为不同的结果。由于各个国家对待企业亏损的税务规定相差甚大，所以设法在最有利的国家使某个常设机构在最有利的时间列明亏损，也可为跨国纳税人减轻税负提供很大的回旋余地。

（6）利用常设机构所在国之间汇率变化来避税。一个跨国法人的常设机构，可能分别设于不同国家，各常设机构之间可能是以不同的货币记账和结算，而各种货币的汇率波动又是变化莫测的。对某一常设机构盈亏的计算，由于相应汇率经常且剧烈地变动，有时可以得出盈利和亏损两种截然不同的结果，这也可以被跨国纳税人用来进行有效的避税。此外，跨国纳税人还可以利用常设机构的财产虚构租赁、货物支付等来从事避税活动。

（四）纳税客体的非流动

1.利用延期纳税的规定

所谓延期纳税是指实行居民税收管辖权的国家，对本国居民建立在国外的子公司所取得的利润等收入，在没有以股息等形式汇回母公司之前，对本国母公司不就其外国子公司的利润征税。例如，日本政府规定，设立在国外的公司企业，如果50%以下的股权归日本的居民纳税人所有，其税后利润未汇回本国之前，可以不向日本政府缴纳所得税。

针对各国延期纳税的规定，跨国纳税人可以通过在低税国或国际避税地设立一个实体，进行所得和财产的长期积累而不在公司内部进行分配，或者有意识地降低应分配股息的比例，以延缓向居住国缴纳税收。延缓纳税实际上并不会减少纳税人的应纳税额，但是对于高税国的跨国纳税人来说，拖延一段时间而迟缴税款，相当于纳税人获得一笔无息贷款，可以增加公司的流动资金。

2.选择分支机构或子公司

跨国纳税人在对外投资时，可以选择不同的组织形式，在国外建立子公司或分支机构。建立子公司或分支机构对跨国公司的税负有着不同影响，因为子公司是一个独立的法人实体，独立承担法律责任，它的收益作为股息分配给母公司时，应缴纳预提税，它的亏损不能记入母公司账上来冲减母公司收益。分支机构与总机构（包括总公司、总经营机构）是同一个纳税主体，总公司统一计算盈亏，分支机构作为非独立的经济实体，往往可以不公布或减少公布财务资料，易于逃避有关税务当局的监管。一般来说，由于外国公司在经营活动初期往往亏损较大，所以跨国公司可以在国外先设立一个分支机构，用其亏损冲抵母公司的收益，减少母公司的税收负担；当国外的经营过了起步阶段，转向正常盈利阶段后，再把分支机构改为子公司，母公司、子公司可以避免汇总纳税而提高税级。另外，一些国家税法规定只有当子公司的收益汇回母公司时，才予以课税，跨国公司利用此政策可以延期分配股息或少支付股息，从而递延纳税。针对具体情况，跨国纳税人在进行投资活动之前，往往要综合考虑各方面的因素，对不同选择的利弊得失反复权衡，从而做出最佳选择。

（五）利用国际避税地进行避税

国际避税地的存在是当今世界经济中一个引人瞩目的现象。避税地所实行的政策对国际资本的流动、投资分布状况、跨国公司收入与费用的分配格局以及有关国家的税收收入都有着不容忽视的影响。对避税地的利用，几乎涉及主体转移避税和客体转移避税的各个方面。我们将在本章第五节对避税地作详细介绍。

避税地具有多种功能，如积累资金、对付外汇管制、提供营业和财产保密等，跨国纳税人（尤其是跨国公司）可以利用避税地来进行避税。例如，利用避税地虚构中转销售业务。纳税人利用避税地不征或少征税的特殊优惠条件，在避税地虚设各种基地公司，虚构营业，转移高税国的利润。此外，还可利用避税地转移收入和费用。纳税人利用设在避税地的基地公司，通过各种形式把高税国公司或关联公司的收入和费用转移到避税地，达到避税的目的，这包括：以避税国公司的名义虚构管理高税国公司，向高税国公司收取管理费，人为地增加高税国公司的营业成本，把高税国公司的一部分利润转移到避税地；在避税地虚构对高税国的财产租赁业务，以租赁形式转移收入和费用；在避税地的基地公司虚构对高税国公司的咨询服务、技术服务，以收取咨询服务费、技术服务费形式转移收入和费用；以利息形式向高税国公司转移收入和费用。另外，高税国公司或总公司往往将提供劳务、转让技术、贷款等合同转移到避税地签订，使这些收入归入规避地基地公司账上，以逃避居住国的税收。

（六）利用转让定价进行避税

跨国公司可以通过关联企业之间转让定价在公司集团内部转移利

润，从而转移应税所得，使公司集团的利润尽可能多地在低税国或避税地的关联企业中体现，实现避税。这是目前跨国公司在世界范围内采取的一种非常重要的国际避税方法。其基本做法是：高税国企业在向其低税国关联企业销售货物、提供劳务、转让无形资产、提供贷款时制定低价。低税国企业向其高税国关联企业销售货物、提供劳务、转让无形资产、提供贷款时制定高价，这样，跨国公司的利润就可以从高税国转移到低税国或避税地的关联企业中实现，这是跨国公司常用的避税手段。转让定价作为跨国公司利用避税的主要手段，我们将在下一节作具体介绍。

（七）组建内部保险公司

内部保险公司，也叫自保险公司，是一个由工业、商业和金融集团成立的，用于规避该集团成员企业风险的保险企业。这样的保险公司跟一般保险公司的不同之处在于，这类保险公司一般在避税港设立，其主要经营活动是向集团内部关联企业提供保险，很少经营集团以外第三方的业务。由于其专业化程度不高，没有更精的专业技术，因而无法和专门的保险公司竞争。跨国公司在避税港建立内部保险公司，由于企业支付给自己的保险费可以作为费用扣除，这样就可以通过转让定价的方法，人为地提高保险费，使被保险的关联企业的利润转移到避税地所在的关联企业，而避税地通常对专门从事离岸业务的保险公司给予特别的税收优惠。因此，跨国纳税法人在避税港建立内部保险公司，并配以采用转让定价的手段，就可以达到减轻企业所有者实际居住国的税收负担的目的。同时，企业可以节省保险费用，使保险费不落入别人的口袋。

对于保险公司来说，可在避税地设立专门从事离岸再保险业务的内部保险公司，通过再保险，将保险公司在高税国经营的保险业务所得转移至避税地。一般情况下，保险公司会将超过自身承保能力的业务或是营业业绩比较差的业务和风险较大的业务进行再保险。但如果保险公司在避税港建立了内部保险公司或关联保险企业，那么保险公司就可能违背营业常规，将一般业务甚至有意选择经营效益好的业务通过设立在避税地的内部保险公司进行再保险。如果这种保险业务再通过转让定价，以高于市场正常交易标准的价格向内部保险公司支付保险费，加大集团公司账面费用，将利润转移到避税港，就可以达到避税目的。

（八）资本弱化（不正常借款）避税

资本弱化（thin capitalization），又称资本隐藏、资本稀释、股份隐藏或收益抽取，是指企业投资者为了达到避税或其他目的，在企业融资方式的选择上，降低股本的比重，提高贷款的比重，以贷款方式替代募股方式进行的投资或者融资，从而引起资本金在资本结构中的地位相对下降和弱化的一种现象。它产生的经济动力源于各国税法上普遍规定的利息与股息的税收差别待遇。利息可以作为财务费用在税前扣除，这使得债务在一定程度上变成了一块“税收挡板”，而这块“税收挡板”又被外资避税者不当利用以实现其避税目的。于是，强化债务资本、弱化股权资本的资本弱化现象就应运而生了。

企业投资方式有权益投资和债权投资。由于以下两方面的原因，企业往往愿意采用债权投资，相应减少权益投资。首先，由于债务人支付给债权人的利息可以税前抵扣，而股东获得的收益即股息却不能税前扣除，选择借债的融资方式比权益的融资方式从税收的角度来说更具有优势；其次，许多国家对非居民纳税人获得的利息征收的预提所得税税率通常比对股息征收的企业所得税税率低，采用债权投资比采用股权投资的税收负担低。对于债务人和债权人同属于一个利益集团的跨国公司来说，就有动机通过操纵融资方式来降低集团整体的税收负担。纳税人在为投资经营而筹措资金时，常常刻意设计资金来源结构，加大借入资金比例，扩大债务与权益的比率，人为形成“资本弱化”。

通过资本弱化达到避税目的，不仅可能发生在跨国公司，也可能发生在国内公司里。一般来说，一笔正常的借款利息可以作为费用从利息支付人的应税所得中扣除计算纳税，同时，纳税人还要扣缴利息收益人（境外）的预提所得税。一个跨国公司的借款来源往往是多方面的，有来自外国专业信贷机构的借款，有来自一般商业信用的借款，有来自本企业股东的借款，还有来自企业发行公司债的借款等，对这些不同来源借款所支付的利息，情况是不一样的，因而对利息支出正常与否的确也不一样。跨国公司向本公司股东和其他公司借款，是筹措资金的渠道之一。在这类筹资过程中，比较容易发生“不正常借款”行为。例如，子公司将其当年实现的利润少量或完全不作为股息分配，而是借给其国外母公司，并可以无限期使用。结果是：一方面，可以少缴纳子公司所在国的税收以及母公司支付给所在国的税收（即不合理保留利润部分的避税）；另一方面，对母公司支付给子公司的利息，虽然母公司所在国可以征收预提所得税，但母公司可以把已纳预提税作为一项费用扣除，而子公司收到的利息，也只需要按较低的税率纳税。如美国曾规定对这类“可预定的按年或定期收入”，只按30%的税率征税，和营业所得承担的税负相比，按1986年税制改革以前的税率算，还是低了16%，即使与1986年税制改革后的税负相比，也低了4%。所以，母公司向其海外子公司借款是一种避税的好办法。

同样，总公司或总机构与其国外分支机构之间的利息支付，也会发生上述避税的情况，通常还借助于转让定价手段来实现。这种关联公司间的借款避税情况比较复杂，国际上称之为“不正常借款”。

至于公司向本公司个人股东的借款，可以区分老企业向股东借款和新办企业向股东借款两类情况。一般情况下，老企业向股东的借款属于正常借款范围，因为这类企业从事经营活动已有多年，其股本已由股东认购满额，在这种情况下，若因一时资金周转不足或短缺而向外界或向本企业股东举债，一般没有什么实质性的问题，其支付的借款利息可以作为费用列支。但是，一个新创办的企业向其股东借债，就有可能成为躲避缴纳投资所在国所得税的一种手段。因为一个企业新建成，其股东在未交足本企业所需资本的情况下，就向本企业提供贷款，是不合常理的。但也有一些新开办的大型企业，如石油开发公司，其股东已认股完毕，并在社会上有一定声望和信誉，在企业确需大量财力的情况下，又向本企业提供贷款，这也属于正常借款范围。可见，这种新办企业向其股东的借款有时确实真假难分，从而给跨国公司利用这种借款进行避税打开了方便之门。

（九）利用税收优惠政策进行避税

例如，我国对经济特区和经济技术开发区等区域或某些行业实行税收优惠政策，客观上造成了国内不同地区的税收差距，为纳税人利用这种差距进行避税创造了条件，纳税人往往利用虚设常设机构、虚设中转销售公司、变换公司招牌等方法避税。

1.虚设常设机构

常设机构是企业进行全部或部分经营活动的一个固定营业场所。某些投资经营企业利用特区的各种优惠政策，在名义上将企业设在特区，实际其业务活动则不在特区或不主要在特区进行。这样该企业在非特区获得的经营收入或业务收入，就可享受特区的税收减免照顾，特区外的利润所得就可以通过向特区内企业总部转移而减少纳税。

2.虚设中转销售公司

与特区商业企业有关系的非特区企业，或者在特区设置分支机构的非特区企业，抬高从特区的进货价格，把更多的利润留在特区，以达到商品所得利润总税负减轻的目的。

3.变换公司招牌来达到避税的目的

我国对在经济特区和经济技术开发区的新办企业实行税收减免，给予必要的税收扶持，但一些不法商人钻税法空子，不断地换牌设厂，谋得免税和减税，使国家税收大量流失。

二、我国外商投资企业的避税情况

（一）我国外商投资企业避税的严重性

随着我国对外开放的日益深入，外商来华直接投资日益增多。据统计，截至2009年年底，我国已累计批准外商投资企业（中外合资经营企业、中外合作经营企业、外商独资企业，简称“三资企业”）68万多家，实际利用外资9 454亿美元。外商投资企业的发展为我国的经济发展，尤其是出口创汇做出了很大贡献。到2009年，外商投资企业创造的工业增加值已占全国工业增加值的28%，在外商投资企业直接从业的人员已占全国非农业劳动人口的14%（4 500万人），外商投资企业的进出口额已占我国全部进出口额的55.9%。

需要指出的是，外商投资企业缴纳的增值税、消费税等流转税以及代扣代缴的个人所得税都不是由它们自己负担的，外商投资企业自己负担的税收主要是企业所得税等直接税。根据调查，在亏损的外商投资企业中，有些企业的亏损是由经营管理不善造成的，但也有许多是由企业人为避税造成的。目前亏损的“三资企业”中，许多都属于“常亏不倒户”，即企业一方面连年亏损，一方面却不断追加投资、扩大经营规模。近几年，许多亏损“三资企业”的投资增长率平均每年都达到了30%~40%。这种情况显然不符合市场经济和企业经营的常规，说明不少外商投资企业可能有避税或偷税的行为，从而造成企业虚亏实盈。外商投资企业的避税和偷税行为严重损害了我国的税收利益，造成我国税收收入的大量流失，同时也不利于内资企业与外商企业之间的公平竞争。

（二）外商投资企业在我国避税的主要手段

1.利用转让定价向境外关联企业转移利润

这是外商在我国避税所采用的最普遍、最常用的一种手段。

（1）商品购销。我国大多数外商投资企业属于“两头在外”的生产加工型企业，即原材料或中间产品由国外进口，产品销往国际市场。而外商投资企业中的购销权往往掌握在外商手中，中方对国际市场的行情又不十分了解，从而为外商在商品购销过程中采用“高进低出”转让定价策略向境外转移利润创造了条件，同时也使转让定价成为外商手中规避我国税收的一种最有效、最便利的手段。例如，某外商独资企业1990年在广东某地注册成立，生产电视机零件，该零件卖给国内电视机生产企业的单价为14美元，但卖给其中国香港关联公司的单价仅为5美元。1997年该企业亏损达190万元人民币。

（2）提供劳务。一方面，外商投资企业向境外母公司提供无偿或低价劳务，劳务成本由外商投资企业负担；另一方面，境外母公司向有关联关系的外商投资企业提供劳务时，则人为抬高劳务费价格，使外商投资企业以支付劳务费的形式向母公司转移利润。例如，深圳一家中外合资的石油企业向其中国香港关联企业提供石油跨境批发服务，但收费几乎为零；与此同时，这个香港关联公司向深圳的中外合资企业每年要收取119万元的管理费和技术帮助费，从而导致该石油企业亏损。

（3）融通资金。境外关联企业向我国外商投资企业提供信贷资金时不按照国际金融市场的正常利率，而是采用高利率，从而人为地加大了外商投资企业的利息成本，并向境外关联企业转移了利润。例如，山东一家由中国香港商人投资兴建的生产体育用品的港资企业，其原材料由中国台湾一家关联企业提供，该港资企业由于资金周转困难，长期拖欠台湾关联企业的货款，但每年向台湾企业按12%的利率支付利息。由于该港资企业自20世纪90年代初开业以来长期亏损，当地税务机关对其进行了反避税调查，发现其向台湾关联企业支付的利息率远高于中国人民银行提供的国际市场上8%的美元年贷款利率。最后，税务机关对该港资企业的账面利润进行了合理调整。

（4）提供设备。这有两种情况：一种是外商以设备作为股本投资，在设备作价时，将预期利润计入设备成本价格，提高设备的价格；另一种是设备的发票往往由外方经营者的国外公司开具，而不是由设备的制造厂或供应商开具，从而使外商随意高报设备价格。外商抬高设备价格，一方面可使企业多提折旧，冲减利润，另一方面还可使外方以较少的实际投入占有合资企业较大的股权比重和较多的税后利润。在境外关联企业向外商投资企业出租设备的情况下，外商投资企业往往以提高支付租金的办法向境外关联企业转移利润。

2.外商投资企业的外方投资者不按协议或合同投足股本

企业需要的营运资金由境外母公司贷款提供。由于借款利息可以打入成本，而股息不能打入成本，因此境外母公司以贷款代替股本金的做法就人为地加大了外商投资企业的成本，减少了企业的应税利润。而外方投资者一方面可以通过收取利息得到外商投资企业的利润，另一方面还可以按协议规定的股本比例分享企业的税后利润。据统计，有些年份我国外商投资企业的股本金到位率只有67%，约有1/3的股本金不能到位。

3.将技术转让费纳入设备价款，规避我国的预提所得税

按照税法规定，外商投资企业的境外母公司向外商投资企业提供专有技术等工业知识产权所得到的特许权使用费要在我国缴纳预提所得税，而专有技术等产权的转让往往与设备投资同时进行。为了规避我国的预提税，境外母公司往往把工业知识产权的特许权使用费打入设备的价格，不再单独收取特许权使用费，以此来规避我国的预提所得税；同时，由于我国对外商投资企业在投资额度内进口自用的机器设备（除部分商品外）免征关税和增值税，所以抬高设备价格也不会导致外商投资企业增加关税和增值税的负担。例如，某进出口公司在20世纪90年代中期需要从德国进口一系列设备和计算机操作软件，根据原来的合同，设备的购置价格为140万德国马克，中国公司还要另行支付50万德国马克的技术转让费。当德国公司知道我国要对技术转让费课征预提税以后，则将设备的价款提高到180万德国马克，而把技术转让费降为10万德国马克，从而规避一部分我国的预提所得税。

4.建筑等工程项目“由大化小”

工期控制在6个月以内，并单独签订小项目合同，从而造成外国企业在我国没有常设机构的事实，规避工程项目所得本应在我国缴纳的企业所得税。

（三）防范措施

“三资”企业种种避税手段给我国财政收入带来了巨额损失。我国正处于改革开放的新阶段，对外面临着世界经济日益全球化的新趋势，加强对“三资”企业的税收管理，采取有针对性的反避税措施已是亟待解决的重大问题。

1.尽快完善相关法规

随着我国对外开放范围的扩大和程度的加深，应当逐步减少乃至取消对“三资”企业的某些特殊的税收优惠措施，即对“三资”企业从“超国民待遇”转到“国民待遇”上来。这一方面可以堵塞外商利用税收优惠逃避纳税的漏洞，还可以创造一个公平的税收环境，不仅对我国内资企业的发展相当有利，而且也可以打击某些内资企业假冒外资企业以换取税收优惠、减少纳税的行为。企业所得税的优惠政策应该体现以下原则：（1）鼓励投资，促进科技进步；（2）贯彻国家产业政策导向，主要向高新科技产业、基础产业、基础设施、大型基建项目倾斜；（3）贯彻区域经济发展战略。我国现有的税收区域性优惠使得外资在我国东部地区的投资比重达90.4%，而在中、西部的投资分别仅为7.5%和2.1%。

2.借鉴国外经验，建立专门的反避税税制

西方国家对国际避税问题研究得较早，已经形成了一套卓有成效的反避税法规，主要有避税地对策税制、转让定价税制、防止滥用税收协定税制、控制资本弱化税制等。我国目前的反避税措施主要是针对转让定价避税的，而对利用避税地避税、滥用税收协定避税、资本弱化避税等仍存在法律空白。随着我国对外投资和外来投资的增多，我国应借鉴国外经验，及早建立健全相应的反避税税制。在转让定价税制方面，西方发达国家在20世纪90年代初实行的一种先进的反避税手段——预约定价制（税务机关与纳税人事先就关联企业之间往来的事项达成协议，以明确其转让定价的应纳税额），能够有效地减少国际重复征税，克服事后进行转让定价调整的种种缺陷，目前已被我国税务部门引进并在沿海地区成功运用。

3.加强税收征管

这主要通过以下两项措施来实现：

(1) 改进并完善税收征管法。我国目前实行的《中华人民共和国税收征收管理法》虽然在2001年做出了修订，但是时过境迁，新形势要求有新的适用条款。近几年外资企业在我国的投资力度增大，数量增多，而且投资的领域也在拓宽，从原来集中在工矿、机械、石化等行业进一步扩展到金融、保险、娱乐、IT等行业。外资的巨大投入在给我国带来丰厚利益的同时也增加了税款流失的风险，所以应进一步修订完善税收征管法规，建立一套高效率的征管体系。

（2）借助高科技改进征管手段。“三资”企业的国际业务较多，避税行为尤其是转让定价多发生在公司的内部交易上。针对这个特点，税务机关应多渠道掌握“三资”企业的投资经营情况。目前，国家税务总局已经建立了全国税收征管信息网络，利用计算机网络实现上下级税务部门以及同级税务部门间的信息沟通。今后，税务部门还应加强与各行政部门、经济部门、海关、银行等部门的网络连接，利用国际互联网加强与外国税务机构的联络协作，使税务机关及时掌握国内外产品信息，重要原材料、设备、技术信息，国内外个人收入水平、财产占有状况等信息，还可委托专人代理国外税务事项，将本国税务人员派驻国外税务事项较集中的地区或直接委托当地税务部门代理。在税务内部系统建立纳税人电子档案，对一些有重大避税嫌疑的纳税人设立专户存储，记录其生产经营的详细资料，分析总结纳税人惯用的避税手段，采取相应措施，堵住税款流失的源头。各国政府之间也应加强税收协定关系，明确各有关国之间免除重复征税事项及税收互惠事项，特别是税收饶让抵免条款等。这样一方面可以减轻纳税人的负担，有利于吸引外资，另一方面也打消了纳税人逃避税款的念头。

第三节　转让定价与国际避税

跨国纳税人的许多国际避税活动都与转让定价有关。转让定价是随着社会化大生产的发展，公司组织形式和结构发生变化而产生的一种内部管理手段，反映出公司内部分工与合作的要求。现代国际贸易的一个重要问题就是跨国公司日益扩大的内部交易，而跨国公司内部交易中最显著的特点在于实行转让定价。

一、转让定价的含义

转让定价（transfer pricing）是指关联企业之间对相互交易所专门制定的一种内部结算价格，这种价格通常不同于其在外部经济往来中所适用的一般市场价格。

参与国际经济活动的企业，根据它们相互之间的经济利益关系，可分为两类：一类是无关联企业，即在资本、管理和财务上彼此无任何联系，或相互参股程度较低的企业；另一类是关联企业，即在国际和国内经济往来中，在企业管理、控制或资本等方面存在直接或间接联系，相互有特殊利益关系的企业。比较常见的企业关联关系有两类：一类是母公司与其子公司以及同一个母公司的各个子公司之间的关联关系；另一类是总公司与其分支机构以及同一个总公司的各个分支机构之间的关联关系。

无关联企业与关联企业的根本区别在于：无关联企业之间进行交易时，依据的是买方的兴趣、需要、意愿、购买能力以及市场供求状况等。由于买卖双方无关联关系，均属独立利益单位，其间的交易并无利益纠葛，交易价格也遵从市场竞争原则，收入和费用分配必须合理，这些企业均以单个企业的利益得失处理其间的日常交易和其他经济往来，任何一方都很难在这类交易活动的作价方面做文章，因而试图在这类交易活动中以转让定价方式进行避税是不可能的。而有关联关系的企业，特别是跨国公司集团，往往受同一利益主体（集团）支配，其间交易有利益瓜葛。它们通常按照本集团在专业分工和协作等方面的要求，在某个国家设立总机构或总部，在其他国家设立分支机构或子公司，实行全球化经营战略，以获得最佳经济利益。由于它们的对外交易是在非关联的独立企业之间进行的，因而自然会采取正常交易价格，但在其内部或相互之间经常发生的大量转让交易的价格政策上，它们往往采取与一般市场价格不同的内部转让价格，即为确保双方或各方乃至整个集团利益的最大化而在其内部私下确定价格，如产品价格、劳务价格、贷款利息、租赁费、支付方式等。这种交易价格有时可能高于成本，有时可能低于成本，甚至与成本毫无联系。关联企业从整个集团的利益出发，来处理其间日常交易和其他经济往来，特别是跨国关联企业可以利用各国税收制度上的差异，通过转让定价方式在国家间转移利润所得以达到国际避税的目的。

跨国关联企业的转让定价往往受跨国集团利益的支配，不易受市场一般供求关系的约束，对商品和劳务内部交易往来采取与独立企业之间正常交易价格不同的计价标准，这样就有可能人为地扭曲收入和费用在有关国家之间的分配，甚至还会严重损害有关国家的税收权益，导致国家之间税收分配的矛盾。“利往低处流”“费往高处走”“税往低处流”是转让定价的一般规律。

二、转让定价产生的原因

跨国关联企业的内部定价采用转让定价的原因有很多，概括起来，主要有税务原因和非税务原因两个方面。

（一）税务原因

在运用转让定价的诸多因素中，国际避税是很重要的一个原因。全球税后利润最大化是跨国公司集团最主要的经营目标，而在世界各国企业所得税税率高低不一以及国际避税地大量存在的情况下，跨国公司集团可以利用自己全球经营的优势，通过转让定价，使设在不同国家的关联企业通过分配业务收入和费用开支，尽可能地将所得从高税国企业转移到低税国企业，从而达到在全球范围内最少纳税、最大获利的目的。

1.逃避所得税

（1）跨国关联企业利用不同国家或地区的税率差异，将高税率国的利润转移到低税率国，一般做法是：第一，低税率国家的关联企业向高税率国家的关联企业销售货物、贷款、提供劳务租赁、转让无形资产等采取提价的办法，以增加高税率国关联企业的费用，减少其应税所得额和应缴税金。第二，高税率国家的关联企业向低税率国家的关联企业销售货物、贷款、提供劳务、租赁、转让无形资产等采取压价的办法，以减少高税率国关联企业的收入，降低低税率国关联企业的成本费用，将利润转移到低税率国的关联企业，从而达到在总体上降低公司集团税负的目的。

（2）利用转让定价把利润转移到避税地（低税国）进行避税。跨国公司可以利用转让定价把利润转移到避税地进行避税。例如，一家美国跨国公司向设在英国的子公司出售商品，美国跨国公司先以低价将商品出售给避税地的控股公司，然后由这家控股公司以高价转售给英国的子公司。实际上，货物并不经控股公司而直接从美国运往英国，但是通过这种账面上的周转，使美国公司因低价售货而无盈利，英国子公司也因高价购进而无盈利，设在避税地的控股公司则可两方盈利，这样就减少了整个公司集团的税负，从而增加了利润。

2.逃避预提税

按照国际惯例，世界各国对外国公司或个人在本国境内取得的消极投资收入均征收预提税。在没有税收协定的情况下，预提税的税率是比较高的。子公司可以利用低价提供产品的办法将投资收入转移到母公司，代替股利、利息、租金或特许权使用费的支付，从而逃避预提税。

3.增加外国税收抵免额

为了避免国际重复征税，各国一般都有对外国税收抵免的规定，若跨国公司的母公司所在国实行外国税收抵免，并实行综合限额法，则利用转让定价可以增加外国税收收入抵免额。

（二）非税务原因

除了上述税务原因以外，转让定价还可以为跨国关联企业的其他经营管理目标服务，这些目标与国际避税无关，可以称为非税务原因。转让定价可以为之服务的非税务原因很多，下面列举几个主要原因：

1.将产品低价打入外国市场

跨国关联企业为了使自己的产品打入某个国家市场，可以采取由公司集团内产品的生产企业向该国的关联企业低价销售产品的做法。该国的关联企业因以低价得到这批产品，就可以用较低的价格在当地市场上销售，使当地同类产品的生产者无法与之竞争。当然，这种做法很可能会面临销售地国家的反倾销调查。不过，如果公司集团中生产企业低价向该国关联企业出售的不是产成品，而是一些零部件或半成品，关联企业购进这些中间产品后再自己加工组装成最终产品，这样就可以避开当地国家的反倾销调查，并可以成功地将跨国公司的产品打入一国市场。

2. 调节利润，改变子公司在当地的形象

母公司为了使其新建的子公司在竞争中具有较高的信誉，易于在当地发行股票、债券或取得贷款，往往通过低价提供原材料、零部件、劳务和高价回购其产品的做法，使该子公司显示出较高的利润率。反之，如果母公司希望掩饰其某一子公司的盈利能力，就可以提高向子公司的供货价格而压低回购价格。因为当子公司在经营顺利、盈利甚丰时，可能会带来一系列母公司不希望发生的问题。例如，子公司的工人会提出增加工资或更多分享公司利润的要求；东道国中可能滋长要求没收外国企业高额利润的政治压力；高利润会吸引新的竞争者加入本行业从而加剧竞争等。此外，当子公司所在国对价格的管制是以生产成本为基础时，为了支持子公司涨价的要求，母公司提高对子公司的转让价格，也不失为一种良策。

3. 逃避外汇管制

在一个完全竞争的市场中，政府对经营行为应是没有影响的，但事实上，今天的贸易和投资活动受到政府、银行的高度管理和控制。政府会采取一系列贸易和投资政策来限制或鼓励国际贸易的范围、性质和时间的选择，许多国家的外汇管制还相当严厉。跨国关联企业为了逃避所在国的外汇管控，会尽量压低税后利润，走成本费用渠道，把资金转移出境。因为价格转让可以起到货币转让的效果，跨国公司向境外关联企业转让产品或劳务时，也将得到境外的货币收入，从而使其所在国的外汇管制减效或失效。

4. 消除风险

转让定价不仅使有利益关系的实体在利益上满足共同受惠，而且在风险方面也因风险利益均摊而降低。也就是说，关联企业之间不仅愿意共同受益，而且也愿意共担风险，从而使双方或多方承担风险的可能性减少了，并且在某些情况下还能有效地抑制来自竞争对手的竞争压力。

5. 从合资企业中谋取过分利益

以合资经营形式组建的子公司，必然会涉及东道国的当地合作者，这对外方母公司来说一定程度上会存在着实行转让定价政策的诱因。例如，在合营双方各占50%股份的情况下，合资企业经营得再好，外方母公司充其量只能从形成的税后利润中得到一半。由于当地合作者有权分享这一子公司的利润，但无权分享外国母公司的利润，外国母公司正是抓住这一点，尽量在子公司最终利润形成之前，通过转让定价提高子公司原材料购入价和压低其成品销售价，把应在子公司实现的利润转移到母公司所在国。这种在子公司最终利润形成之前，以转让定价"先捞一把"而转移的利润，不仅拿走了母公司应分得的一半，而且顺手牵羊将子公司当地合作者应分得的一部分收入也"拐跑"了。

（三）转让定价与客观条件的配合

跨国公司不论是出于税务原因还是非税务原因而使用转让定价，都有一个在什么情况下定高价，在什么情况下定低价的问题，这是一个极其复杂的问题，要视其所要达到的目的和有关国家的客观条件而定。

表4-1归纳了使一个公司利用转让定价有利可图的特定客观条件，当所有这些条件在一国之内按表中左右条件分列时，则可使公司获得最大的好处。例如，母公司在一个要求"高价进低价出"为特征的国家中从事经营，而子公司所在国的要求条件则与之相反。

表4-1　**转让定价方法与子公司所在国条件的配合**

在子公司所在国实行 低进高出的转让价格	在子公司所在国实行 高进低出的转让价格
1.企业所得税税率低于母公司所在国 2.有效竞争 3.基于公司财务形象的当地筹资 4.对出口价格的补贴或退税 5.低于母公司所在国的通货膨胀率 6.子公司所在国对可进口产品价值的限制	1.当地合作者 2.来自工人要求分享公司利润更大份额的压力 3.对高利润外国企业实行国有化或没收的政治压力 4.政局动荡 5.大量的搭卖协议 6.以产品成本为基础的政府对最终产品价格的控制 7.为将竞争者拒之门外而隐蔽子公司的盈利能力

让我们看一下表4-1的左侧。母公司对子公司低价销售，高价购

买，这样就把一部分收入转移到子公司，从而减轻了公司集团的综合税负。与此同时，也减轻了子公司在其所在国所承担的高从价关税税负，改善了子公司的财务形象，使其有良好的资信而易于在当地取得贷款或以其他方式筹资。此外，转让定价对子公司从母公司进口货物的外汇配给额的影响和向母公司支付股息的影响也得以减轻，子公司打入当地市场的能力也随之提高，母公司也可更少受其政府对资本外流限制的影响。

根据表4-1左侧的这组客观条件，子公司所在国比母公司所在国获利更大，即有更多的外资流入、更多的应税所得、更大的经济增长、更多的出口收入等。然而，在其他领域中，该国则要承受一定的损失：如果外国子公司积极奉行一种打入该国市场的战略，本国竞争者可能受到不利影响，导致利润下降、纳税减少、工人失业等；由于子公司人为抬高出口价格，使政府给予更多的补贴或退税，削弱了国家对经济的控制。

然而，实际情况很少像表4-1中任何一边的客观条件那样排列得令跨国纳税人满意，表两侧中的一些条件，极有可能混合在一起而同时出现在一个国家。比如，在一个限制股息外流和进口数额或价格的外汇管制较紧的国家，外国母公司在对其子公司的销售中抬高转让价格，虽然可以比卖低价获取更多的销售收入，但会因为减少了供其子公司在当地竞争所需的进口材料的数量而蒙受这方面的损失。因而，当表4-1两侧的客观条件混杂出现在一国之内时，一个公司必须慎重权衡采用某一特定转让价格可能带来的损失。以上我们所讨论的问题，仅仅涉及两个国家的模式，如果模式中国家数目增加，转让定价问题会愈加复杂。它既是跨国公司管理中的复杂问题，也是国际税收中的棘手难题。

三、转让定价的表现形式

跨国公司为了满足专业分工和协作的要求，追求最大利润，通常在一个国家设立总部，在多个国家设立分支机构或子公司。从世界市场范围出发，规划其生产和销售，使之在地理上更有效组织生产要素的投入，并使产出更靠近于最终市场，这就是所谓的跨国公司全球性经营战略。这一战略表现在跨国集团内部的交易行为和价格政策上，出现了与传统不同的内部转让交易和内部转让价格。因此，集团内部和各个利润中心账册上所反映的会计所得与按照各个所在国法律规定计算出来的计税所得可能会存在严重的偏离。显然，国际关联企业之间商品和劳务内部交易的定价直接影响收入与费用的跨国分配和相关国家的利益。因转让定价的高低而引起的产品价值和盈亏的转移，其形成和渠道呈多样化，几乎触及企业集团的一切经济活动内容和经营成果，具体可归为五大类。

（一）货物购销中的转让定价

在跨国关联企业的内部交易来往中，货物购销占有极其重要的地位。货物购销包括原材料、燃料、低值易耗品、零部件、半成品、产成品等有形货物的买卖。企业集团在其内部购销活动中，往往通过转让定价，即提高或压低价格的办法，来增加或减少企业的收入和费用，从而影响购销双方的利润。

货物购销中的转让定价具体表现在以下几个方面：

（1）通过控制原材料和零部件的进出口价格，来影响关联企业的产品成本。

（2）母公司利用其掌握的国际营销网络，操纵子公司产品的销路，压低或提高对子公司产品的收购价格。

（3）在货物购销过程中，利用母公司控制的运输系统，通过向子公司收取较高或较低的运输、装卸和保险费用，来影响公司的销售成本。

（4）在母公司与子公司之间人为制造呆账、损失赔偿等，以此增加子公司的费用支出。

（5）在公司集团内部转让交易采取来料加工形式时，压低子公司的加工收费。

以上所述的这些货物内部交易定价的高低，对购销双方有着相反的影响。比如，高税国的子公司压价供应原材料，可以减少母公司的收入，降低子公司的产品成本；低税国的子公司向高税国的母公司提价出售零部件或产品，可以增加子公司的收入，提高母公司的成本。

【例4-1】甲国一家制造公司与乙国一家贸易公司都是丙国一家公司的子公司。甲国企业所得税税率为50%，乙国企业所得税税率为16%。在某纳税年度内，甲国制造公司以500万美元的成本费用生产出一批甲国市场售价为800万美元的商品，却以500万美元的价格出售给了乙国贸易公司，乙国贸易公司把这批商品以820万美元的价格在乙国市场上销售出去。丙国公司该年无所得。通过计算甲乙两国公司（暂不考虑丙国公司）应纳税的情况，我们发现：

甲国制造公司原应税所得=800-500=300（万美元）

甲国制造公司原应纳企业所得税=300×50%=150（万美元）

乙国贸易公司原应税所得=820-800=20（万美元）

乙国贸易公司原应纳企业所得税=20×16%=3.2（万美元）

该跨国集团原企业所得税总税负=150+3.2=153.2（万美元）

该跨国集团公司原税后总所得=300-150+20-3.2=166.8（万美元）

但通过转让定价把应税所得额转移到乙国后的情况发生了以下变化：

甲国制造公司应税所得=500-500=0（万美元）

甲国制造公司应纳企业所得税=0×50%=0（万美元）

乙国贸易公司应税所得=820-500=320（万美元）

乙国贸易公司应纳企业所得税=320×16%=51.2（万美元）

该跨国集团企业所得税总税负=0+51.2=51.2（万美元）

跨国公司集团公司税后总所得=320-51.2=268.8（万美元）

通过转让定价，甲国制造公司的企业所得税税负减少了150万美元，甲国制造公司税后所得减少了150万美元，乙国贸易公司所得税税负增加了48万美元（51.2-3.2），乙国贸易公司税后所得增加了252万美元（320-51.2-16.8），该跨国公司集团所得税总税负减少了102万美元（153.2-51.2），税后总所得增加了102万美元（268.8-166.8）。

可以看出，通过关联企业转让定价，尽管乙国贸易公司的应税所得有所增加，应纳税额也相应增加，但整个关联企业集团的企业所得税总税负由于应税所得的转移减少了102万美元，即税后总所得增加了102万美元。

（二）贷款往来中的转让定价

由于借款利息可以在税前列支，而股息支付只能在税后支出，所以投资者多采用举债资本代替自有资本，甚至将企业集团内部投资也划作借款，造成债务比重的加大，形成所谓的"资本弱化"现象。关联企业还会在内部借贷利率高低上做文章，通过贷款利率的高低，影响对方企业的费用成本。例如，母公司利用本系统的金融机构向子公司提供优惠的低息贷款，不收或少收利息，以减少子公司的利息支出。相反，若想减少子公司的利息收入，可以采取提高利率的办法，增加子公司的利息支出。此外，关联企业还可以利用有的国家或地区对贷款利息征税而对存款利息不征税进行避税。如一个需要借款的公司利用关联企业持有的银行存款作为抵押，从而获取银行贷款，然后要求该贷款扣除利息开支；另一方面，持有银行借款的关联企业，做出安排来收取不需课税的存款利息。

（三）提供劳务中的转让定价

一般来说，劳务比贷款更复杂，涉及的范围更广。关联企业之间提供的设计、维修、广告、科研、咨询等劳务活动，均存在收费与否和劳务收费标准高低的问题，甚至总机构管理活动的存在，也被视为一种劳务收费，要按一定比例向各分支机构分摊管理费用。跨国公司可以利用这些劳务收费与付费的高低，去影响公司集团不同成员的成本与利润。

（四）固定资产购置中的转让定价

固定资产购置额的高低，在以固定资产作价投资的情况下，既影响企业的股权份额，也影响折旧费用的摊销。当固定资产购置涉及关联方之间可折旧资产的转让时，由于各国资本利得的税务处理方式不同，就会使跨国纳税人通过转让定价转移利润或将利润转化为资本利得。例如，在甲国对资本利得并入正常所得征税，而乙国则对资本利得不征税的情况下，甲国A公司将一套账面折旧余额为10万美元，但市场价格为50万美元的设备，按账面折旧余额或低于该余额的价格，卖给位于乙国的关联企业B公司。B公司在买入设备后不久，按市场价格变卖。这样一来，本应在甲国实现并课税的资本利得，转变为B公司手中的免税资本利得。此外，在设备租赁领域中，由于各国对国际租赁业务应由哪一方计提折旧，由谁承担风险等问题的规定不尽一致，跨国纳税人可以利用这些差异达到避税目的。

（五）无形资产使用与转让中的转让定价

母公司通过对专利、专有技术、商标、商誉、版权等无形资产的使用与转让，提高或降低收取特许使用费，可以对子公司的成本和利润施加影响。以提供专利使用权为例，母公司对其控制全部股权的子公司可能索取较低的专利使用费，而对控制少数股权的子公司索取较高的专利使用费。

总体上来说，提高由子公司向母公司支付项目的价格（包括零部件价格、购入固定资产价格、利息、特许权使用费、劳务费、运费、保险费、佣金、租金、分摊的管理费等），会降低母公司向子公司支付项目的价格，将使利润转移出子公司；反之，则利润向子公司转移。

第四节　滥用税收协定

跨国纳税人利用国家间税收协定的漏洞、特例和缺陷进行避税是值得探讨的，在国际税收里，将其称为“税收协定的滥用”，简称“滥用协定”。滥用国际税收协定是跨国纳税人进行国际避税的特殊方法。

一、滥用税收协定的含义

一般认为，瑞士的《1962年法令》的第六部分第三章是较早从单边立法角度提出滥用税收协定的一般概念的，尽管这个立法并没有确立一个税收协定滥用的明确内涵。不过，滥用税收协定这个问题不是瑞士首先提出来的，而是瑞士的税收协定缔约国美国、德国、法国提出来的。这些国家认为它们与瑞士签订的税收协定加上瑞士本身的税收制度，可以被它们国家的纳税人利用来进行国际避税。因此，瑞士针对美、德、法提出的问题在其《1962年法令》第六部分第三章第二条提出了“税收协定滥用”的概念，即不能享受某税收协定优惠的人，直接或间接地得到了这一税收协定所给予的实质性的或大部分的优惠。

滥用税收协定（the abuse of tax treaty），一般指的是第三国居民（非协定受益人）利用其他两个国家之间签订的国际税收协定从事经济活动，从而享受协定优惠待遇的行为，获得其本不应该得到的税收利益。通过滥用税收协定这种行为，非协定受益人往往得以逃避原应承担税负的一部分乃至全部，从而达到避税的目的。

【例4-2】假定乙国和丙国已经签订税收协定，根据协定，乙、丙两国互相对对方缔约国居民来源于本国的投资所得以5%的低税率征税。又假定甲国居民公司A，原计划在乙国组建子公司B，并通过B在乙国开展营业活动。但甲、乙两国之间并未签订税收协定，因而A公司来自于乙国B公司的股息所得应依据乙国税法的规定缴纳30%的预提税。在这种情况下，A公司会做出如下安排：不直接投资于乙国，而是通过设立在丙国的子公司转而向乙国投资。这样一来，丙国子公司来源于乙国的股息所得便只需依照乙、丙两国税收协定规定的5%的税率缴纳预提税。如其在适当的情况下，将取得的收益再转移给甲国居民公司A，则A公司最终承担的乙国税负就大大减轻。即使甲、乙两国之间签有税收协定，但只要其对投资所得征税规定的限制税率高于5%，则A公司也可以通过类似安排来逃避税收。这里的甲国居民公司A，原不应享受乙、丙两国间税收协定对投资所得规定的优惠待遇，即仅依5%的税率缴纳预提税，但通过在丙国设立的子公司，即所谓的导管公司（conduit company）达到了享受此种优惠待遇的目的。这里，A公司并不是乙、丙税收协定设定的受益人，其行为就是典型的滥用税收协定。自然人也可能通过上述手法，滥用税收协定以逃避税收。

滥用税收协定的国际避税方法与一般国际避税方法的区别在于：滥用税收协定往往不是通过规避成为税收主体来规避或减轻税负，而是通过设法成为能得到税收优惠的税收主体来规避或减轻税负。

滥用税收协定的国际避税方法与一般的国际避税方法的相同之处在于：动机目的相同，都是为了避税；效应相同，都是纳税人减轻了其全球总税负，有关国家减少了其总税收收入；避税方式相同，都采用转移或不转移税收主体、转移或不转移税收客体这些国际避税方式。

二、滥用税收协定的主要方法

滥用国际税收协定避税的方法多种多样，但有两个共同特征：一是通过在缔约国一方寻找中介人，千方百计挤入税收协定的范围，以谋取不正当的税收利益；二是主要针对股息、利息和特许权使用费等间接投资所得，也有一些涉及个人的劳务报酬，但很少涉及直接投资所得。滥用税收协定避税的方法归纳起来主要有以下三大类：

（一）建立直接导管公司

直接导管公司是指为了获取某一特定税收协定待遇的好处，而在某一缔约国建立的一种具有居民身份的中介公司。例如，A国和B国签订了双边税收协定：对于A国居民从B国获得的股利、利息和特许权使用费，B国给予免征预提税的待遇；A国对来源于境外的股息等投资所得免税。为了获得协定的待遇和A国税收优惠的利益，不能享受该协定待遇的第三国居民甲，在A国建立了具有法人资格的中介公司，并且将产生股息、利息和特许权使用费的财产或权力转移到该公司名下。这样，甲在B国的各项投资所得也能享受A、B两国的税收协定待遇，不用缴纳B国的预提税，而且也不需要在A国纳税。第三国居民甲在A国建立的完全为了获得A、B两国税收协定利益的公司就如同一根直接吸取缔约国公司所得的导管，因此被形象地称为直接导管公司。

（二）建立脚踏石导管公司

这是指在直接导管公司不能直接奏效的情况下，所采取的一种更间接、更迂回的避税方式，涉及在两个以上的国家建立子公司来利用有关国家签订的税收协定。

【例4-3】A国公司原打算在B国建立一家子公司，但B国要对B国公司汇往A国的股息征收较高的30%的预提税，而B国与C国、A国与D国都缔结有相互间按5%征收股息预提税的税收协定，C国与D国则签订相互对持股公司免征股息预提税的税收协定。此时，A国公司便可以在D国建立一个持股公司，通过D国持股公司在C国建立一个持股公司，再通过C国持股公司在B国建立一个子公司。这样，A国公司就可以减少其股息所得的总纳税义务，这也是一种典型的滥用税收协定以便转移纳税客体进行国际避税的方法。

由于A国公司一定要通过建立D国公司和C国公司才能取得B国公司的股息并规避税负，D国公司和C国公司在这个过程中就犹如两块到达目的地所必需的脚踏石，A国公司可以通过他们作为中介吸取D国与C国、C国与B国税收协定所给予的税收优惠来避税，因此D国公司和C国公司被形象地称为脚踏石导管公司。

脚踏石导管公司的主要特点就是不仅获得收入，而且还有费用可以冲抵，这样就可以使转让定价方法得以应用，人为地对费用进行调节，最终达到使税收负担降至最低的目的。因此，建立脚踏石导管公司这种滥用税收协定的避税方式，实际上是一种直接导管公司与转让定价、避税地相结合的避税手段，属于一种高级避税方式。其结果是使当事人不仅获得本来没有资格享受的税收协定待遇，而且还可以获得缔约国国内的税收优惠。

（三）企业重组

有些国家的税收协定规定，对缔约国一方公司向持有大量股份的缔约国另一方股东支付的股息，不给予税收协定规定的对股息的税收优惠。因此，这些国家的跨国公司在缔约国另一方建立子公司时，就往往把公司分立成几个公司，使每个公司持有该子公司的股份都在限额以下，以便使股息能够享受到优惠。例如，德国与其他国家签订的税收协定，往往就有对德国公司向持有其25%以上股份的缔约国另一方公司支付的股息，不给予税收优惠的规定。因此，一个外国公司可以在其国内重组成几个公司，使每个公司持有德国公司的股份都在25%以下，这样就可以享受税收协定提供的优惠。这是一种典型的滥用税收协定转移纳税主体进行国际避税的方法。与上述情况相反，有些国家之间签订的税收协定规定，对缔约国另一方控股公司减征或免征股息预提税。因此，这些国家的跨国公司在缔约国另一方建立子公司时，就往往把几个公司合并成一个公司，使公司持有该子公司的股份在规定份额以上，以便使股息能够享受到税收协定的优惠。

总而言之，滥用税收协定避税有两个显著的特点：一是在方式上，一般是通过在协定国组建中介性投资公司，把来源于非协定国的收入中转到这些公司去，以谋取不应得的税收优惠；二是在收入项目上，多半是针对股息、利息、特许权使用费、财产租赁收入等间接性的投资所得，有的还扩大到个人劳动报酬，涉及直接投资的营业利润则比较少见。

三、滥用税收协定的消极影响

许多国家为了减轻国际双重征税而签订双边税收协定，以约束缔约国双方相互限制向对方居民行使地域管辖权。通常都采取大幅度降低对消极所得（股息、利息和特许权使用费等）的预提税税率，有的还对其中的某些所得项目实行免税。这种税收优惠只限于缔约国居民。而滥用税收协定，则违背了缔约国双方的意图，会造成下列一些消极影响：

（一）造成有关国家的税收损失

滥用税收协定属于一种特殊形式的国际避税活动。那些本无资格享受税收协定优惠的跨国纳税人通过精心安排，充分利用各国税收协定，享受了不应享受的税收优惠，减轻了税负。这意味着作为来源国的有关缔约国，遭受了不应有的税收损失。

（二）违背了税收协定的互惠原则

缔约国双方签订税收协定所提供的优惠，限于双方的居民，因为居民在居住国负有无限的纳税义务。如果第三国的居民，通过在缔约国的任何一方插入中介公司来获取协定税收优惠，那么第三国也会从中受益而没有付出任何代价，这样，就违背了税收协定的互惠原则。

（三）破坏了缔约国给予税收协定优惠的前提条件

由于缔约国一方对缔约国另一方的居民给予税收协定优惠是基于这样一个前提条件：该居民在缔约国另一方按其正常税制缴纳了税款，因而，如果税收协定优惠为居住在第三国的人所获得，这一前提条件就得不到充分的保证。

（四）不利于签订更多的税收规定

如果大量滥用税收协定，将影响至新协定的签订。滥用税收协定的行为，损害了缔约国的经济权益，同时也妨碍了跨国纳税人正常的市场竞争，可是，过去并未引起人们的充分重视。20世纪70年代以后，税收协定的覆盖范围日益扩大，跨国纳税人钻协定的漏洞，特别是结合国际避税的一般方式及方法来逃避税收负担的行为日益增多，目前已引起了世界上许多国家税务当局的关注，促使越来越多的国家为解决这一难题而做出积极努力。

第五节　国际避税地

一、什么是国际避税地

国际避税地（international tax heavens），又称避税港、避税天堂和避税绿洲，是指那些可以被人们借以进行所得税或财产税国际避税活动的国家或地区。但是到目前为止，国际避税地并没有一个严格的定义，不同的人从不同的角度会得出不同的国际避税地概念，所以对国际避税地究竟包括哪些国家和地区，人们会有不同的看法。根据对国际避税地定义的严格程度不同，人们可以列出不同的避税地名单。只要该国家或地区能够被国际纳税人利用来从事避税活动，该地区在某种意义上就可以算作国际避税地。

实践中，国际避税地一般指那些在国际避税活动中事实上发挥作用的、没有直接税或直接税税率很低以及虽然有正常税制但提供特殊优惠的国家和地区。

国际逃税与国际避税在很多情况下与避税地有关，国际避税地的存在是跨国纳税人得以进行国际避税活动的重要前提条件，经济实体要实现避税目的往往要通过在避税地建立各种基地公司，没有国际避税地，跨国纳税人经常性的国际避税活动就很难开展。

二、成为国际避税地的必要条件

一个国家或地区要成为国际避税地，必须具备以下一些基本条件：

（一）优惠的税收政策

不征收所得税或只征收税负很轻的税，是成为国际避税地的最基本条件。而且，所实行的税收优惠政策要有稳定性、连续性和持久性，如果制定的优惠政策朝令夕改、频繁变动，就会使跨国投资者产生不安全感和不必要的疑虑。

（二）稳定的政局

外国投资者最关心的是投资的安全，对政局的变化最为敏感。一个国家或地区如果政局动荡不安，那么，即使有优惠的税收政策，也会使外国投资者望而却步。以至抽走资金，转移营业。例如，黎巴嫩曾是中东资本的一个重要避税地，但是由于连年内战，使它丧失了作为中东资本避税地的地位。

（三）没有沉重的财政支出负担

一个国家或地区在财政上没有沉重的预算支出，税收方面才有可能提供大量的税收优惠。例如，没有庞大的国防开支，国家预算支出就不必依靠课征重税来维持。

（四）优越的地理位置，良好的自然环境

避税地的特色，往往离不开避税地的地理位置。比如，想要成为欧洲的国际避税地，最好靠近欧洲，想要成为澳大利亚的国际避税地，最好在澳大利亚附近。此外，还要求交通发达，通信便利。

（五）当地政府对经济的行政干预较少

综观目前世界上已有的国际避税地，其分布主要集中在以下三个区域：靠近美洲的大西洋和加勒比海地区、欧洲地区和远东及太平洋地区。那些著名的避税地，大多靠近美国、澳大利亚，有的临近欧洲或地处东南亚，均属工业化高税国的“近邻”。这些避税地的气候宜人，风景优美，自然条件非常优越，有不少是避暑旅游胜地，素有“租税乐园”或“租税天堂”的美称，吸引了众多的国际投资者前往投资经营。

三、国际避税地的作用和影响

避税地具有多种经济功能，如转口贸易、积累资金、脱离外汇管制，提供对营业和财产的保密等，而最典型、最重要的则是税收的功能，也就是跨国纳税人可以利用这里的低税环境来躲避本国的高税负担。避税地国家和地区清楚地认识到：一方面，高税的发达国家居民到本地来投资主要是为了取得税收利益，其在避税地开办的公司主要从事金融、保险、信托、持股等方面的业务，这些经济活动不会污染环境，不会破坏当地的旅游资源；另一方面，大量外资企业的建立可以增加本国（地区）的就业机会，有利于本国银行业、金融业和法律服务业的发展。在这个过程中，政府虽然不征收或征收很少的所得税，但由于大量的外国资本涌入和大批的公司、企业在本国注册成立，政府通过征收公司注册费、资本税等同样可以筹集到充足的财政收入。因此，避税地以其迷人的低税或无税色彩吸引着高税国跨国纳税人的注意力。

四、国际避税地的类型与世界著名国际避税地

（一）不征收所得税和一般财产税的国家和地区

这种类型的国际避税地是不征收所得税和一般财产税的国家和地区。在这些国家和地区，对所得和财产完全不征收个人所得税、企业所得税、净资产税、遗产税和赠与税等，所以这类国际避税地被称为“纯国际避税地”。属于这一类国际避税地的国家和地区有巴哈马、百慕大群岛、开曼群岛、瑙鲁、瓦努阿图、特克斯和凯克斯群岛等。它们几乎完全不征收所得税和一般财产税。此外，格陵兰、法罗群岛、新喀里多尼亚、索马里、圣皮埃尔岛和密克隆岛基本上也属于此类。

现以巴哈马、百慕大群岛和开曼群岛为例来说明这类国际避税地的特点。

1.巴哈马

巴哈马位于北美洲，加勒比海东岸，西印度群岛最北部，它与美国本土最近处相隔约130公里。巴哈马是个岛国，由700多个小岛和数以千计的珊瑚礁组成，总面积约1.39万平方公里，2009年该国人口约为26.6万人。巴哈马曾是英国殖民地，1973年宣布独立，组成巴哈马联邦，首都拿骚，全国半数居民居住在那里。

作为北美洲一个很著名的国际避税地，巴哈马一直没有开征个人所得税、企业所得税、资本利得税、预提税等各种所得税，也没有开征遗产税、继承税和赠与税。在直接税中，巴哈马只对不动产征收不动产税。另外，巴哈马还课征印花税、营业税（对保险公司的保费收入课征）和关税。巴哈马主要的财政收入来自于对银行、公司征收的年注册费和许可证费。世界银行和国际货币基金组织曾建议巴哈马开征所得税，以便获得国际信贷机构的贷款帮助，但巴哈马政府担心一旦开征所得税将失去避税地的地位，所以最终没有采纳世界银行和国际货币基金组织的建议。

巴哈马作为避税地除了没有直接税以外，还具有吸引国外投资者的一些优势。例如，巴哈马的交通和通讯十分便捷，它的空运、海运、电话和电传服务都是一流的。巴哈马当地还可提供会计、审计、公司和秘书服务咨询、有关破产法规的服务咨询，以及其他金融业务的服务咨询等。此外，在巴哈马组建公司具有很大的灵活性，允许发行不记名和可赎回的股票。公司的董事可以是任何国籍的人，可以在世界上任何地方召开董事会。目前，在巴哈马注册的公司近3万家。

2.百慕大群岛

百慕大群岛位于大西洋中部，距离美国1 000多公里，2009年该国人口约为6.2万人，人均GDP 3.43万美元，位居世界第四。金融业和旅游业是其主要经济支柱：金融业收入占GDP的60%；一年约有50万游客前来观光，大部分来自美国。其证券交易所的资本达到992亿美元。自保险公司数量为世界第一，保险、投资基金、信托等产业很发达。这里没有所得税、资本利得税、增值税、销售税和使用税、财产税。关税是政府的主要收入来源，几乎对所有进入百慕大群岛的产品征收关税，还对企业征收费用和社会保险税。工薪税的税率为12%，雇员要支付其中的4.5%，计算基础包括各种利益如年金、租金、利润分享、股票期权所得。百慕大对个人按租金征收土地税；对遗嘱授予的位于百慕大的财产在过户时，按价值征收5%～10%的印花税；赌博税税率为20%，离境税每次20美元，此外对旅馆收入只征收7.5%的税。

3.开曼群岛

开曼群岛位于加勒比海，是英国独立领地，总面积259平方公里，2009年该国人口约为33万人，经济主要依靠旅游业，旅游业产值占GDP的70%，其次是金融服务。开曼群岛是目前世界上最大的离岸金融中心，有3万多家公司在此注册，岛上有银行600多家，存款逾5 000亿美元。它还是世界第二大自保险基地（仅次于百慕大），有450家保险公司，资产总值110亿美元。目前，岛上不征收任何所得税和财产税。开曼群岛对于外国投资者在岛上注册，但不在岛上经营的豁免公司提供20年不征收所得税的保证，豁免信托公司可以得到50年内不课征所得税的保证。开曼群岛与巴哈马和百慕大一样也是普通法系的国家，而且都拥有良好的法律、银行、会计、信托等中介服务。作为国际避税地，开曼群岛在许多方面优于巴哈马和百慕大。例如，在开曼群岛注册公司非常快捷便利，没有繁琐的调查程序；公司的注册费用和年检费用也较低，年检费用一般仅为1 500美元。由于以上这些优点，近年来有大量的公司从巴哈马和百慕大迁到了开曼群岛。

（二）不征收某些所得税和一般财产税，或虽征收所得税和一般财产税，但税率远低于国际一般水平的国家和地区

这种类型的国际避税地不征收某些所得税和一般财产税，即使征收所得税和一般财产税，税率也远低于国际一般税负水平。属于这一类国际避税地的国家和地区有阿尔德尼岛、安道尔、安圭拉、安提瓜、巴林、巴巴多斯、英属马恩岛、英属维尔京群岛、坎彭、塞浦路斯、直布罗陀、根西岛、以色列、牙买加、泽西岛、黎巴嫩、列支敦士登、新加坡、哥斯达黎加、委内瑞拉、阿根廷、海地、巴拿马、马来西亚、利比里亚、埃塞俄比亚和中国香港地区等。

现以列支敦士登和中国香港为例，说明这些国家和地区的避税条件。

1.列支敦士登

列支敦士登是一个君主立宪制国家，位于瑞士和奥地利之间，面积

有160平方公里，2009年该国人口约为3.2万人，人均GDP 2.6万美元，经济主要有工业和金融服务业。列支敦士登有适度的国内税收，但对离岸业务免税。目前，有从事离岸业务的企业3.5万家，提供了这个国家30%的收入。列支敦士登在欧洲一向以低税率的避税地著称，居民公司仅需缴纳7.5%～20%的所得税。控股公司和离岸公司（即注册地在列支敦士登但不在境内从事经营活动的公司）取得的所得还可以免缴所得税，这类公司每年只需按注册资本和资本公积金缴纳0.1%的资本税。另外，列支敦士登的股息和利息预提所得税税率也很低，只有4%。列支敦士登的低税率政策吸引了大量的外国公司来这里组建公司。目前各类公司已经发展到5万多家，公司数量是居民人数的2倍。

2.中国香港

中国香港位于我国南部珠江口外东侧，深圳河以南，由香港岛、九龙岛和新界组成，面积1 067平方公里，2009年香港人口约为530万人。香港是世界著名的国际金融和贸易中心，经济发达，以工业、建筑业和交通运输业为主要行业，电子、纺织、玩具、服装是重要的工业部门，旅游业也很发达。

香港是著名的自由港，凡进出香港的商品均不征收关税，财政收入以所得税和消费税为主，辅之以不动产税，这三种税的收入占香港税收收入的80%以上。此外，香港还开征遗产税、印花税、事业登记税、机动车税等几个小税种。香港作为国际避税地，其税制特征是：

（1）仅行使地域税收管辖权。无论是居住在香港地区境内的本地居民，还是在香港居住的外国公民，都只对他们来源于香港的收入课征所得税，对于他们在香港境外取得的所得，不论汇入香港与否，一律不征收所得税。其目的，一是鼓励外国来港设立公司机构，二是鼓励外国人将在其他国家或地方取得的收入汇入香港，增加香港的经济实力。

（2）行使低税政策。香港现行税制的主要税种有13个，分直接税和间接税两类。直接税有：利得税（即企业所得税）、薪俸税、物业税和利息税；间接税有：关税与消费税、遗产税、印花税、娱乐税、博彩税、酒店房租税、商业登记费、差饷、汽车首次登记税等。

香港对所得税实行分类课征制，即把所得税分为事业所得税、工资所得税、资产所得税和利息所得税四个税种分别征收。香港的税率很低，一般只有18%左右。另外，香港不对股息分配征预提税，对注册的银行和一般部分金融公司支付的利息免征预提税。

（三）征收正常税收，但存在某些税收特例或提供某些特殊优惠的国家和地区

这种类型的国际避税地是指征收正常的税收，但提供某些特殊税收优惠的国家和地区。这是在按照国际规范制定税法的同时，又制定了某些税收特例或提供某些特殊税收优惠的国家和地区。属于这类国际避税地的国家和地区有卢森堡、荷兰、比利时、希腊、爱尔兰、英国、加拿大和菲律宾等。这类避税地一般都有健全的税收制度，对个人所得、资本利得、净财富、资本交易、遗产和商品流转等都毫不含糊地统统征税，税种之完善和税率之高与许多发达国家不相上下，而且也与其他国家签订有关的国际税收协定，但同时又对跨国纳税人提供相当多的税收优惠。

现以卢森堡和荷属安地列斯为例，说明这类避税地的特点。

1.卢森堡

卢森堡公国为西欧国家，位于比利时、法国和德国之间，面积为2 586平方公里，2009年该国人口约为41.8万人，人均GDP 3.27万美元，是欧盟最小的成员国。卢森堡过去主要依靠钢产业。第二次世界大战以后，由于采用对金融业特别优惠的税收政策，再加上欧洲共同市场的发展、卢森堡证券交易所的开张并且多数欧洲债券在此上市、票据交换中心以卢森堡为基地等因素的共同作用，卢森堡金融业迅速发展。目前有12 000多家持股公司。银行业仅次于伦敦，有220家银行，其中世界最大的50家银行有30家在卢森堡设立总部或分支机构，是欧洲第二大银行产业中心，私人银行业位居欧洲第一。基金业也特别发达，共有4 000家各类基金在卢森堡注册，其中投资基金1 300家，2000年投资基金总资产达到8 173亿美元。

总体上，卢森堡是一个高税国家，对企业征收的主要税收有企业所得税、市政营业利润税、财富税、增值税、预提税等。企业所得税实行三档超额累进税率，低档的实际税率为20.8%，最高一档的实际税率为31.2%。公司还要向市政局缴纳8%～12.5%不等的市政营业利润税。预提税方面，股息税率为25%，特许权使用费为10%～12%，对利息不征

预提税。从这些情况看，卢森堡似乎不能成为一个避税地，但卢森堡对持股公司规定有特殊的免税政策。卢森堡对持股公司免于征收企业所得税和市政营业利润税，免征财富税，对利息分配也不征预提税，对其他离岸金融业务免征预提税和减征所得税。

持股公司包括管理性持股公司、金融持股公司、专利持股公司。管理性持股公司控制或管理其所持有的分散于各国的分支机构的股本，可将世界各地的子公司的股息累积到持股公司账下，将股息分配给母公司时，不用缴纳预提税。金融持股公司可将款项贷给集团成员，所获得的利息可不交或少交税收，而将利息支付给受益人时不用缴纳税收。专利持股公司持有专利及相关的版权、著作权和专有技术，公司拥有专利权等各种知识产权并授予各下级公司使用，收到的特许权使用费或许可证费用可不交或少交所得税，而且将收到的款项再支付给上级公司或所有者也不需要缴纳预提税。

2.荷属安地列斯

荷属安地列斯群岛由位于委内瑞拉和古巴之间的5个岛屿组成。它是一个半自治的地区，目前还没有完全从荷兰独立，但除了国防和外交以外，其他事务均由当地政府管辖。荷属安地列斯是加勒比海地区很著名的避税地，虽然它的企业所得税税负并不算低，正税实行27%～34%的超额累进税率，再加上15%的市附加税，最高税率接近40%，但在荷属安地列斯的投资公司和控股公司可以享受充分的税收优惠。根据《利润条例》，荷属安地列斯对于投资公司和控股公司只征收2.4%～3%的企业所得税，免征市附加税。另外，荷属安地列斯与许多发达国家签订有税收协定，并且对本地居民向非居民支付的股息和利息不征收预提税，所以一些发达国家的投资者非常看好它的避税地价值。

复习题

4.1 简答题

1.国际避税产生的客观原因是什么？

2.什么是国际避税地？它有哪些类型？

3.跨国纳税人进行国际避税的手段有哪些？

4.转让定价产生的原因有哪些？

5. 滥用税收协定的常见方法有哪些？有何消极影响？

4.2 判断题

判断下列观点是否正确，并说明理由。

1. 由于外国居民来源于美国的存款利息不必在美国纳税，因此美国也可以被认为是国际避税地。

2. 同为“纯避税地”，百慕大、开曼群岛、瑙鲁政府均在一定程度上对未来不征税提供过承诺。

3. 跨国公司集团最主要的经营目标是全球税后利润最大化。

4. 国际避税利用了现行税法中的漏洞以减轻自己的税收负担，造成了国家税收收入的减少，是一种违法行为。

5. 离岸中心是与国际避税地合二为一的，换句话说，离岸中心一般都是国际避税地。

6. 中国香港实行单一地域管辖权，而且税率较低，是亚洲著名的避税地。

4.3 实务操作题

1. 假设有一跨国公司的母公司设在美国，在南非有一子公司，该子公司要向美国母公司支付200万美元的股息。试分析利用中介国际控股公司来规避股息预提税的方式与效果。

2. 某新办企业，2017年全部所得为1 000万元，扣除项目数额为50万元，可抵扣的外国税款为10万元。该企业为了减轻这笔税收负担，在股东未交足本企业所需资本的情况下，又向本企业海外股东借款，并发生150万元利息支出，假定该公司所在国预提所得税税率为20%，所在国企业所得税税率为40%。请计算：在资本弱化的情况下，该企业可以少缴的企业所得税税额。

第五章

国际反避税的方法与措施

【本章导读】

国际避税的存在使各国政府必然提出了国际反避税的要求。在十几年的实践中，一些国家已经形成了一套国际反避税的方法与措施，其重点是运用法律，加强立法和执法的力度，尤其是对某些避税活动采取强硬措施。与此同时，随着国际税务关系的发展，各国都努力加强国际合作和配合，与跨国纳税人的避税行为作斗争。本章是第四章的延续和拓展，主要介绍国际反避税的具体法规和措施，跨国公司各常设机构之间收入和费用分配的国际规范，各国国际反避税合作等国际反避税问题。通过本章的学习，同学们要了解国际反避税的一般方法和措施，重点掌握关联企业转移定价、资本弱化法规等国际反避税方法。

【开篇案例】

美国迈普恩公司在百慕大拥有一家全资公司卡托希。2009年，迈普恩公司将盈利性很好的一项业务转移给了这家卡托希公司，此举导致迈普恩公司当年的业务收入大幅度下降，大量的利润积累在百慕大的卡托希公司。美国法院判定这一业务安排是一种伪装，卡托希公司取得的利润实际上是美国迈普恩公司的所得。所以，法院判定不需按《国内首付法典》第482节的规定进行转让定价调整，而应按第61节的规定直接转移到卡托希公司的利润按转回迈普恩公司征税。本案例说明，对于纳税人有意造假偷税的可不实行转让定价的调整，而是直接将违法转移出去的利润转回。

第一节　国际反避税的一般方法

国际避税的存在，不仅会严重损害有关国家的税收利益，破坏税收公平，歪曲经济生活，而且还会引起国际资本的不正常流动。因此，为了维护国家的税收利益，促进国际经济的正常发展，各国政府纷纷采取对策，致力于有效打击和控制跨国纳税人的避税活动。经过十几年的实践，国际社会已形成了一整套对付国际避税的措施和方法。

一、完善税收立法

既然国际避税是跨国纳税人利用税法中的漏洞设法减轻税收负担的行为，那么完善税收立法就成为国际反避税的一项基础工作。为此，许多国家在完善税收立法方面采取了应对措施。

（一）在税法中制定反避税条款

在长期的反避税实践中，各国的侧重点是运用法律手段，在立法、执法和司法上采取措施。至于反避税法规以什么形式出现，各国依据本国的情况与习惯加以规定：有的国家制定单行反避税法规，作为本国税收程序法的组成部分，并通过若干条款加以补充；而有的国家在本国税收法典或单行税收法规中增列条款加以阐述，作为税收实体法的特殊条款。不管采用何种法规、规则、条款，依据相关条款所指向的对象及所要解决的问题来划分，反避税条款一般可分为以下四种形式：

1.一般反避税条款

制定一般反避税条款，就是在税法条款中对避税的防范做出广泛的经济性规定，它带有一定的概括性。一般来说，税收对有关课税对象、纳税人及计税标准等基本要素的描述，既可以民法概念为基础，采用法律语言来表述，也可从经济角度采用经济的、会计的概念来加以表述。以民法概念表述，尽管严密准确，但适用范围狭小、语言呆板；用经济概念表述，虽不够严密准确，但涉及面广、适用性强，可以减少税务部门的许多解释工作，并且可以扩大对国际避税习惯采取行动的机会。因此，一般反避税条款关于课税对象等的表述广泛使用经济概念。例如，公司所得税对课税对象的规定，一般不直接罗列哪些行业部门所得属于课税对象，而是规定“来自营业企业的任何种类的所得”或“企业的生产经营所得和其他所得”，然后再用专门列举法列举哪些行业部门的所得属于应税所得，最后再说明除上述所得外的其他所得也属于征税对象。由此可见，制定一般反避税条款，可以把某些领域已经发生和可能发生的避税问题考虑或概括进去，赋予税务部门更大的灵活性，促进反避税工作的顺利开展。但由于概念规定的模糊性，一般反避税条款在执行中难免会存在一些不确定性，需要更多的实施细则和补充说明。

2.特殊反避税条款

特殊反避税条款是针对各种特定的避税和逃税行为制定的明确具体的税法条文，在法律解释上尽可能做到天衣无缝，不给纳税人在税法的解释上留下模棱两可的空子。这类条款，主要是对一些税源大或容易避税的项目，采用列举的方法规定征税范围，凡是政府想对其征税的活动或项目，都明确地列入征税对象的范围。例如，规定对跨国纳税人从基地公司取得的所得，不论是否汇回本国，都应当计入当年所得纳税等。这种立法在国际税收领域也被称为“狙击手方法”，其优点是由于它在法律上的确定性，减少了纳税人利用法律解释逃避税负的可能性。但这种方法的不足之处，是它只能在可预见的避税活动的范围内奏效，对无法预见的避税活动却不起作用，很容易产生新的漏洞。

3.特殊规定与一般活动准则相结合的反避税条款

特殊规定与一般准则相结合的反避税条款，是指在法律条款中，对某种交易行为加以具体描述，并同时附上一般性规定的条款。例如，美国《国内收入法典》第367节对公司以股份所有权交换财产以及其他交换作了具体规定，并对适用这条法律还规定了附加条件，其中一条是“这类交易不是根据其主要目的在于避免联邦所得税的计划进行的”。也就是说，公司的交易必须被税务当局认为其主要目的不是避税，否则便不适用该条规定。这类特殊与一般相结合的法律规定，对原则问题以法律来衡量，而在具体处理上则授权给税务部门，目的是防范、避免那些精明的纳税人钻特殊条款的空子。

4.综合反避税条款

综合反避税条款是针对当代主要的国际避税活动制定的全面和系统的防范措施。这类法律措施规定是从两方面考虑的。就经济而言，它考虑了国际收支状况、本国减少失业的可能、不希望发生的技术损失程度、国外市场竞争地位的恶化等问题；就税法而言，它考虑的是税收上是否公平等。如一些国家在税收总法典中，制定一项或几项单独的综合反避税条款。这些条款一般会对纳税人的法律义务与责任做出特别规定，如规定居民纳税人要向居住国提供其在境外从事经营活动的情况，移居等行为须事先征得政府的同意，以及对国际避税案件有事后提供证明的义务等。制定综合性的反避税条款直接扩大了税务当局的执行权和处理权，使其在反避税活动中处于更有利的地位，但也容易对纳税人的正常经营活动造成一定的干扰。

（二）以法律形式规定纳税人的特殊义务与责任

加强纳税人的纳税义务与责任的措施，通常包括以下四方面的内容：

1.明确纳税人有延伸提供税收情报的义务

居住国税务当局一般不能直接掌握到居民纳税人在国外的经营活动资料，也不能去国外进行实地调查，因为这超出了其管辖地域的范围。为此，各国税法规定，居民纳税人向居住国提供其在国外经营活动情况是一种法定义务。这种义务可以通过税法中的有关条款来确定，也可以不通过税法而通过习惯法来确定，或是作为判例法的一部分。

通过税法规定报告义务有两种方法：一种是在主要的几种税法中，如个人所得税法、公司所得税法、财产税法等规定纳税人报告义务的条款；另一种是在税收总法典中单独制定对全部税法都有效的综合报告义务条款。

各国税法中规定的负有上述报告义务的人，可能仅限于纳税人，也可能包括与纳税人有关的第三方，如会计师事务所、银行、公司等。在一国的税收管辖权范围内，对第三方中的本国居民和公民，规定其报告义务较易于执行，但对非居民或非公民第三方，如国外会计师事务所、银行等，则往往会因国外的保密法规和保密习惯而难以执行。

2.规定纳税人的某些交易行为有事先取得政府同意的义务

有些国家政府为了对某些有可能导致避税的行为进行有效的控制，在反避税条款中，规定对这些交易行为，纳税人要事先取得税务当局的同意，否则就是避税行为，予以处罚。例如，英国公司所得税法规定，如果一家公司要迁移出境，必须事先获得财政部的同意，如果公司违反了这一规定，该公司则仍负有缴纳英国所得税的义务，并且要按有关法律条款给予制裁。美国税法也规定有类似的条款，例如，美国的跨国纳税人在进行某些交易时，有义务事先向税务局提出证据，证明他们的主要目的不是为了避税和逃税。

3.明确纳税人的举证责任

根据各国诉讼法的一般原则，诉讼中的举证责任是由原告一方承担。换言之，原告必须提供充足的证据，法院才能在刑事诉讼中判定被告有罪。如果原告提供的证据不足，被告将被无罪开释，原告还可能受“反坐”的惩罚。但按照民法的这一原则来处理税务争端，税务当局指控某纳税人有偷税行为，或者有不正当的避税行为，为了提供足够的证据，往往要付出较大的精力和费用，有时还会因证据不足而败诉。尤其在国际税收领域，所涉及的纳税人和课税对象的跨国性以及有关国家采取的保密措施，更会使税务当局处于极为不利的地位。

为使税务当局摆脱这种被动局面，许多国家在税收立法上已放弃了诉讼法中的这一传统原则，而通过税法条款的特别规定将举证责任转移给纳税人，即规定纳税人有事后向税务当局提供证据的义务。如果税务当局指控纳税人有偷税或不正当避税行为，纳税人必须提供足够证据来证明自己行为的合法性，否则就以违法论处。

4.规定纳税人某些活动须获得税收裁定

为了防止纳税人利用本国税法中提供的减免税优惠来逃避应承担的税负，一些国家针对某些避税方法另行规定，有关纳税人所发生的业务能否享受优惠待遇，须经税务当局裁定。例如，根据美国税法有关规定，某些公司在改组时因公司资产或股份的转让产生的资本利得，对有关公司及其股东都给予免税待遇。但《国内收入法典》第367节又规定，如果公司改组发生的财产转让涉及外国公司，则必须获得税务当局的裁定以决定其是否准予免税。

二、加强税务管理

反避税法的实施以及国际避税的防范，还必须依靠有效的税务行政管理。许多国家在制定单边反避税措施的同时，特别注重税务行政管理的加强。这些国家通过提高税务人员素质，建立一支训练有素、经验丰富的税务干部队伍，实现征管手段现代化，包括加强凭证账册管理，进行税收调查与税务审计，以及争取银行的合作等措施。如美国、德国、法国、英国、日本、加拿大、澳大利亚等国都已行动起来。

（一）税收调查

税收调查涉及的对象和范围很广，包括有关税务部门和纳税人，以及其他部门和人员，如审计师、会计师和税务顾问等。为了有效地防范避税，税务官员必须做到心中有数，取得所需要的真实情报。与税收相关的情报，其信息量大且又分散，必须通过像纳税申报这样的特殊形式使信息系统化和简化。此外，纳税人自愿合作的种种方法，也是税务官员获取最基本情报的一个先决条件。这类合作是通过纳税人履行填写纳税申报单的义务，为纳税年度的临时税款查定估计自己的纳税义务来实现的，也可以从税务当局专门机构进行的特别查账过程中取得这类情报。

在国际税收领域里，情报收集过程相当重要。事实上，一个国家的税务当局要想获得处于另一国家中的有关财务资料，是相当困难的，只能依靠其他情报来源，如审计师、会计师、税务顾问、银行高级职员等。然而，通过这一渠道获得税收情报也往往不尽如人意，还需要边实践边摸索，选择适当的解决方法。

在实践中，各国税务当局不断改进调查技术，积累了许多经验。例如，美国通过判例已经发展了一种“净值法”，这种方法是将资产负债表上的年初所得净值与年末估计所得增减净值进行比较，扣除一定的生活费用和其他费用，推算出这个时期的应税所得，然后再把纳税人申报的所得与这一推定所得进行比较，即可检查纳税人是否隐瞒了应税所得。此外，在美国还使用“银行存款法”，这种方法是参照银行账户的存取记录，对纳税人实际的收入和费用同估计的收支进行比较，以检查是否有少报所得的行为。

此外，税务调查人员的素质也是决定税收调查工作成效的重要因素。对税务稽查员来说，要跟上跨国公司财务日渐复杂的发展，是一项艰苦的工作，瞬息万变的汇率又使这一工作更加复杂化。因此，各国税务当局都十分重视对税务人员的培训工作。例如，美国国内税务局针对跨国公司使用的基本避税手段，为其税务检查人员开设特别课程，传授用以发现避税的大量技术方法，其中包括如何与离任的和在职的公司高级职员，特别是那些被解雇的职员进行谈话；怎样与公司企业的领导人交谈；如何检查董事在实行严格保密的旅行停留地（主要是避税地）中的活动等。

税务当局在经过一般税务调查之后，通常还要选择对某些类型的国际避税或偷、漏税进行税务审计。

（二）争取银行合作

银行为客户保密，几乎为所有国家的法律所允许。但是，税务当局积极争取和银行的合作，以共同对国际偷、漏税者进行查处，防范国际避税，又是非常必要的。

瑞士银行有着极其严格的保密制度，但是美国国内税务局还是通过美国与瑞士签订的双边税收条约，享受特殊待遇，争取到了同瑞士银行的合作。在一定的情况下（或案件中），如发生伪造有关财务文件的骗局时，该条约允许美国国内税务局查阅瑞士银行账户。除此之外，瑞士一般不允许各国税务当局接近瑞士银行的账簿。此外，美国与瑞士针对有组织的犯罪，于1973年5月25日签订了反对有组织犯罪条约，这一特别条约已于1977年生效，在某些事件中允许瑞士代表美国国内收入局，对银行账目进行调查。通过这样的合作，美国国内税务局已查出了一些重大的国际偷、漏税案件，给予国际偷、漏税活动以一定的打击。

在美国，如果发生纳税骗局，税务当局通常可以接近银行账簿，多半是通过一份特别的法院决议进行的。当怀疑一项纳税骗局时，实际上也可以发出银行自觉服从法院的一个非正式传票的要求。但是，如果银行的客户没有受到有意隐瞒所得或谎报纳税扣除方面的怀疑，而仅仅是采用不正当手段避税，对此在什么程度上可运用上述手段尚无定论。例如，判例法在这种情况下规定实质重于形式。这一原则可以用于对通过避税地进行的虚构国外营业的处理。为了澄清这种情况和弄清为犯罪目的而使用避税地，美国于1979年颁布了《通货和外国交易报告法》。报告法规定，对跨越国境以本国通货进行的大宗交易，以及与外国银行或其他金融机构进行的交易必须报告，并且还规定了某些簿记义务。

有些避税地也具有严格的银行保密惯例，以保护其客户隐姓埋名。例如，列支敦士登、巴拿马、大多数加勒比避税地以及瓦努阿图等。由于这些避税地很少有税收条约或协定，对高税率国家的税务当局来说，要接近银行账户是相当困难的。

三、积极开展反避税的国际合作

由于国际避税至少涉及两个或两个以上的国家，因此要有效地防范国际避税，单靠一个国家的力量是不够的，必须依靠国际合作。通常，这种合作是通过政府间签订双边或多边税收条约或约定，采取双边或多边防范避税措施，相互交换情报的形式进行的。

（一）国际反避税合作的产生

国际上最早出现的防止避税和逃税的措施是在单个国家内进行的，属于一种单边方式。这种合作方式最早出现在19世纪中叶。例如，1843年比利时与法国、1845年比利时与荷兰先后缔结的两个税收条约中，均提到就税收事务相互给予一定的协作，如提供、交换必要的情报资料等。这种最早出现的合作方式是自发形成的，还没有理论指导和国际公约的规范。可以说，在最初阶段，国家间税务合作的目的主要是为了解决国际重复征税和国际逃税问题，当时的国际避税问题还没有那么严重，因而没有引起有关国家的高度重视。真正在国际论坛上开始讨论研究这一问题，还是在20世纪初。1920年在布鲁塞尔举行的国际财政大会和1922年在热那亚召开的国际经济会议，都强调了采取国际行动防止国际避税、逃税的必要性。1928年由国际联盟扩大的专家委员会起草了四个协定范本，其中有两个涉及税收事务的相互行政援助问题，包括税额查定和税款征收。但是这两个文件在当时并没有为多数国家所接受。此后，国际联盟财政委员会一直试图在这方面取得新的进展，但由于种种原因，收效不大。1946年3月国际联盟财政委员会在英国伦敦召开第十届会议，提出了《关于就所得、财产、遗产和继承实现互惠的行政协助双边协定范本》，其主要内容是要求缔约国之间在税额的评定以及税款征收方面，相互交换情报给予协助。至此，比较规范的国际反避税合作才产生，它奠定了当今世界主要以情报交换形式为主要内容进行国际反避税合作的基础。

（二）国际反避税合作的主要方式

1.双边合作方式

双边合作方式主要是指两个国家之间签订有关的税收协定，相互承诺在税收情报交换和反避税等方面给予对方一定的合作。双边合作方式是最早出现的、目前被普遍采用的合作方式。自双边合作方式产生到现在，国际上几个颇有影响的组织做出了巨大的努力，促成了越来越多的国家进行这种双边合作。

1956—1963年，经济合作与发展组织的财政事务委员会拟定的《经合组织范本》为国际反避税和反逃税揭开了新的一页。该范本第26条规定："缔约国双方主管当局应交换为实施本协定的规定所需要的情报。"1977年9月，经合组织理事会正式通过一项建议，要求各成员国进一步加强防止国际避税、逃税的法律措施，充分利用现有的税收协定，寻求新的双边或多边安排，促进和扩大成员国税务机关之间的情报交换，交流防止国际避税和逃税的方法和经验。

联合国特别专家小组经过多年的努力，提出并于1979年通过了《联合国范本》，其中涉及如何解决国际反避税和反逃税的问题。到1984年，联合国特别专家小组又完成了对各国税务当局提出的就税收事务进行合作的草案，其中涉及在情报交换中的合作及有关避税地、银行保密以及协定的滥用和税款的征收等问题。这些规定对发展中国家与发达国家之间，就国际反避税和反逃税问题的密切合作起着重要的指导作用，在其所签订的双边税收协定中，情报交换的条款几乎都是根据《联合国范本》的精神制定的。

2.多边合作方式

多边合作方式是指两个以上国家缔结有关的税收协定，或国际性组织采取国际税收征管协调措施，以对付国际性的逃、避税活动。如何就更广泛的内容和范围在更多的国家之间进行多边税务合作，是几十年来人们一直关心、瞩目但又确实不易做到的事情。欧洲共同体在这方面做出了努力。欧洲共同体于1975年通过了一项决议，提出要加强共同体成员国之间的税务合作，以防止国际避税和逃税，要求各成员国之间相互交换税收情报，特别是那些看来是在不同国家的企业间人为转移利润的情报。这项决议发布以来，已逐步由成员国付诸实施。此后欧洲共同体理事会又先后发布了一系列指令，引导成员国进行税务合作。目前，欧洲共同体内部的多边税务合作进展顺利，为今后在世界范围内更广泛的反避税和反逃税的多边合作奠定了基础。此外，北欧五国以及一些非区域性国家也在开展多边合作方面做出了积极努力，并且收到了良好的效果。

（三）国际反避税合作的主要内容

在防范避税的国际合作领域里，税收情报交换是进行国家反避税合作的主要内容。所谓税收情报交换，是指签订税收协定的缔约国各方，各自均有义务将协定所涉及的有关税种与国内法律规定，包括协定生效期间内有关税法的修改或变化，向缔约国另一方或多方提供情报。

税收情报交换可以分为一般税收情报交换和特别税收情报交换。在《经合组织范本》和《联合国范本》中，都对一般性的税收情报交换规定了具体原则和方法：首先，缔约国各方都有义务就实施协定所需的有关情报进行交换。缔约国在收到情报后，必须在规定的范围内使用这些情报，不得泄露秘密；其次，所提供的情报仅限于一国法律和行政惯例所允许的范围，缔约国没有义务提供会泄露任何贸易、经营、工商业、专业秘密或违反本国公共秩序的情报。交换情报的方法分为日常的、经过特别请求的以及自愿提供的三种，必要时还可以协助缔约国对方主管当局进行调查。

特别的情报交换分为两种：

一是交换防止居民和非居民避税的情报。一般来说，这种情报包括：在对方国家支付或收取所得的细节，在对方国家拥有财产的细节，在对方国家持有的银行账户的细节。就总公司的费用分配而言，双方或多方国家的税务当局应相互提供各经济实体收取的或支付的费用情报，特别是总公司向其分公司或其他常设机构收取的费用。这些情报包括研究和开发成本，提供行政、法律和技术援助服务的成本以及由总公司承担的支付给第三方当事人有关贷款的利息、特许权使用费、酬金等费用的细节。情报的交换还可以通过双方共同安排的方式对总公司和常设机构进行独立的但是共同的审查，必要时还可以对纳税人的账户进行审计，或对纳税人的纳税事项以其他方式进行审查。

二是交换防止利用转让定价避税的情报。这种情报交换的目的是适当确定一个跨国公司实体提供给另一个实体的商品、服务、技术等的转移价格。就一般转让定价而言，有关的情报包括市场的比较价格，有关商品和服务成本，对联属公司控制的性质和范围，子公司和其他联属公司的所有权和作用，联属公司之间贸易关系的性质，商品出售给最后消费者的销售价格，有关跨国企业的一般定价政策以及有关工业的惯例和价格的一般背景等。就具体的转让定价相应调整而言，情报的交换必须考虑这样一个问题，即当一国税务当局对一个跨国企业实体的转让定价作调整并由此确定该实体的应税所得或利润时，另一国税务当局对该实体和该国管辖的另一个跨国企业实体的应税所得或利润是否也要做出相应的调整。就转让定价的其他方面而言，情报交换还包括发生在无税或低税的第三国的交易，从第三国支付给双方国家纳税人的所得或利润等。

第二节 转让定价的审核与调整

转让定价是跨国纳税人进行国际避税活动的一种最常见的手段。随着跨国公司的兴起和日益发展，跨国公司通过在内部交易中应用转让定价，转移和再分配各关联企业的利润，以达到避税目的。与此同时，转让定价也造成利润转出国和转入国之间税收收入的再分配。因此，加强转让定价的管理，受到了各国政府的普遍关注。据不完全统计，目前世界上已有近70个国家针对跨国关联企业利用转让定价避税的行为，制定了专门的转让定价税制。转让定价税制是指各国在实施中针对转让定价所采取的种种税收措施。它并非一种专门税制，而是完善的税收制度体系中的一个特殊组成部分，是政府用来对跨国公司转让定价实施政策目标控制和管理的方法及措施。

一、关联企业的判定

关联企业的判定是针对跨国公司的关联企业转让定价避税所采取的反措施，因此，对关联企业的判定是转让定价税制的基本内容之一。在实践中，对于一个总公司与其分支机构以及分支机构之间的联属关系一般是比较明确的，但是，对于母公司以及与其子公司之间的联属关系的确认就比较复杂，联合国和经济合作与发展组织分别制定的国际税收协定范本原则规定，凡符合下述两个条件之一便构成了关联企业的关系：一是缔约国一方企业直接或间接参与缔约国另一方企业的管理、控制或投资；二是同一人直接或间接参与缔约国一方企业和缔约国另一方企业的管理、控制或投资。在此基础上，各国所采用的具体标准大致有两条：

（一）股权测定法

股权测定法是以企业间相互控股的比例来判定关联企业。目前，大多数国家对关联企业的界定是以有表决权的股份占受控企业总资本的比例为标准，但各国制定的控股比例标准却不尽相同，如瑞士、新西兰规定控股达到50%，这两家企业便为关联企业。日本规定，一个企业50%以上的股权被另一个企业3个以下的股东个人所拥有，或者有两家公司被同一个公司控制50%以上的股权，这两家公司也间接地被判定为关联企业。挪威则规定控股达30%，德国、西班牙、美国、奥地利等国规定控股达到25%便被判定为关联企业。

（二）实际控制管理判定法

实质重于形式是各国制定反避税规则的重要原则，因此，更多的国家从企业之间相互控制管理的实际情况来进行判定。比如，日本对于企业之间控股虽然达不到规定的比例，但只要符合以下四种情况之一，便同样被判定为关联企业：第一，公司一半以上的职员是由另一公司委派的；第二，公司的执行董事，现在或曾经是另一公司的雇员或职员；第三，相当大比重的公司经营交易是与其下属公司之间进行的；第四，公司的贷款相当大的部分是从其下属公司借入或由其担保的。类似的规定在英国、美国、加拿大及澳大利亚等国也同样被采用。

我国在制定关联企业的标准方面与国际上的通行做法基本上是相同的。我国对关联企业的判定是根据《国家税务总局关于印发〈特别纳税调整实施办法（试行）〉的通知》（国税发〔2009〕2号）第九条进行的：所得税法实施条例第一百零九条及征管法实施细则第五十一条所称的关联关系，主要是指企业与其他企业、组织或个人具有下列关系之一：

1.一方直接或间接持有另一方的股份总和达到25%以上，或者双方直接或间接同为第三方所持有的股份达到25%以上。若一方通过中间方对另一方间接持有股份，只要一方对中间方持股比例达到25%以上，则一方对另一方的持股比例按照中间方对另一方的持股比例计算。

2.一方与另一方（独立金融机构除外）之间借贷资金占一方实收资本50%以上，或者一方借贷资金总额的10%以上是由另一方（独立金融机构除外）担保。

3.一方半数以上的高级管理人员（包括董事会成员和经理）或至少一名可以控制董事会的董事会高级成员是由另一方委派，或者双方半数以上的高级管理人员（包括董事会成员和经理）或至少一名可以控制董事会的董事会高级成员同为第三方委派。

4.一方半数以上的高级管理人员（包括董事会成员和经理）同时担任另一方的高级管理人员（包括董事会成员和经理），或者一方至少一名可以控制董事会的董事会高级成员同时担任另一方的董事会高级成员。

5.一方的生产经营活动必须由另一方提供的工业产权、专有技术等特许权才能正常进行。

6.一方的购买或销售活动主要由另一方控制。

7.一方接受或提供劳务主要由另一方控制。

8.一方对另一方的生产经营、交易具有实质控制，或者双方在利益上具有相关联的其他关系，包括虽未达到本条第1项持股比例，但一方与另一方的主要持股方享受基本相同的经济利益，以及家族、亲属关系等。如果存在关联企业，则还需要判定是否满足可免于准备同期资料的条件，如果符合则可免于准备，如不符合则必须准备。

转让定价税制一般只适用于跨国关联企业，不适用于一国国内的公司间交易，也不适用于个人。正确运用转让定价税制进行反避税，首先要准确地判定交易双方是否是关联企业。如果交易双方之间不具有关联关系，那么转让定价税制对该笔交易就根本不适用。如果交易双方属于关联企业，则财税部门就有权对交易作价进行审核，如果发现交易作价不合理，明显偏离正常的市场价格或合理价格，税务部门就要根据转让定价税制对不合理的转让定价进行调整。

二、转让定价的确定原则

跨国关联企业之间转让定价的确定，直接关系到收入和费用在跨国关联企业之间分配的问题。反过来说，跨国关联企业之间收入和费用的分配是否合理、依据什么原则，也必然影响它们之间的转让定价，从而影响它们之间的利润分配，也会影响有关国家的税收利益。为了防止跨国纳税人通过转让定价从事国际避税活动，必须依照能为各国政府与跨国公司接受的国际收入和费用的分配原则和标准。在这个问题上，OECD于1979年就公布了《转让定价准则》，其后又作了几次修改，其核心是要求税收征纳双方都遵循公平交易原则，转让定价应基于可接受的市场价格。

1995年，OECD在总结多年实践经验特别是美国经验的基础上修订发布了《跨国公司和税务局的转让定价指南》（以下简称《OECD指南》），其后又增加了无形资产、费用分配、预约定价程序等相关内容。《OECD指南》主张转让定价的判断和调整都必须遵循正常交易原则，反对按全球化公式分配方法来解决转让定价问题。《OECD指南》还要求在选择具体调整方法时，要充分考虑每一具体案例的情况，选择最能对交易结果做出最可靠判断的方法。目前，世界各国普遍遵守的原则是正常交易和总利润原则。

（一）正常交易原则

正常交易原则，也称独立核算原则、独立竞争原则。该原则的含义是指跨国关联企业之间发生的收入和费用，应按照没有关联关系的企业之间进行交易所体现的独立竞争的精神进行分配，企业之间的关联关系不能影响利润在二者之间的合理分配。正常交易原则要求把跨国关联企业视为相互独立的企业，因此二者之间的每一笔经营业务都要按照市场竞争的原则正常地计价收费。如果跨国关联企业从集团的利益出发，有意压低或抬高交易价格，国家税务部门有权按照独立企业之间的正常交易价格，对它们之间的收入和费用分配状况予以重新调整。

正常交易原则的应用，通常以受控交易的条件与独立企业之间交易的条件进行比较为基础，所以说，可比性分析在各类转让定价调整方法中至关重要。所谓可比，根据OECD的明确说法，是指在进行比较的情况之间存在的任何差异，都不应该对该方法所审查的条件造成实质性影响，或可通过合理的精确调整来消除这些差异所造成的影响。在确定其可比程度以及所需进行的调整时，必须了解非关联企业是如何对潜在交易进行评价的。

正常交易原则目前已为各国税务当局普遍接受，因为它能较真实地反映企业的经营，据以计算的应税所得额也比较符合实际，因而形成的税收关系一般不会人为地损害关联企业所在国的税收利益。但是，它在具体执行上也存在一些困难，如在鉴别某项经济活动是否符合正常交易原则的要求时，有关国家税收部门的认识可能不一致，从而产生对国际收入与费用分配和调整的分歧。另外，要实行正常交易原则，税务部门必然会加大对关联企业业务活动审核的工作量，引起税务部门业务费用的增加，同时对税务征管人员的业务水平及人数都有较高的要求。这些问题的存在，在一定程度上妨碍了正常交易原则的贯彻执行。

（二）总利润原则

总利润原则是指按照一定标准将跨国公司的总利润分配给各关联企业。按照这一原则，相关国家的税务当局并不直接审核关联公司之间发生的每一笔收入与费用，而是在年终把该集团公司内各关联企业的利润汇总相加，然后按照相关国家税务局采取的标准，重新分配各关联企业的利润，据以征税。

总利润原则的优点在于：在防止跨国关联企业利用转让定价手段进行国际避税的同时，可以避免逐笔计算和审核关联企业之间每项交易的定价是否合理，从而简化税务征管工作。但总利润原则也有较为明显的缺点，即在实践中各个跨国关联企业的商业风险、劳动力水平以及业务性质等都可能不同，因而很难找到一个能为各方都接受的分配方法。由于存在上述缺陷，总利润原则并没有在国际上得到普遍、广泛的应用。

三、转让定价的调整方式

关联企业之间销售货物或财产的转让定价问题，一直是防止国际避税的一个焦点。其中的一个关键环节是确定公平的价格，以此作为衡量纳税人是否通过转让定价方式压低或抬高价格，规避税收。美国税法在这方面有较详细、明确的规定，已为许多国家所仿效。美国在其《国内收入法典》中规定，关联企业或公司彼此出售货物或财产时，财政法规规定的公平价格，就是比照彼此无关联各方在同等情况下出售同类货物或财产支付的价格。

（一）关联企业定价的调整——价格调整

正常交易价格的一般核定法有以下三种。

1.独立市场价格法

独立市场价格法（comparable uncontrolled price method，CUP法）也称为可比非受控价格法，或不被控制的价格法，即比照没有任何人为控制因素的卖给无关联买主的价格来确定，是指以税务部门掌握的非关联的独立竞争企业在国际市场上进行同类经济的交易价格，来确定跨国关联企业之间的交易价格。独立市场价格法被各国广泛应用于对商品销售、劳务提供、无形资产转让、贷款提供等方面转让定价的调整，它实际上是市场标准在转让定价调整过程中的具体应用。

2.再销售价格法

在无法得到具有可比性的非受控价格的情况下，可以采用再销售价格法（resold price method，RP法）。再销售价格法是指以关联企业间交易的买方将购进的货物再销售给非关联企业时的销售价格扣除合理利润后的余额为依据，来调整关联企业之间不合理的转让定价。这种方法实际上是比照市场标准在转让定价调整过程中的具体应用，它主要用于商品交易转让定价的调整方面。

3.成本加利法

对于无可比照的价格，而且购进货物经过加工有了一定的附加值，已不适用再销售价格法的情况，则采用以制造成本加上合理的毛利，按正规的会计核算法组成价格的方法，即成本加利法（cost plus method，CP法）。成本加利法是指按照转出关联企业的产品的生产成本，加上按合理的毛利率计算的合理利润，来确定跨国关联企业之间的交易价格。这种方法主要适用于在市场上无可比交易的某些独家产品。成本加利法实际上是组成市场标准在转让定价调整中的具体应用。成本加利法除了被各国广泛用于特制商品销售的转让定价外，尤其被广泛用于提供劳务、无形资产转让、研究开发费用分摊等转让定价的调整方面。在使用成本加利定价时，关键在于确定合理的毛利率。在确定毛利率时，应考虑市场的状况、货品的种类、无形资产的影响、买方履行的职能等因素。

在实际计算中，独立企业间的成交价格由下式得出：

独立企业间成交价格=制造或购入关联交易中货物的销售成本×（1+合理成本利润率）

在实务操作中常常被以下两种公式取代：

销售收入=（销售成本+合理费用）÷（1-成本利润率）

采用该公式调整的结果是使企业利润水平达到规定的利润率，并保持与核定利润率相吻合，但会使销售收入虚增。

销售收入=销售成本+销售成本×成本利润率+合理费用

采用该公式比较符合税法规定的“按成本加上合理费用和利润”的原则，但计算结果却是，调整的所得往往被费用抵销，企业所应体现的利润不能保持与核定利润中的利润相同。

4.其他方法

上述三种方法被人们视为调整转让定价的以交易为基础的传统交易法。在这三种方法都无法采用时，税务部门可以根据实际情况，选择其他合理的方法来确定跨国关联企业之间的交易价格，如可比利润法、利润分割法、交易净利润法等。

（1）可比利润法，是指把关联企业账面利润与经营活动相类似的非关联企业实际利润相比较，或者将关联企业账面利润与其历史同期利润进行比较，得出合理的利润区间，并据以对价格做出调整。

（2）利润分割法，是指对由若干个关联企业共同参与的销售交易所产生的最终合并利润，依照各企业履行的职责和贡献，并参照外部市场对同类利润分配比例的标准，在有关企业之间加以分配。

（3）交易净利润法，是指以独立企业在一项可比交易中所能获得的净利润率为基础来确定转让定价的方法。这里的净利润率通常用销售利润率（净利润/销售额）、成本利润率（净利润/总成本）和资产收益率（净利润/营业资产）表示。

以上介绍的三种其他合理方法都属于以利润为基础的调整方法，它与前三种以交易为基础的传统交易法不同。传统交易法是确定正常交易价格的最直接方式，各国在转让定价调整实践中主要应用这种方法，但由于传统交易法在实际运用中往往会遇到很多困难，因此有时也使用以利润为基础的调整方法。

（二）关联企业间利息的调整

关联企业间融通资金所支付或收取的利息，超过或者低于没有关联关系所能同意的数额，或者其利率超过或低于同类业务正常利率的，税务机关可以参照正常利率进行调整。“没有关联关系所能同意的数额”，是指无关联关系的独立企业之间可以接受的融通资金时的利息；“正常利率”是指根据融通资金项目的不同形式、不同数额的具体情况，在中国或国外金融市场相同或类似条件的商业信贷的利率。

（三）关联企业劳务费用的调整

关联企业之间经常发生互助提供劳务的业务，通过收取劳务费，关联公司就可以利用收费标准的高低来调整利润，以达到少缴税款的目的。

因此，我国税法规定：关联企业之间提供劳务，不按照独立企业之间业务往来收取和支付劳务费用的，当地税务机关可参照类似劳务活动的正常收费标准进行调整。

（四）对关联企业之间转让财产、提供财产使用权等价格的调整

财产包括有形资产和无形资产。关联企业之间经常发生转让固定资产、转让专利和专有技术等业务，通过对这些业务的收费调节，可以达到避税的目的。如关联公司利用机器设备租赁避税的方法就多种多样。而专利和专有技术知识具有独此一家的特点，缺乏可比性，更难确定其真实价格，因此，其反避税工作比较复杂。对此，反避税的措施主要有：

1.在财产收益和所得方面，对关联企业之间转让财产、提供财产使用权等业务往来，不按照独立企业之间业务往来作价或者收取与支付使用费的，当地税务机关参照没有关联关系所能同意的数额进行调整。

2.在关联企业之间的特许权使用费上，在我国的许多企业往往与固定资产、商品的转让以及与咨询费、培训费、检测费等费用结合在一起，从而逃避部分预提所得税，这是税务机关在检查关联企业之间的特许权使用费时应该注意的。

【小案例5-1】

美国法院冠以转让定价的判例和仲裁案例

美国康柏公司在亚洲设有一子公司，康柏亚洲公司为其美国母公司

生产零部件。美国国内税务局（IRS）在对康柏公司进行转让定价审查时发现，康柏公司从其亚洲子公司收购产品的采购价格过高。尽管康柏公司声称它是按成本加利润法确定的收购价，但IRS仍怀疑康柏公司有意抬高了采购价格。IRS准备按可比非受控价格法对康柏公司的购货价格进行调整，但康柏公司不服，认为自己从康柏亚洲公司采购同种产品采取的是全包的收购方式，而从其他非关联的亚洲公司采购同种产品采取的是委托定制方式，而这两种采购方式下购进产品的价格是不可比的。IRS最后决定按利润法对康柏公司的转让定价进行调整，调整的标准是康柏公司在美国生产产品的利润水平。这样，康柏公司的利润要调增2.3亿美元。但康柏公司后来又提出抗议考虑以同类产品的委托收购价为基础折算出这种产品的全包收购价格，但IRS不同意这种定价方式，最后只能由法院来裁决。法院认为IRS没有能够找到可信的可比价格，所以只能采取纳税人提出的定价方案。

四、预约定价协议

对转让定价的调整，各国一般采用上述的独立市场价格法、再销售价格法、成本加利法等传统的方法，以及由此发展起来的可比利润法、利润分割法、交易净利润法等，但它们在实践中暴露出了许多弊端。为了找到一种征纳双方都能接受的调整方法，协调税务当局与纳税人之间的关系，美国于1991年率先采用了“预约定价协议制”。

（一）预约定价协议的含义

预约定价协议（advance pricing agreement，APA）是指纳税人和至少一国税务部门之间，就适用于同一利益主体所直接或间接拥有、控制的两个或两个以上的组织、贸易商号、企业之间，对收入、扣除、抵扣、优惠或折让进行分配（分担）时，彼此对该交易有关转让定价的计算方法，共同达成一种具有约束力的协定。

美国的预约定价协议，即纳税人预先将其与境外关联企业之间进行交易所采取的转让定价方法向税务机关报告，以确定该转让定价方法是否符合正常交易原则并为税务机关所接受。协议内容一般包括该企业及其关联企业之间的经营和交易情况，其收入和费用等的分配或分摊，双方共同认可的转让定价和合理的交易价格，以及期限、法律责任等，协议一经达成，纳税人和税务机关都将共同遵守。预约定价协议把以往对转让定价的事后调整变为预先约定，相对于其他方法更为积极和主动。采用预约定价协议，不仅使税务机关降低了审查成本，提高了工作效率，而且也使纳税人在相对稳定的一段期间内避免了来自税务机关的严格检查和可能的调整。正因为如此，预约定价协议已成为目前世界各国积极倡导的调整转让定价的方法，也是当今世界许多国家，如美国、日本、澳大利亚、英国、新西兰、韩国等普遍采取和提倡的方法。

（二）预约定价协议的内容与特征

纳税人从事有关转让定价的交易活动，必须事先将其与境外关联企业之间的内部交易与财务收支往来所涉及的转让定价方法，向税务机关报告，经审核认可，作为计征所得税的会计核算依据，并免除事后税务机关对转让定价进行调整。实质上，APA就是把转让事后调整改为预先约定。但该协议一般不具体规定交易的价格或价格区域，而仅规定交易的定价方法。在双方或多边协议时，各有关国家税务当局共同参与企业的税收事宜，以便达成共识。

（三）预约定价协议的程序

根据美国和OECD国家的相关规定，APA的缔结与实施一般经过以下步骤：

1.预备会议

征纳税双方接触，确定APA订立的可行性。

2.申请

由纳税人向一国税务机关提出APA申请，并附上相关材料。

3.主管当局受理并评审

在受理和评审期间，双方会多次联系，要求申请人补充资料。纳税人需要提供详细的资料，如关联企业的组织结构和经营情况、财务情况、关联企业交易类别与定价方法、与纳税相关的问题等。但除有关预约定价协议应举证的资料与信息外，当局不能随意对纳税人的每一件事情或决定都要求提出证明。受理后一定期限内，税务机关必须组成APA小组负责谈判并列出时间表。由纳税人提供转让定价方法和相关资料后，由税务机关进行评审。评审过程实际上也是APA的谈判过程，通过若干次谈判达成协议，从而完成预约定价的制定过程。若涉及双边、多边APA，各当局之间还需进行协调。

4.实施

APA有效订立之后，双方遵照执行。APA的执行期限，一般在谈判中予以明确。美国税务机关认为规定三年的期限比较合适，但具体到各特殊产业、产品或交易还会有所不同。

5.监控

APA实施之后，税务机关要进行跟踪管理。纳税人每年要向税务机关报告APA的实行情况，并允许提出补充调整的要求，税务机关负责检查并保存账簿和有关记录。

6.续展与调整

当执行期满需要续订时，一般应由纳税人在不早于现行APA期满前9个月内提出，然后重新经过申请和审定程序。当APA尚未期满，所规定的一些关键问题需要变动时，纳税人在不迟于填报当年年度报告的日期内将变动请求报税机关，由纳税人与纳税机关谈判修正。

预约定价将税务机关事后单方调整的不确定性变为相对确定性，既有利于增强纳税人对跨国交易税务处理的预测，适时做出经营决策，避免税收对经济的干扰，又有利于协调国与国之间、税务机关与纳税人之间的矛盾，使其在一种沟通和平等的环境中进行协商和合作，同时还有利于降低管理费用，减少纳税人和税务机关在转让定价问题上耗时费力的检查和诉讼。但同时APA也存在一些不足：APA对管理手段要求较高，执行中存在一定难度；评审程序多，缔结成本较高，且适用范围窄，仅有助于解决大宗的转让定价案件；存在对纳税人商业秘密保护与信息披露的矛盾；在一定程度上可能造成税收流失等。

【小资料5-1】

美国首先实行预约定价协议的原因

美国是一个转让定价法规很严格的国家，但美国却是世界上首先实行预约定价协议的国家，原因有二：其一，美国《国内收入法典》第482节的内容经过一系列的修订虽然更加强化了税务部门对跨国公司转让定价的管理，但新的转让定价法规仍然不能解决所有有关转让定价的争议。其二，进入20世纪80年代以后，全球经济一体化进程加快，跨国资本流动的规模日益加大，在这种情况下，跨国公司利用转让定价在各国之间转移利润的现象越来越严重，国与国之间在转让定价问题上矛盾不断激化，从而要求有关国家尽快达成双边或多边预约的定价协议。1989年日本宣布实行预先确定制度（PCS），即税务部门事先向纳税人进行保证，它们的转让定价将可以通过税务官员的审查。这种预先确定制度是单边的，即税务部门只是向纳税人保证其与外国公司进行交易使用的某一价格是正常交易价格。日本的这种制度已经具有预约定价协议的雏形。1991年3月1日，美国国内税务局公布了《税收收入程序91-22》，其中包含一项称为预约定价协议（APA）的官方程序，即纳税人与税务部门可以事先就跨国关联交易的转让定价问题达成协议，如果本国企业与境外关联企业从事业务往来所使用的交易定价方法与预约定价协议一致，则税务部门就给予许可，否则税务部门就要对转让定价进行调整。

2002年10月15日开始实施的《中华人民共和国税收征收管理法实施细则》第52条，对关联企业间的业务往来提出了预约定价制度："纳税人可以向主管税务机关提出与其相关联企业之间业务往来的定价原则和计算方法，主管税务机关审核、批准后，与纳税人预先约定有关定价事项，监督纳税人执行。"这个制度最明显的特点是税务机关对关联企业转让定价的事后审计改变为事前审计，对保护纳税人的合法经营和税务机关的依法征税都有利。

【小资料5-2】

中国首例双边预约定价安排在深圳地税签署

2005年9月9日，中国首例双边预约定价安排税企双方签字仪式在深圳市地方税务局举行。受国家税务总局委托，深圳市地方税务局与东芝复印机（深圳）有限公司正式签署了该安排。该例双边预约定价已经中日两国税务主管当局批准。参与签署仪式的东芝复印机（深圳）有限公司的大泽重信董事长欣喜地说道："这次双边预约定价安排的成功签订，更坚定了企业在中国发展的信心，增加了本公司在中国未来年度发展的确定性，对国家和企业都非常有利。"该协定的签署也体现了东芝复印机（深圳）有限公司对于转让定价纳税遵从的高度重视，体现了"诚信、守法"的深圳精神。同时也显示了中国税务机关对跨国公司转让定价税务管理的探索与实践又迈出了新的一步，为中国双边预约定价的法律完善和推广实施提供了宝贵经验。

长期以来，深圳市地方税务局一直致力于提升国际税收管理水平。

自东芝复印机（深圳）有限公司于2002年底探讨性地表达了双边预约定价意向以来，深圳市地方税务局高度重视，国家税务总局给予了大力支持，并成立了包括深圳市地方税务局专业人士在内的中国首例双边预约定价工作小组，负责双边预约定价申请的受理、审核评估、拟定立场报告、与日本国税厅相互协商等，并探索总结经验。在国家税务总局的直接参与、领导和组织下，双边预约定价工作小组共与日本国税厅分别在北京、东京和深圳经过了三轮磋商，最终达成共识，并于2005年4月19日在北京由中日两国税务主管部门就东芝复印机（深圳）有限公司双边预约定价安排事宜正式签署了有关协议，并授权深圳市地方税务局按照《关联企业间业务往来预约定价规定》的规定与企业签署相应的预约定价安排。

首例双边预约定价安排的正式签订，进一步优化了深圳的投资环境。它是深圳市政府鼓励守法纳税，促进跨国投资的具体体现，有利于创建深圳和谐发展的经济社会环境，促进深圳经济的纵深发展并与国际接轨。深圳作为出口外向型经济的城市，随着中国经济的快速增长和加入WTO后投资环境的改善，已经吸引了众多的跨国投资者前来投资，而双边预约定价工作在深圳的开展，将进一步增强深圳对于外商的吸引力。深圳地税局及聚声局长表示今后地税部门还将以此为基础继续为企业做好高水准的税务服务。

五、转让定价法规

（一）转让定价法规的发展

避税港对策税制的建立与实施，虽使西方国家的避税港避税活动得到一定的控制，但跨国公司利用关联企业内部的转让定价，大量转移利润从而减少其应纳税额，同样会使有关国家的税源大量流失。为此，美国制定了转让定价税制，对转让定价避税采取了措施。经合组织对此也高度重视，自1972年以来曾多次开会研讨转让定价问题，发表了一系列专题报告，并对转让定价的基本问题，包括关联企业的认定、正常交易原则的建立、转让定价调整的基本方法、相关国家的初次调整与相应调整等都作了概括。在美国和OECD组织的影响和带动下，20世纪70年代以后，许多OECD成员国和非成员国都先后引入了转让定价税制。在实践中，各国还对该税制不断地进行了补充和修订，使之愈加完善和成熟。

在20世纪90年代初期，转移定价在美国成为一个热门话题。当时，许多著名的日本跨国公司在美子公司的利润都很低，而这些公司在美国的经营业务却十分成功，因此美国国内税务局（IRS）怀疑这些日本公司在利用转移定价来逃避税收。

1994年，美国通过了国内税法，对转移定价作了详尽的规定。法规的出台给美国国内税务局增添了新的动力，他们开展了一系列针对日本和其他外国公司的转让定价审计。审计对象中也包括一些在“避税港”（如英属维尔京群岛、百慕大等）设有子公司的美国公司，因为这些美国公司企图将利润（以及税收）转移到上述“避税港”中。

随着美国开始对外国公司进行转移定价调查，其他国家也纷纷效仿，陆续颁布了相应的法规。例如，日本税务局（NTA）开始对在本国设有子公司的著名美国企业进行转移定价审计，并进行了大幅度的利润调整。其他国家，如韩国、英国、加拿大和澳大利亚也陆续加大了对转移定价的监督力度。中国、印度和其他国家也加入了这个“全球征税战争”，以确保本国利润不通过转移定价流向国外。

由于美国在转移定价上的经验较其他国家丰富，因此美国的相关法规就成为其他国家效仿的标准。中国的转移定价法规就与美国有相似之处，这主要表现在两个方面：一是都遵守公平交易原则，即把关联方交易视同与独立第三方的交易；二是都采用非受控可比价格法、成本加成法及再销售价格法。

（二）我国的转让定价法规

中国在1991年颁布的《中华人民共和国外商投资企业和外国企业所得税法》中首次提出关联企业之间的业务往来应当按照独立企业之间的业务往来收取或支付价款和费用，此后，在《中华人民共和国税收征收管理法》及其实施细则中对此也有涉及。1992年国家税务总局颁布的《关联企业业务往来税务管理实施办法》和1998年国家税务总局颁布的《关联企业间业务往来税务管理规程》，在借鉴国际上通常的做法并结合中国税收征管工作具体实践的基础上，对转让定价问题做出了比较详细的规定。

近年来，我国转让定价立法亦有较大发展。2001年5月1日实施了新的《中华人民共和国税收征收管理法》，2002年10月15日实施了新的《中华人民共和国税收征收管理法实施细则》。新的税收征管法及其实施细则进一步补充、完善了转让定价税收管理规定。一是明确“纳税人有义务就其与关联企业之间的业务往来，向当地税务机关提供有关的价格、费用标准等资料”，并授权国家税务总局制定具体办法。二是明确了“预约定价制度”，即“纳税人可以向主管税务机关提出与其关联企业之间业务往来的定价原则和计算办法，主管税务机关审核、批准后，与纳税人预先约定有关定价事项，监督纳税人执行”。三是明确了转让定价的追溯调整期限，即“一般可向前追溯调整三年，有特殊情况的可向前追溯调整十年”。

2004年9月，国家税务总局颁布《关联企业间业务往来预约定价实施细则》(国税发2004〔118〕号)，确定了我国的预约定价制度，并规范了税务机关与企业谈签预约定价协议的程序。2004年10月，国家税务总局下发了修订后的《关联企业间业务往来税务管理规程》(国税发2004〔143〕号)。2009年1月8日，国家税务总局下发《特别纳税调整实施办法（试行）》这个文件取代了国税发2004〔118〕号文和国税发2004〔143〕号文，并对成本分摊协议、受控外国企业、资本弱化等方面的税务管理作了具体规定。(由于篇幅所限，请读者自行阅读《关联企业间业务往来税务管理规程》的有关内容)。

第三节　防止滥用税收协定

跨国纳税人滥用国际税收协定进行避税，违背了国际税收协定的本来意图，损害了缔约国各方的经济利益，破坏了国际经济活动中的公平竞争。因而，有关国家纷纷制定反避税措施，防止跨国纳税人滥用国际税收协定，严厉打击这类避税行为。

防止滥用国际税收协定的措施，主要包括两个方面：一是防止非缔约国的纳税人，假借缔约国纳税人的名义，在缔约国购置资产、控制股权，以谋取税收协定提供的税收利益；二是防止缔约国的居民纳税人，在非缔约国投资，建立有“中介”性质的所谓居民公司，谋取税收协定给予的税收优惠。美国是最早制定防止滥用国际税收协定的国家，早在1945年美国与英国签订的《对所得税避免双重征税和反对偷税的协定》中就包含了防止滥用税收协定的条款。之后，许多国家纷纷效仿。

世界其他各国所采取的反滥用税收协定的措施，与美国有不少相似之处。目前，各国通过签订双边或多边税收协定做出的有关防止滥用国际税收协定的措施归纳起来，有以下六种基本方法：

一、禁止法

禁止法（the abstinence approach）是指一国政府禁止与国际避税地或那些实行低税率的国家或地区缔结双边或多边税收协定，以防止非缔约国的跨国纳税人利用这些国家或地区建立导管公司，通过税收协定关系来谋取各种原来不应享受的税收优惠待遇。目前，澳大利亚、奥地利、比利时、丹麦、法国、德国、意大利、卢森堡、荷兰、新加坡、西班牙、瑞典、瑞士、英国和美国等15个国家实行禁止法，不与避税地签订税收协定。如果与一国签订的税收协定适用于对方国家的原殖民地，而这些殖民地又实行避税地政策，则要废除这些税收协定。美国就曾单方面废除了许多与英国、比利时前殖民地原有的税收协定，以防止跨国公司利用这些国家作为向美国投资的基地。例如，1983年1月1日美国废除了与英国维尔京群岛的税收协定；1984年1月1日美国又废除了与安哥拉、巴巴多斯、伯利兹、多米尼加、格林纳达、圣文森特等国的税收协定。

二、排除法

排除法（the exclusion approach）是指在双边或多边税收协定中，特别指明对某一类纳税人作例外对待，不得享受税收协定给予的某些税收优惠。例如，美国1962年与卢森堡签订的税收协定中就规定，在卢森堡注册成立的控股公司不属于该协定适用的纳税人，这样第三国居民就不能借助在卢森堡成立的中介控股公司来享受美国的预提税优惠。排除法简单明了，它所限制受益的公司都是那些容易充当中介（导管）的公司，使用这种方法税务部门并不需要具体核查被限制的公司是否为外国投资者为避税而建立的中介公司，只要一个公司不能排除其受限制的性质，就不能享受税收协定的利益。

三、透视法

透视法（the look-through approach）是指享受税收优惠的资格，不仅取决于公司是否为其所在国的居民，而且取决于最终取得公司股息的受益所有人是否是缔约国一方的居民。也就是说，不是看名义股权者而是看实际股权者是否真正为缔约国一方的居民。由于一家股份公司的受益所有人往往不止一个人，其中有的是本国居民，有的可能是非本国居民，为此，有些国家规定了本国居民最低限度的股权比例。例如，美国《所得税条约范本》第16条指出，公司享受协定税收利益的条件是，该公司75%以上的股权为缔约国任何一方的居民或美国的公民所拥有，或者是缔约国任何一方证券交易所认可的股票公开上市的股份公司。荷兰同英国、澳大利亚、马耳他、新西兰、巴基斯坦、波兰、斯里兰卡等国签订或修订的税收协定中包含收款人最终应该是受益所有人的限制性条款。

四、征税法

征税法（the subject-to-tax approach）是指跨国纳税人在缔约国一方得到的税收优惠，必须以其在缔约国另一方为征税对象作为前提条件，这样做的目的是避免同一笔所得在缔约国双方均不征税。例如，比利时、法国、德国、意大利与瑞士缔结的税收协定中就规定，由瑞士非居民大量控股的瑞士居民公司从缔约国另一方取得的利息、特许权使用费和资本利得只有在公司所在地有缴纳州所得税的义务时才能享受税收协定提供的优惠。此外，比利时与英国、加拿大与马来西亚、加拿大与新加坡、丹麦与瑞士、丹麦与英国、德国与英国、荷兰与新西兰、西班牙与德国签订的税收协定中也有征税法的规定。

五、渠道法

渠道法（the channel approach）是指如果缔约国的居民将所得的很大一部分以利息、股息、特许权使用费的形式支付给一个第三国居民，则这笔所得不能享受税收协定提供的预提税优惠。渠道法主要是限制第三国的居民公司在缔约国一方建立居民公司并利用两国缔结的税收协定规避预提税。例如，比利时、法国、德国、意大利分别与瑞士签订的税收协定中就规定，来源于另一国的股息、利息、特许权使用费除非满足以下条件，否则不能申请享受降低的预提税税率：

（1）对所得来源国的非居民债务不能超过股本和公积金的6倍；

（2）与非居民贷款人商定的贷款利息率不超过正常利息率等。

这两条都是为了限制跨国公司把瑞士子公司作为中介控股公司、中介金融公司或中介特许公司来进行国际避税。

六、真实交易规定

上述防止国际税收协定滥用的方法仅具有一般性，仍有必要在税收协定中规定特别条款用以保证某些真实交易不被排除在税收协定优惠之外。是否给予税收协定优惠应视某些基本条件而定，诸如公司设立的动机，公司在居住国的经营额、纳税额，公司股份是否在证券交易所登记备案等。在双边税收协定中，真实交易规定（the bona fide provision）可采用下述用语表述。

1.一般真实交易条款规定（general bona fide provision）

“前述规定不应适用于公司的设立，公司设立的主要目的、业务活动和产生所得的股份或其他财产的取得或保有应是由良好的商业理由所激发，而不是以获取本协定的优惠为主要目的。”

2.活动条款规定（activity provision）

“前述规定不应适用于当公司在其居民所属的缔约国从事大量的业务活动，而从另一缔约国所申请的减免税涉及与这些业务活动有关的所得。”

3.纳税额条款规定（amount of tax provision）

“前述规定不应适用于所要求的减税额不超过该公司的居民所属国实际征收的税额的情况。”

4.证券交易条款规定（stock exchange provision）

“前述规定不应适用于缔约国一方的居民公司，如果该公司的主要股份在缔约国的证券交易所当局备案或如果该公司（直接或通过一个或一个以上最先提及的国家的居民公司）为最先提及的国家的公司完全拥有，且公司的大部分股份已在证券交易所登记备案。”

5.选择性救济条款规定（alternative relief provision）

在反避税条款涉及缔约国一方的非居民的情况下，可以采用下述表述方法，即“本规定不应被认为包括第三国的居民，而该第三国与申请减免税的缔约国缔结有所得税协定，而这些协定提供的减免税优惠不低于依据本协定所要求的减免税优惠”。

在国际税收实践中，上述六种方法往往是相互交叉、相互渗透的，在不同国家，执行起来也有很大差别。如在美国、英国、加拿大等英美法系国家，坚持“实质重于形式”的观点，对滥用国际税收协定的跨国纳税人，主要看其经营活动的实质是什么，究竟是正常交易，还是以谋取税收协定提供的税收利益为目的。而在法国、德国、荷兰、比利时等大陆法系的国家，则主张通过法规做出规范，明确跨国纳税人的哪些行为属于滥用税收协定，哪些行为属于错用税收协定。

【小案例5-2】

美国公司试图利用中巴税收协定规避股权转让所得预提税的案例

国税函〔2008〕1076号曾披露一起美国公司试图利用巴巴多斯与我国的税收协定规避我国对财产转让所得课征预提所得税的案例。美国NB投资集团2006年5月在巴巴多斯注册成立了D公司。2006年7月，D公司出资3 380万美元从我国新疆B公司手中购买新疆一家从事液化天然气生产和销售的公司（A公司）。2007年6月，巴巴多斯D公司与新疆B公司又签署了股权转让协议，将其持有的新疆A公司24.99%的股权转让给B公司，转让价格为4 596.8万美元。至此，巴巴多斯D公司仅在一年的时间里，从我国A公司股权的一买一卖中（均向中方同一家公司买卖股份），就取得财产转让收益1 217万美元。美国NB投资集团在巴巴多斯注册成立D公司后不到2个月，就通过D公司购买我国居民企业A公司的股份，然后又将其很快卖出，显然是想利用巴巴多斯与我国税收协定第十三条“财产收益”中的条款规避我国的预提所得税。因为在2010年2月中巴签订议定书修订两国税收协定之前，协定第十三条规定我国对巴巴多斯居民转让我国居民企业股份取得的收益（财产转让所得）不能课征预提所得税。在这起案例中，美国NB投资集团的避税企业最终没能得逞，原因是D公司拿不出巴巴多斯的税收居民身份证明，而且乌鲁木齐国税局通过新疆维吾尔自治区国税局请求国家税务总局启动了税收情报交换机制，结果确认D公司不是巴巴多斯的税收居民（根据巴巴多斯的税法，只有公司的管理和控制机构设在巴巴多斯才属于巴巴多斯的税收居民，而D公司仅在巴巴多斯注册成立，其三名董事都是美国人，且常年居住在美国，所以D公司的管理和控制机构不在巴巴多斯)。这样，D公司没有资格享受中巴税收协定中的优惠待遇。为了防止今后再有人利用中巴税收协定避税，中巴税收协定取消了协定第十三条中转让股权所取得的收益仅在转让者为其居民的缔约国征税的条款，而是规定缔约国一方居民转让缔约国另一方居民企业股份取得的收益在一定条件下可以在缔约国另一方征税。另外，中巴税收协定还规定，本协定并不妨碍缔约国一方实施其旨在防止逃税和避税的国内法律规定。

第四节　限制资本弱化

一、资本弱化的含义

资本弱化（thin capitalization）是指企业和企业的投资者为了最大化自身利益或其他目的，在融资和投资方式的选择上，通过降低股本的比重，提高贷款的比重而造成的企业负债与所有者权益的比率超过一定限额的现象。根据经济合作组织解释，企业权益资本与债务资本的比例应为1∶1，当权益资本小于债务资本时，即为资本弱化。

企业资本由权益资本和债务资本构成。权益资本是所有者投入的资本，包括投入的资本金、资本公积金、盈余公资金和未分配利润等；债务资本是从资本市场、银行、关联企业的融资及正常经营过程中形成的短期债务等。在企业的生产经营所用资金中，债务资本和权益资本比率的大小，反映了企业资本结构的优劣状况。这种比率如果合理，债务资本适当，可以保证企业生产经营和防范市场风险的资金需求，并获得财务上的良性效应，即资本结构的优化；如果债务资本超过权益资本过多，比例失调，就会造成资本弱化。

企业通过加大借贷款（债券型筹资）而减少股份资本（权益性筹资）比例的方式增加税前扣除，可以降低企业税赋。借贷款支付的利息，作为财务费用的一般可以税前扣除，而为股份资本支付的股息一般不得税前扣除，因此，有些企业为了加大税前扣除从而减少应纳税所得额，在筹资时多采用借贷款而不是募集股份的方式，以此来达到避税的目的。

二、资本弱化税收制度

（一）建立资本弱化税收制度的必要性

资本弱化有很多危害，它破坏了税收中性原则，导致企业之间的不公平竞争，更是对被投资企业所在国税法的规避。然而，资本弱化最主要的危害表现为国际融资交易中对所得来源国税收权益的损害。跨国投资人通过资本弱化安排，将本来应该归属于来源国的税收利益向居住国进行转移。因为，当作为借款人的被投资企业和作为贷款人的投资股东并非同一个国家的税收居民时，被投资企业一方发生的超额的利息扣除将减少其本身的应税所得额，从而减少了其所在国（即利息所得的来源国）的应纳所得税义务。而作为利息所得受益人的境外贷款投资人由于不是来源地国的居民纳税人，来源地国无法通过对其主张居民税收管辖权征收所得税来弥补这部分税收利益的损失。

因此，为了管制纳税人利用资本弱化进行避税的行为，世界各国根据实际情况建立资本弱化税制具有十分重要的意义。

【例5-1】如果不存在反资本弱化方面的法规，在公司资本结构中，以贷款代替募股方式进行融资在实际负担税率方面得到的好处。在本例中，我们假设直接募股投资和直接贷款投资均为200万美元，两者的比较见表5-1。

表5-1　**直接募股投资与直接贷款投资的比较**　单位：万美元

项　目	直接募股投资	直接贷款投资
总收入	200	200
利息	0	100
应税所得	200	100
所得税（30%）	60	30
净利润	140	70
预提税（20%）	0	20（100×20%）
外国投资者收益	140	150（70+100−20）
实际税率	30%	25%

从表5-1可见，在没有特殊的相关法规时，子公司向母公司汇回的利润分别为140万美元和150万美元，可见子公司将会尽可能地以贷款方式组建资本结构，因为此时跨国公司直接贷款投资取得总收入的实际负担税率（25%）比直接募股投资所取得的实际负担税率（30%）低。由于债务-股权率高（贷款和募股的比率），利息可以取得税前扣除，子公司可能将经营利润的大部分以利息而不是以股息的方式进行分配，这将刺激纳税人在国外投资经营的增加，导致所涉及国家税收收入减少，并扭曲投资和融资方式。

（二）各国建立资本弱化税收制度的情况

各国为了保护本国税基和防止避税，纷纷建立了资本弱化税制。例如，英国早在1970年就制定了资本弱化税制，经合组织早在1987年就推出了《资本弱化政策》报告，以加强对成员国制定资本弱化制度的指导。美国早在1976年就制定了资本弱化税制（IRC第385条），并于1989年增加了第163节（J）款使之更加完善。接着，法国、德国、日本、澳大利亚、加拿大等国也相继建立了自己的资本弱化税制。资本弱化税制已成为西方国家反避税税制的重要组成部分。发展中国家如印度、南非、韩国也纷纷制定了自己的资本弱化税制。

1989年，美国通过了《收入调和法案》。该法案对1986年的《国内收入法典》进行了一定的修改，目的之一是防止纳税人利用资本弱化来规避美国的税收。在这次修改中，《国内收入法典》第163节中加进了第（J）款，该款规定，不符合规定的利息不允许扣除。这里的“不符合规定的利息”首先是指下述两种情况下美国公司向国外关联公司支付的利息：

第一，当国外关联公司得到这笔利息后，由于该所得不属于美国的生产经营有实际联系的所得，所以国外关联公司不必就该所得向美国政府缴纳所得税。

第二，根据美国与其他国家签订的税收协定，该利息支出可以不缴或少缴美国的预提所得税。

另外，第163节（J）款中的“不符合规定的利息”还包括美国公司向美国的免税单位（如教会、教育机构等）的支出的利息。

由于资本弱化带来的东道国和资本输出国的税收影响，针对资本弱化进行避税行为，经合组织在1987年推出的《资本弱化政策》报告中提出了固定债务/股本比率模式（又称安全港规则）和正常交易模式（又称独立企业原则）以加强对成员国制定资本弱化税制的指导。世界各国也在此基础上先后制定了资本弱化税制。

综观这些国家的资本弱化税制，相同的主要有以下两点：

第一，适用对象为关联企业或特定的非居民股东。关联关系是跨国集团进行资本弱化安排的重要条件。一般说来，只有在一定关联关系的基础上，跨国公司才能从中操纵，利用资本弱化来获取额外的经济利益与税收利益，并实现集团整体利益的最大化。因此，资本弱化税制的调整对象，除美国不考虑贷款提供人是否为关联企业外，一般都限于关联企业或特定的非居民股东。

第二，调整方式为限制居民公司利息税前扣除。资本弱化避税其实就是居民公司以债务融资方式虚增利息支出，减少应纳税所得额。因此，各国在制定资本弱化税制时，均采用限制居民公司利息税前扣除的方式来保护本国的所得税税基。

（三）建立资本弱化税制的基本方法

目前各国采取的方法具体有固定比例法、正常交易法、利润剥离法和汇总集团资本结构法等。在资本弱化税制的具体实践中，最常见的还是固定比例法和正常交易法。

1.固定比例法

（1）债务范围的确定。固定比例法即对适用于固定比率法的债务范围做出规定，债务范围规定越宽，说明资本弱化法规越严格，反之则越宽松。在美国，债务范围包括：一般性投资贷款、期限超过90天的短期贷款、无关联第三方提供的对股东有追索权的贷款、混合融资工具等。在澳大利亚，债务范围包括：一般性投资贷款、期限超过30天的短期贷款、混合融资工具等。

（2）贷款资本金的税收确认时间。企业各种贷款的期限不同，贷入的时间也不同，贷款总是处于动态，何时将贷款余额计入安全港计算公式的分子，各国对此有不同的规定。

（3）贷款提供人的身份和安全港规则的适用对象。美国在计算债务与股本比率时，以公司全部债务为基础，不考虑贷款提供人是否与公司存在关联关系。其余实行资本弱化税制的国家都规定只有贷款提供人为公司股东时，其所提供的贷款才要计入贷款资本金，来确定是否超过安全港界限；与公司无关联关系的独立第三方（如无关联关系的银行）提供的贷款不计入贷款资本金，无论其数额多大都不适用资本弱化税制。

（4）股本的确定。作为计算安全港固定比率的分母，股本一般根据企业会计报表的数据加以确定，其内容包括：法定股本（已付款认购）、保留公积金、上年结转的保留收益、准备金等。

股本的确定一般以账面价值为准，也有国家（如新西兰）规定以资产的市场价值为准。多数国家规定股本的计算时点与上述贷款资本金的计算时点要相互一致。不过也有国家（如德国）规定股本计算以上一年的年末数为准，而贷款资本金则以当年最大额为基础。

固定比例法下纳税人的遵循和税务机关的管理都显得相对容易和简单。而且，它提供了确定性，有助于减少税务争议的发生。从这个意义上说，它有助于提高经济效率，有刚性强、透明度高、操作容易等特点，对税务当局和打算向外国子公司提供贷款的跨国公司来说都有较强的确定性，因此，目前实行资本弱化税制的国家，大部分采用安全港规则模式。

然而，由于独立企业有许多不同的债务/权益比率，债务/权益比率有时并不是一个合适的衡量指标，即使是在债务/权益比率可以作为确定企业借款能力的合适方法的部门，安全港可能也无法确认企业间不同的资产质量。另外，固定债务/权益比率法较容易被回避，最普遍的回避方法是通过使用背靠背贷款或担保贷款等资金运作方法，将关联企业间的贷款伪装成独立的第三方贷款。

2.正常交易法

正常交易法即在确定贷款或募股资金的特征时，要看关联方的贷款条件是否与非关联方的贷款条件相同，如果不同，则关联方的贷款可能被视为隐藏的募股，要按有关法规对利息征税。企业向关联方收支的利息，应按照没有关联关系、非受控和独立企业间的正常利率水平支付利息。凡不按照独立企业原则提高利率，多支付利息从而转移利润的，税务机关将把利息视为股息，按照股息的规定征收所得税。实行正常交易法资本弱化税制最有代表性的国家是英国。英国法律对适用资本弱化税制的关联企业的标准做出了规定，不区别对待居民和非居民关联方。

正常交易法的主要优点是在确定母公司向子公司所分摊的费用实质时，它从非关联企业之间角度考虑了每个个案的特别因素和环境。力图排除任何由于关联企业之间的关联关系所导致的对市场力量的扭曲。此外，适用该法可以减少两国税务当局发生争执的概率，即使发生了争执也易于解决。

然而，考虑到获得金融市场状况和可比公司负债规模信息高额成本以及在不同市场条件下企业可能面临多种融资方式选择时产生确定标准的多样性，此方法在实践中并不是非常可行的。此外，独立银行家的观点并不是都相似的，其贷款决定可能受其商业政策和财务状况的影响，且往往建立在跨国集团而不是独立子公司的财务状况基础上。

由上述分析可知，固定比例法和正常交易法各有利弊，不能简单地相互替代，各国应根据自己的实际情况，制定最合适的资本弱化税制以防范国际避税。

第五节　其他反避税措施

一、加强防范国际避税的行政管理

要有效地防止跨国纳税人进行国际避税和逃税行为，除了要有相应的立法手段以外，还必须加强反避税工作的行政管理。在这方面主要有两项工作：一是加强本国的税务行政管理，严格实施各项反避税的法规；二是积极开展反避税的国际税务合作。

（一）加强本国的税务行政管理

在各国制定和修订反避税法规的同时，还必须加强本国的税务行政管理工作，以保证反避税法规的贯彻实施。各国采取的措施主要有加强纳税申报制度、加强税务调查和税务审计、与银行进行密切的合作以及把举证责任转移给纳税人。

1.加强纳税申报制度

许多国家在税收的征管工作中都强化纳税申报制度，要求纳税人如实填写纳税申报单，尤其是要求纳税人提供与纳税有关的国外事实。如美国财政部设计了多种表格，有针对受控外国公司、外国个人控股公司的董事或股东的表格，有用于申报外国银行账户、证券账户等情况的表格，也有针对创建或转让某些外国信托的表格。通过经常性的税务调查，掌握必要的资料，以打击国际避税和逃税活动。在实践中，国外税务部门创造了不少方法来查明虚假申报、造假账等逃税行为。例如，美国税务部门使用以下两种方法检查申报是否属实：一是净值法，即把某个纳税人在纳税年度初的资产净值（即其资产减去负债后的净值）与年末的资产净值进行比较，扣除一定的生活费用和其他费用后，推算出该纳税人这一时期大致的应税所得，然后将其与纳税人所申报的所得进行比较，从中分析纳税人是否隐瞒了应税所得。二是银行存款法，即根据银行账户的存取款情况，对跨国纳税人实际收支与估计的收支进行比较，借以判断纳税人是否属实申报。

2.加强税务调查和税务审计

税务部门在进行税务调查的同时，一般还要进行税务审计，包括雇用私人的国际会计师事务所审核纳税人提供的情况。其采用的审计方法可以是精查法，即对有关公司的每一笔交易往来和经济事项，从原始凭证到会计分录、账册以及报表都要一一检查。这种做法手续繁杂，所以只对经济活动复杂、转让定价问题严重、经济往来金额大的少数大企业适用。税务部门较多采用的是分析法和抽样法。分析法是对有关企业的利润总额或收支分类，或对重点收支项目经行比较分析，结合运用审计的抽样法来进行检查。各国的实践证明，通过税务调查和税务审计所查出的逃避税款项，要大大多于税务部门在进行调查审计时所消耗的费用。更重要的收获是，通过税务部门的调查与审计，可以有力地打击纳税人的违法逃税行为。

3.与银行密切合作

许多国家，尤其是一些避税地国家的银行有着严格的保密制度，甚至有些国家对泄露客户秘密的银行职员要给予刑事处罚，这就使得税务部门的某些工作难以深入开展。为此，一些国家的税务部门积极争取与银行合作，共同与国际逃避税行为作斗争。例如，瑞士银行有极其严格的保密制度，通常不允许外国财政当局接近瑞士银行的账簿。但是美国与瑞士在1973年签订了一个反对有组织犯罪的条约，该条约允许美国国内收入局在某些案件中调查瑞士银行账户。通过这样的合作，美国税务部门查处了一些重大的国际逃避税案件。

4.举证责任转移给纳税人

不少国家的税收立法中有一个重要的突破，即把举证责任转移给纳税人。根据各国民法的一些原则，在刑事诉讼中，原告若指控被告有罪，举证责任就落在原告一方。举证责任的含义是，原告必须提供充足的证据，法院才能判被告有罪。这一原则若适用于税务争端，则会使税务部门处于十分不利的地位。这是因为，如果税务局发现纳税人申报不实，在法庭上指控其有逃税行为或宣称其某项费用不可扣除，往往要花费大量人力、物力来提供足够的证据。为使税务部门在反避税和反逃税的斗争中摆脱这种被动局面，一些国家在税收立法中将举证责任转移给了纳税人。如德国在1977年税收总法典中规定，准许税务局在调查过程中将举证责任加在纳税人身上，如果发现纳税人没有按照税务局要求提供有关事实，法院可以根据自己的判断做出判决，而无须提供进一步的证据。比利时的税收立法中也有类似规定，当推定一项交易不真实的时候，要将举证责任转移给纳税人。

我国近年来也加强了反避税的税务行政管理工作，在这方面采取的主要措施是：一是外商投资企业和外国企业必须定期向主管税务部门报送与关联企业开展业务往来情况的申报表；二是企业负有向税务机关就其转让定价进行举证的责任；三是明确了税务机关对企业转让定价行为进行调查审计的内容和程序。

（二）加强反避税的双边或多边合作

在与国际避税和国际逃税行为做斗争的过程中，各国除了以单边方式加强国内反避税的立法和行政措施外，还采取了双边或多边国际合作的形式。

双边国际合作主要是指两个国家之间通过签订有关的税收协定，相互承诺在税收情报交换和反避税等方面给予对方一定的合作。国与国之间税收情报交换的方式主要有以下几种：

1.根据要求交换，即一国根据缔约对方国提出的税收情报交换的具体要求而面向对方国家提供其所需要的税收情报。

2.自动交换，即主要是用于股息、利息等消极投资所得方面的税收情报交换。例如，美国规定，当美国公司或者个人向协定国的企业或个人支付股息、利息等投资所得时，支付者必须填写10425号表，对每一个所得的支付对象都要分别填写，该表格的复印件由美国的国内收入署主动寄给协定国的税务部门。

3.自发交换，即当一国税务部门通过自己的调查获取了一些税收情报时，该国税务部门如果认为这些情报对协定国另一方有价值，则自发地将这些情报提供给对方。

4.同时检查，即两个国家的税务部门同时对某一个纳税人的纳税申报进行检查。例如，美国税务部门与加拿大、法国、德国、意大利、日本、挪威和英国的税务部门之间都有同时检查计划。根据该计划，两个国家税务部门的代表事先要开会对同时检查计划进行讨论，检查中要不断交换信息。国际税收协定最主要的目的就是防止避税，所以当一国要对一个可能有偷逃税或避税行为的纳税人进行税务调查时，对方缔约国就有义务予以帮助。

多边国际合作是指两个以上国家缔结有关的税收协定，或国际性组织采取国际税收征管协调活动，以对付国际性的逃避税行为。对付国际性的逃避税行为的多边税收协定目前并不多见，比较有影响的是1972年年底由瑞典、丹麦、芬兰、冰岛和挪威5个北欧国家签订的《税务管理援助协定》，该协定于1973年1月1日开始生效，并于1991年被《税务互助多边条约》所取代。《税务管理援助协定》的内容广泛、规定详细，是迄今为止少有的对签字国具有约束力的多边税收文件之一。该协定第1条规定了税务管理援助的内容，包括文件交流、提供纳税申报单或其他报表、税法执行和税收课征等资料。第2条详细说明了该协定所适用的税种，不仅有所得税、资本税、财产税、遗产税等直接税，还包括增值税、机动车税等间接税。该协定第12条列举了详细的情报交换内容，涉及居民的各类所得，包括股息、利息、特许权使用费、工资、薪金、损失赔偿和保险支付、其他所得以及纳税人的财产和在银行或其他金融机构的存款等。

二、限制避税性移居

跨国纳税人进行国际避税的手段之一，是从高税国移居到低税国或避税地，以摆脱高税国的居民身份，避免向高税国政府负有的无限纳税义务。另外，纳税人移居到低税国或避税地，还可以规避过去居住在高税国时取得的资本利得应缴纳的税收。为了防范本国居民出于避税目的而向国外移居，一些国家（主要是发达国家）采取了一些立法措施，对自然人或法人居民向国外移居加以限制。

（一）限制自然人移居的措施

在许多国家，公民移居国外与出国旅行一样，是个人自由，政府一般不加干预。所以，即使发现公民有移居避税的企图，政府往往也不能限制其离境，只能从经济上对其采取一些限制措施，使移居给政府造成的税收利益损失降低到最低程度。一些发达国家（过去这些国家的个人所得税税率往往很高）在立法上采取了有条件地延续本国向外移居者无限纳税义务的做法。

例如，德国1972年公布的《涉外税法》就规定，凡移居到避税地的德国居民，若从其移居的当年算起，往前10年中有5年是德国税收上的居民或公民，符合下列三个条件之一者，税务当局就将认定他们与德国保持有实质的经济联系，在未来10年内仍视其为国内的税收居民，对其德国境内外的全部所得仍要课税。这些条件是：

1.纳税人在移居地不缴纳所得税，或虽缴纳所得税，但其适用的税率不足德国税率的2/3；

2.纳税人在移居后与德国企业保持实质性的经济联系，具体标准为，以合伙人身份取得有限合伙企业不少于25%的所得额，或在德国的一家居民公司中拥有25%或更多的股票；

3.该纳税人在移居后取得来源于德国的净所得占世界范围所得的30%以上，或在某一纳税年度中达到12万德国马克。

高税国居民为了逃避无限纳税义务，有的彻底切断了与原居住国的联系，真正移居到他国，但也有的只是采取虚假移居的手段。对于这种行为，一些国家也采取了严厉的限制。例如，瑞典在20世纪五六十年代曾是世界上个人税收负担最重的国家之一。为了防止人们以移居为名逃避瑞典的无限纳税义务，瑞典1966年实施《市政税法》规定，一个瑞典公民在移居到别国后的3年内，一般仍被认定为瑞典税收上的居民，仍要在瑞典负无限纳税义务，除非他能够证明自己与瑞典不再有任何实质性联系，而且在这3年中证明自己与瑞典无实质性联系的举证责任由纳税人个人承担。又如，1999年意大利公布了一项反避税措施，规定从1999年开始，凡意大利居民移居到一个避税地国家，即使该人的名字已经从市政户籍登记处删除，仍然要被认定为意大利居民，并继续向意大利政府负无限纳税义务。与此同时，意大利财政部还公布了一份避税地的名单，列有瑞士、列支敦士登、安道尔等59个国家和地区。另外，美国的所得税法第877节中也规定，如果美国公民以避税为目的放弃美国的公民身份，则该纳税人必须向美国公民一样再向美国政府负10年的无限纳税义务。芬兰、挪威、西班牙等国也有类似的规定。另外，澳大利亚、加拿大、法国等还对移居国外的个人开征“移居税”，即对其没有实现的资本利得课税。

此外，为了防止人们用临时移居、压缩居留时间的办法躲避本国的居民身份，许多国家都规定对纳税人中途临时离境不扣减其在本国的居住天数，即纳税人临时离境的天数仍要计入其居留天数。例如，我国税法规定，纳税人在一个纳税年度中在我国境内居住满365日的，要就从我国境内和境外取得的所得中缴纳个人所得税；临时离境一次不超过30日，或多次累计不超过90日的，不扣减在我国居住的日数。

（二）限制法人移居的措施

各国判定法人居民身份的标准不同，限制法人移居的措施也就不同。一般而言，在一个同时以注册地标准和管理机构所在地标准判定法人居民身份的国家，法人居民移居他国相对来说困难较大，因为这时无论公司法人的注册地在该国，还是管理机构在该国，该国都可以认定其为本国的法人居民。所以，目前大多数发达国家都同时采用这两个标准判定法人的居民身份。如果单独采用管理机构所在地标准，那么公司法人只要把股东大会地点或董事会开会地点等迁移到低税国，就可以达到规避高税国居民身份的目的。英国在这方面就有深刻的教训。过去，英国一直以管理机构所在地为标准判定本国法人的居民身份，由于公司所得税税率较高，许多在英国注册成立、管理机构也设在英国的公司便把管理机构迁到了其他国家，以躲避英国的无限纳税义务。为了解决公司通过移居进行避税的问题，英国后来也开始效仿其他欧洲国家同时进行注册地标准和管理机构所在地标准。这项改革规定，所有于1988年3月15日以后在英国注册成立的公司，无论其管理机构是否设在英国，都属于英国的居民公司；1988年3月15日以前在英国注册成立但因管理机构不在英国而一直被视为非居民的公司最迟在1993年3月15日要被视为是居民公司；在其他国家注册成立但管理与控制中心设在英国的公司仍被认为是英国的居民公司。

如果一国采用注册地标准判定法人居民身份，则该国的居民公司若要移居他国，只能在本国注销而改在他国重新注册。为了防止本国的居民公司迁移到低税国，许多国家（如美国、英国、爱尔兰、加拿大等）规定，如果本国居民公司改在他国注册或总机构、有效管理机构移到国外从而不再属于本国居民公司时，该公司必须视同进行清算，其资产视同销售后取得的资本利得，要在本国缴纳所得税。美国《国内收入法典》规定，本国居民公司若要在清理后并入外国居民公司，必须在183天内向税务局证明该公司向外转移没有规避美国税收的意图，否则公司向国外转移将受到法律的限制。

三、完善避税地对策税制

（一）各国反避税的立法情况

利用避税地避税是跨国纳税人从事避税活动的重要途径，许多国家的税收利益由此受到了极大的损害。为此，西方一些主要发达国家先后制定了防范避税地避税的对策税制。比如，美国于1962年起实行的《国内收入法典》中的F分部就是针对避税地（港）的。在1986年又制定了《消极性国外投资公司征税规定》（PFIC），使其避税地对策税制更加完善。英国1970年颁布的所得税法第478节和482节对个人和公司的避税活动也进行了许多限制。前联邦德国（以下简称德国）在1972年颁布了以反避税、逃税为主要内容的《涉外税法》。日本和法国分别于1978年和1986年颁布了反避税地法规。澳大利亚和新西兰于1988年提出了反避税地避税措施。西班牙于1994年建立并实施了避税地对策税制。所有这些已建立了避税地对策税制的国家，都极大地遏制了跨国纳税人利用国际避税地进行避税的活动。

【小资料5-3】

萨科齐称港澳是“逃税天堂”胡主席与其辩论

（2009年4月4日人民日报报道）在G20伦敦峰会上，20国集团领导人均为各自国家利益捍卫立场，直到最后一刻还存在分歧。多家媒体昨天引述白宫官员的话报道称，在得到其他国家支持的一项内容中，奥巴马在消除最后一个障碍促成协议达成方面起到了至关重要的作用，即公布避税天堂的名单，他在弥合中国国家主席胡锦涛和法国总统萨科齐的分歧中起到了至关重要的作用。

萨科齐此前坚持认为，20国集团应批准公布没有遵守该组织透明规定的“避税天堂”的名单。这个名单应由经济合作与发展组织确定，中国国家主席胡锦涛对此表示反对，他尤其质疑经合组织的作用。中国并不是总部位于巴黎的经合组织30个成员方之一。

在峰会当天的中国外交部例行记者会上，发言人秦刚称，关于“避税天堂”的问题，中方积极支持国际社会共同努力加强金融监管，打击逃税，支持开展反避税国际合作。将中国的香港和澳门特别行政区列为“避税天堂”是没有根据的，我们坚决反对。

奥巴马政府的一位高级官员说，有关这个问题的拉锯战从周四上午一直持续到下午。反对方三次提到了这个问题。

最后，奥巴马带着翻译将萨科齐叫到了一边的角落里，建议采用折中的表述——20国集团将不会自定一个黑名单，而是在公报中列举经合组织自行研究发布的名单作为“参考”，而不是“认可”。萨科齐对此表示同意。

然后奥巴马派助手弗洛曼建议奥巴马和胡锦涛直接进行对话，中国接受了这个建议。奥巴马与胡锦涛秘密商议，然后又请求萨科齐带着翻译和助手举行了会谈。白宫官员说，三国领导人握手言欢，同意了奥巴马的措辞，这个问题在15分钟到20分钟内得到解决。全体与会者都看到了这一幕。

“直到几分钟之前，有关‘避税天堂’的问题仍然在激烈争论中，我们搞了一个三方会谈，然后结束了这一议题，奥巴马对我很有帮助。”萨科齐在会议结束后说。

在之后的G20公报中，20国集团领导人同意对拒不合作的“避税天堂”采取行动，并准备实施制裁。2小时后，经济合作与发展组织公布一份“避税天堂”黑名单，中国香港和澳门也未出现在黑名单中。

中国香港财经事务及库务局局长陈家强昨天在港表示，中国香港不是“避税天堂”。他说：“中国香港拥有简单、清晰的税制，没有银行保密条款，而且中国香港还不断参与国际打击洗黑钱行动，所以中国香港不是‘避税天堂’。”陈家强感谢国家有关部门不断将中国香港的立场向20国集团进行解释，让各国了解中国相关的情况。

澳门经济财政司司长谭伯源也在昨天强调，中国澳门从来不是“避税天堂”，任何有关澳门是“避税天堂”的言论，都是毫无根据的。他同样感谢中央政府在“20国集团领导人第二次金融峰会”上，向与会国解释澳门实际的税务情况，从而令中国澳门排除在相关名单之外。

经合组织公布“避税天堂”黑白名单：

黑名单（目前还不与国际社会合作的逃税天堂）：哥斯达黎加、菲律宾、马来西亚和乌拉圭。

灰名单（已经表示合作，却没有落实到行动，没有签署国际协议）：卢森堡、瑞士、奥地利、比利时、新加坡、智利、开曼群岛、摩纳哥等38个国家或地区。

白名单（这些国家都已实际执行国际税务标准）：英国、中国（不包括香港、澳门特别行政区）、法国、德国、俄罗斯和美国等40个国家。

（二）避税地对策税制的主要内容

各国所制定的反避税地对策税制，其主要内容有以下几个方面：

1.避税地的确定

西方各国对避税地的确定大多采用限定税率的方法，即凡是外国受控公司被课征低于一定百分比税收的国家、地区便被视为避税地。如日本规定为25%，英国规定为24.5%，法国规定22%，西班牙规定为26.5%，但也有一些国家采用列举法，如美国1994年公布的《关于482节修订规则的暂行规定》列举的避税港有39个，而澳大利亚在其外汇管制法中也列举了一些避税港，其中包括巴拿马、利比里亚、百慕大、列支敦士登、英属维尔京群岛、卢森堡、开曼群岛、直布罗陀、巴哈马、格林纳达、瑞士、中国香港、马恩岛和瓦努阿图。

2.税法适用的纳税人

由于避税地对策税制主要是针对本国居民公司的受控外国公司所制定的，因而各国税法的适用范围都强调有控制因素的存在，而控制因素又是以国内纳税人在国外子公司的参股比例体现出来的。因此，各国税法普遍规定，本国居民必须直接或间接拥有国外子公司的选举权或所有权的50%以上，而且每个国内股东须直接或间接地拥有外国子公司10%以上的选举权或所有权，符合上述条件者便为该税法所适用的纳税人。

3.税法所适用的课税对象

一般来说，各国的避税地对策税制中所规定的课税所得，基本上是指受控外国公司的消极投资所得，如股息、利息和特许权使用费，而来自生产经营、商业活动的积极投资所得通常都不包括在内。美国的税法对此规定得比较详细，包括：受控外国公司来自所有国家的风险所得、外国基地公司所得、外国公司与国际合作经营被抵制项目的参与所得、通过不合法手段（如非法贿赂、回扣等）取得的所得、来源于未得到美国外交承认国家的所得。

4.税法规定的制约措施

各国的避税地对策税制一致规定，凡符合该税法适用范围的，应按母公司在受控外国子公司中所占股份的比例将该子公司的有关所得并入母公司当年所得，一并征税，而不管这部分所得是否已作股息、红利分配给股东，在课税时该部分所得相应的外国税收可以抵免。例如，日本立法规定，日本居民必须直接或间接地拥有外国公司所发行股票总额的50%以上，反避税条款方可生效。而日本股东则必须至少直接或间接地拥有外国公司所发行股票总额的10%，才负有纳税义务。

复习题

5.1 简答题

1.关联企业的判定标准有哪些？

2.转让定价的调整方法有哪些？

3.什么是预约定价协议？它的主要内容是什么？

4.如何防止滥用国际税收协定？

5.避税地对策税制的主要内容是什么？

5.2 判断题

判断下列观点是否正确，并说明理由。

1.总的来看，排除法所限制受益的公司都是那些容易充当中介（管道）的公司，使用这种方法时税务部门并不需要具体核查被限制的公司是否是外国投资者为避税而建立的中介公司，只要一个公司不能排除其受限制的性质，就不能享受税收协定的利益。

2.根据我国现行的资本弱化的法规，企业实际支付给关联方的利息支出，其接受关联方债权性投资与其权益性投资比例不超过2∶1的部分，准予扣除，超过的部分不得在发生当期和以后年度扣除。

3.我国税法规定，纳税人在一个纳税年度中在我国境内居住满180日的，就要从我国境内和境外取得的所得中缴纳个人所得税；临时离境一次不超过30日，或多次累计不超过90日的，不扣减日数。

4.一般而言，在一个同时以注册地标准和管理机构所在地标准判定法人居民身份的国家，法人居民移居他国相对来说困难较大，所以，目前大多数发达国家都同时采用这两个标准判定法人的居民身份。

5.一家美国公司通过设在荷兰的基地公司向一家全资子公司销售货物，此时，荷兰基地公司所获利润应作为F分部所得，由美国公司向美国税务当局申报纳税。

6.有A、B、C三国，A和B、B和C签有国际税收协定均规定对特许权使用费免征预提税。A国的公司甲将特许权出售给在B国的基地公司乙，再由乙向位于C的另一公司出售。A和B税收协定中规定采用真实法这一滥用反避税条款，则A和B对甲和乙之间的交易不给予免征预提税的优惠。

7.英国公民Joe来华工作，他于2015年10月1日入境，2017年10月3日离境，由于2016年圣诞节期间回国20天，每两个月回瑞士总部汇报工作一次，每次离境3天，由于Joe共离境天数38天，所以其在中国境内居住不满365天，不应算作我国的居民纳税人。

8.《中华人民共和国企业所得税法》关于资本弱化税务管理的规定对内资企业的影响是最大的。

5.3　实务操作题

1.甲国某跨国集团公司的母公司A公司在乙国设有一子公司B公司。甲国公司所得税税率为35%，乙国公司所得税税率为18%。2012年2月，A公司将其生产的一批零件以15万美元的价格销售给了B公司，B公司又以30万美元的价格在乙国市场上销售出去。经甲国税务部门查询后认为这种交易作价分配不合理。根据甲国政府掌握的资料，该批零件的直接生产成本为12万美元，间接生产成本为3万美元，当地无关联企业同类产品的一般毛利率为25%。试分析该跨国集团采用的避税手法和整体税负的变化以及甲国可采取的反避税措施。

2. 某一纳税年度，某外资企业在中国境内生产高档家庭小轿车，其制造成本为每辆10万元，现以成本价格销售给日本母公司，共销售2 000辆，日本母公司最后以每辆20万元的价格在市场上售出这批小轿车。根据中国税务当局掌握的市场资料，该外资企业的这批小轿车的生产费用率一般为64%。日本公司所得税税率为37.5%，中国为25%。

要求：用成本加利法调整这批小轿车的销售价格以及中日两国政府的税收收入。

第六章

国际税收协定

【本章导读】

国际税收协定是由主权国家间签订的书面协议，既是国际税收理论的全面概括与最终应用，也是国际税收实践的最高成果，是各国处理相互税收关系的实践总结。国际税收协定所要解决的，主要是国家之间的税收分配关系，运用冲突规范来划分、约束有关国家的税收管辖权。它或者要求收入来源国约束其对非居民来源于境内所得的征税权，或者要求居住国限制其对居民来源于国外所得的征税权，来解决两国之间的税收分配关系。《经合组织范本》侧重于居民税收管辖权，因而有利于发达国家的税收权益；《联合国范本》强调的则是地域管辖权的优先地位，因而比较兼顾发展中国家的税收利益。通过本章的学习，同学们要重点掌握国际税收协定的基本内容和两个税收协定范本的差异所在。

【开篇案例】

2018年5月14日，由中国国家税务总局、哈萨克斯坦国家税务局、经济合作与发展组织（OECD）三方联合举办的“一带一路”税收合作会议在哈萨克斯坦首都阿斯塔纳召开，标志着“一带一路”沿线国家税收合作新篇章的开启。

自“一带一路”重大倡议提出以来，中国勇于大国担当，通过强化全球税收合作提升国际税收规则“话语权”，助力企业“走出去”“引进来”，营造国际公平公正的税收环境，帮助“一带一路”沿线国家提升税收征管水平，极力推动国际税收合作驶入快车道。

税收是全球经济治理的重要组成部分，税收合作已成为促进世界经济包容发展的新引擎。近年来，我国依托“一带一路”倡议，充分利用二十国集团（G20）委托OECD开展国际税收规则重塑的重大机遇，积极主动走向国际舞台中央，加入税基侵蚀和利润转移（BEPS）行动计划，主动争取将“一带一路”沿线及其他发展中国家的诉求融入国际税收新规则。

我国作为G20成员国，先后提出了“修改数字经济税收规则”“利润在经济活动发生地和价值创造地征税”等1 000多项立场声明和意见建议，成功地将以我国为代表的发展中国家的观点和理念渗透到BEPS行动计划成果之中。在《OECD税收协定范本》《联合国税收协定范本》《金融账户涉税信息自动交换标准》等国际税收新规则中反映出“中国方案”的鲜明主张。中国正在努力实现从既有规则的接受者到国际规则的参与者、制定者和引领者的转变，逐步成为国际税收大家庭不可或缺的重要成员。

国际规则“话语权”的提升，需要国际税收征管合作提供话语平台。目前，中国与OECD、世界银行（WB）、国际货币基金组织（IMF）等25个国际组织建立了合作关系；与美国、加拿大等15个世界主要经济体签署税务合作备忘录。中国既是OECD的观察员国，享有对税收规则的发言权；又是G20的重要成员，享有对税收规则的决策权。

在区域性税收组织中，由于参与者相对小众，可能更易寻找税收利益的“最大公约数”，更易在“一带一路”倡议下的税收政策取向方面达成共识。

资料来源：李平，吴颖．“一带一路”倡议下国际税收合作驶入快车道［N］．中国财经报，2018-05-15.此处有删减.

第一节　国际税收协定概述

一、国际税收协定的概念及分类

国际税收协定，也称为国际税收条约，从广义上说不仅包括协调各成员国对跨国纳税人的跨国所得和财产征税时的税收权益分配关系和税务行政合作关系的国际税收协定，也包括其他国际条约或协定中处理所得税征纳矛盾的专列条款。我们通常说的国际税收协定是指由两个或两个以上的主权国家，按照对等原则，通过政府间的谈判，为了协调与其有关的国际经济活动中发生的税收分配关系，而达成的一种书面协议。

从1843年比利时和法国签订的国际上第一个税收协定，到20世纪90年代初期，各国签订的各种双边税收协定数目已接近3 000个。近20年来，世界各国签订的税收协定一直在继续发展，国际税收协定已成为国际经济关系的一个重要内容。目前，国际上已签署的税收协定已超过4 000个。

（一）国际税收协定的必要性

国际税收协定作为处理国际经济关系的重要条约，其产生和发展都不是偶然的，有其必然性。

1.国际经济的发展需要国际税收协定避免国际双重征税

随着社会生产力的发展，经济活动跨出了国界，经济全球化趋势成为世界经济中最引人注目的重要部分。国际经济活动带来了税收的国际化，各国行使无可非议的主权对纳税人征税，却产生了国际双重征税。国际双重征税使纳税人承担着无法忍受的沉重税收负担，严重影响着国际经济的正常发展。而国际经济的发展是历史发展的必然趋势，符合各国人民的根本利益，所以，避免国际双重征税以适应国际经济发展的需要，成为有关国家的一致要求。国际税收协定就是有关国家对这一要求的具体体现。

此外，有些跨国纳税人利用国际经济的特定条件，进行偷逃避税活动，也使有关国家有必要通过国际税收协定来堵塞漏洞。

2.各国税收制度的差异需要国际税收协定加以协调

有的国家为了避免国际双重征税，促进国际经济的发展，单方面采取了一些措施，但由于各国的政治经济不同和文化传统的特点，其税收制度存在着一定的差异。一些国家单方面采取的措施，不可能解决所有不同税收制度之间出现的双重征税和偷漏税、避税问题。由于仅有各国的单边税收措施是远远不够的，所以，有关国家开始选择了一种更有保障的方式——国际税收协定。

3.国际税收的复杂性使国际税收协定的签订更为必要

国际经济活动的发展，产生了国家间的税收分配关系，涉及有关国家的税收权益。若国家间的税收分配关系处理不当，影响到有关国家的利益，这些国家就会采取某些保护性措施，以致可能阻碍相互间的国际经济交往。而且，由于世界经济发展得不平衡，有些国家经济发展迅速，成为发达国家，有些国家经济落后，还是发展中国家。在发达国家与发展中国家之间，一般是发达国家的资金技术流向发展中国家。这种资金的单向流动，使两类国家很难处于平等的位置上。这个状况反映到国际税收上，使国际税收更加复杂。为了能在不平等的经济地位上，平等互利地解决国家间的税收分配关系，促进两类国家间的经济合作，越来越多的国家认识到，缔结国际税收协定很有必要。

（二）国际税收协定的分类

国际税收协定按照参加缔约国的多少可分为：双边税收协定和多边税收协定。由两个国家缔结的税收协定即双边税收协定，由三个及以上国家参加缔结的税收协定即多边税收协定。国际税收协定主要形式是双边税收协定，其缔约的国家从发达国家之间发展到发达国家与发展中国家之间以及发展中国家之间。双边税收协定是目前国际税收协定的基本形式。多边税收协定现在还不多，但代表了国际税收协定的发展方向。多边税收协定是在双边税收协定的基础上发展起来的，也是国际经济高度发展的结果。但由于涉及的国家较多、涉及的范围较广，协调较困难，因而多边税收协定目前还较少。

国际税收协定按其涉及的范围内容的不同可分为：一般税收协定和特定税收协定。一般税收协定是指各国签订的关于国家间各种国际税收问题协调的税收协定；特定税收协定是指各国签订的关于国家间某一特殊国际税收问题协调的税收协定。特定税收协定也称单项税收协定。如缔约国之间关于税收关系原则的协定、关于避免海运和空运双重征税的协定、关于社会保险双重征税的协定、关于国家间领地税收仲裁的协定等。一般税收协定也称综合税收协定或全面税收协定，它是在单项税收协定的基础上发展起来的。它旨在解决有关国家对跨国所得进行课税过程中出现的矛盾与冲突，协定相互间的税收利益分配关系及税务行为而缔结的协定。如避免对所得和财产国际双重征税协定，其内容一般包括避免双重征税、消除税收差别待遇、打击跨国逃税和避税，并加强税务行政合作等。

二、国际税收协定的产生与发展

国际税收协定是适应国际经济技术合作与交流需要的产物，它的产生已有一百多年的历史，并从单项税收协定到综合税收协定，从双边税收协定向多边税收协定发展，从随机性到模式化的演进。世界上最早的国际税收协定是1843年比利时与法国签订的互换税收情报的双边协定。两年之后比利时又与荷兰签订了内容相似的税收条约。此后，随着跨国投资日益增多以及所得和财产的国际双重征税问题日趋普遍，参与缔结国际税收协定的国家也日益增多。自20世纪20年代开始，免除双重征税和防止偷、漏税的国际合作得到了迅速发展，国际税收协定并由特定税收协定发展到一般税收协定。

早期国际税收协定比较简单，涉及的内容也较少，条文也没有一定之规，而且随机性、盲目性很大。缔约双方一般要根据本国的税制情况和可接受的征税原则相互进行协商，然后将双方达成一致的内容写进协定。随着国际经济活动的发展，一些国家和国际组织认识到仅依靠自发地缔结国家间的税收条约，很难适应形势发展的要求，迫切需要规范国际税收协定，提供一个可供缔约国参考或参照的税收协定范本。为此，1921年国际联盟根据1920年布鲁塞尔国际财政会议的要求，委托荷兰的布鲁英斯、意大利的艾因诺第、美国的塞利格曼和英国的斯坦普等4名税务专家着手研究避免国际双重征税，防范偷、漏税的问题。1922年，国际联盟的财政委员会又成立了一个由比利时、英国、意大利、法国、荷兰、瑞士和捷克斯洛伐克七国高级税务官员组成的工作组，专门研究国际重复征税和国际逃税所涉及的管理和实际问题，并于1925年2月7日向国际联盟提交了一份关于避免国际双重征税和防止偷、漏税的报告。1929年，国际联盟根据专家小组的建议，任命了一个常设的财政委员会具体研究国际税收协定及有关问题。1940年和1943年，该财政委员会前后两次在墨西哥举行区域性会议，拉丁美洲国家、加拿大和美国的代表出席了会议。后一次会议通过了对所得防止双重征税双边协定及其议定书范本。这份被称作“墨西哥文本”的税收协定范本的突出特点是强调了收入来源地国家的优先征税权。1946年3月财政委员会在伦敦召开第十次会议，重新起草了税收协定的“伦敦文本”。其内容结构虽然基本保持了“墨西哥文本”的框架，但对经营所得以及股息、利息、特许使用费收入强调居民所在国具有优先的征税权。“伦敦文本”为以后出台并流行于世的经合组织协定范本定下了基调。

第二次世界大战以后，起先是由欧洲经济合作组织草拟了国际税收协定范本。此后由包括澳大利亚、奥地利、比利时、加拿大、丹麦、芬兰、法国、联邦德国、希腊、冰岛、爱尔兰、意大利、日本、卢森堡、荷兰、新西兰、挪威、葡萄牙、西班牙、瑞典、瑞士、土耳其、英国、美国等24个成员国的经济合作与发展组织的财政事务委员会继续进行了研究工作。于1963年提出了税收协定草稿，随后发表了《关于对所得和财产避免双重征税协定范本》，简称《经合组织范本》。1963年至1977年这一段时间，经合组织成员国之间签订了179个全面性的税收双边协定。在实践基础上，1977年经合组织修改并正式通过了上述的税收协定范本。此外，1966年公布了遗产税协定范本（草稿），1982年又补充上有关赠与税的内容。由于该范本较多地照顾了发达国家利益，所以不利于发展中国家对外签订税收协定。为此，联合国经济及社会理事会于1967年通过了一项决议，要求秘书长成立一个由发达国家和发展中国家代表组成的专家小组，研究制定一个能够广泛适用于所有国家或地区的国际税收协定范本。这个专家小组于1968年正式成立，并由8个发达国家和10个发展中国家的代表组成。到1979年12月，该专家小组先后召开了8次会议，最后形成和正式公布了《关于发达国家与发展中国家间避免双重征税的协定范本》，简称《联合国范本》。发展中国家之间及发展中国家与发达国家之间签订的税收协定主要依照《联合国范本》进行。该范本兼顾了发达国家与发展中国家的利益，可使发达国家对发展中国家的看法有更清楚的理解，以便更公平地划分来源国与居住国之间的税收管辖权，同时有助于发展中国家理解发达国家的意见，既维护源泉征税，又能吸引外国投资。两个国际性税收协定范本产生后，国家间缔结税收协定的活动十分活跃，并且不断扩大。在1963年《经合组织范本》草案发表不久，发达国家之间签订的税收协定就有22个，其中有6个全文照抄，12个基本仿抄。据联合国统计，除关税外，截止到20世纪80年代初期，国际上的各种税收协定已有1 300多个，约有一半是发展中国家与发达国家之间签订的，发展中国家之间签订的只有少数。英国是对外缔结税收协定数目最多的国家，已有79个，法国有53个，德国有50个，日本有40个，美国有40个，加拿大有32个，新加坡、马来西亚、罗马尼亚均有20多个。目前，国际上已签署的税收协定超过4 000个。

自从世界上出现地区性经济集团和大国政治集团后，继双边税收协定后，又产生了多边税收协定。国际税收协定的两个范本已经成为国际上签订双边或多边税收条约的蓝本。20世纪90年代以来，国际经济发生了重大变化，为了更好地指导各国处理相互税收关系的实践，经合组织先后于1992年、1994年、1995年和1997年四次修订并公布了《经合组织范本》。联合国也于1997年年底成立专家小组专门修改《联合国范本》，并于2001年公布了修改后的协定范本，为1980年出版以来首次修订，主要在居民条款、常设机构条款、连属企业条款、财产所得条款和独立个人劳务条款等五个方面发生了变化。多边税收协定是在双边税收协定的基础上发展起来的，主要有1971年签订的《印第安集团内避免双重征税的协定》，1972年北欧五国签订的《税务行政协助的协定》，1975年欧共体与非洲、加勒比地区和太平洋地区发展中国家签订的《洛美协定》等。综上所述，国际税收协定自1843年出现以来，经历了一个从单项到综合、从双边到多边、从随机到模式化的发展过程。

三、国际税收协定的法律地位与性质作用

（一）国际税收协定的法律地位

国际税收协定与国内税法二者都属于法律范畴，体现国家意志，并且相互依存相互渗透。但国内税法协调的是一国内部的税收关系，国际税收协定协调的是一个国家与另一个国家的税收关系，并且二者法律强制力的程度和表现形式是不同的。在处理有关国际税务关系时，如果国际税收协定与国内税法发生矛盾和冲突时，大多数国家采取的是国际税收协定优先的做法，也有一些国家将国际法和国内法放在同等地位，按时间的先后顺序确定是优先还是服从。从目前大多数国家的规定来看，当国际税收协定与国内税法不一致时，国际税收协定处于优先执行的地位。我国是主张国际税收协定应优先于国内税法的国家 。

目前许多国家也主张国际税收协定不能干预缔约国制定、补充和修

改国内税法，更不能限制国内税法做出比国际税收协定更加优惠的规定；如果国内税法的规定比国际税收协定更为优惠，则一般应遵照执行国内税法。国际税收协定在少数国家并不具有优先于国内税法的地位，例如美国。

国际税收协定与国内税法存在不一致的地方，例如，按照我国《个人所得税法》的规定，外国人在我国境内连续或者累计居住超过90日，其来源于中国的所得就应向中国纳税；而中日协定有关条款规定，只有当日本国居民在一个日历年内连续或累计在我国居住超过183天，才可以征税。又如，按照我国的《企业所得税法》规定，对外国企业在我国没有设立机构而有来源于我国境内的股息、利息等投资所得征收20%的预提所得税；而中日协定规定，对这类所得征收的预提税税率不能超过10%。再如，对建筑工地等常设机构，我国涉外税法中没有规定时间期限，而国际税收协定规定了6个月以上才构成常设机构。

（二）国际税收协定的性质作用

国际税收协定是由主权国家间签订的书面协议，根据国际法的规定，已成为国际公法的法律文件。所以，可以将国际税收协定的性质表述为：采用国际法中的协定方式，在互惠的基础上建立起来的一种适当约束税收管辖权的法律文件。对于国际税收协定的性质，可以从以下三个方面理解：

1.国际税收协定是主权国家之间处理国际税收关系的法律形式

国际法认为，协定是国家及其他国际法主体间所缔结而以国际法为准并确定其相互关系的一种国际书面协议，也是国际法主体间相互交往的一种普遍的法律形式。国际税收协定一旦签订，就具有国际法律的效力。

2.国际税收协定具有高于国内税法的效力

国际税收协定和国内税法的关系，是国际法与国内法之间关系的一个侧面。有关国际法和国内法关系的各项原则，一般也通用于国际税收协定和国内税法之间的关系。

毫无疑问，国际税收协定与国内税法的关系，主要是相互依赖、相互补充、相互配合的关系。比如，两国间税收协定的缔结，肯定是要以两国的国内税法为基础的。但是，在实践中，国际税收协定也有可能与国内税法发生矛盾和冲突。在发生矛盾时，根据国际法中“条约必须遵守”的原则，国际税收协定应当优于国内税法，具有高于国内税法的法律效力。

3.国际税收协定调整国家间税收分配关系的主要方式是约束各国的税收管辖权

国际税收协定所解决的，主要是国家之间的税收分配关系，因而，国际税收协定主要是运用冲突规范来划分、约束有关国家的税收管辖权。例如，它或者要求收入来源国约束其对非居民来源于境内所得的征税权，或者要求居住国限制其对居民来源于国外所得的征税权，来解决两国之间的税收分配关系。

第二节　国际税收协定的基本内容

随着国际税收协定模式化发展和国际税收协定范本的出现，尤其是《经合组织范本》与《联合国范本》影响的日益广泛，更多的国家在签订国际税收协定的过程中也倾向于采用这些范本作为参考，使世界各国缔结的国际税收协定在基本结构和形式上趋于相同。总体而言，各国签订的国际税收协定主要内容可以分为4个方面：

1.税收协定所适用的范围及有关定义。

2.运用冲突规范，对发生在缔约国双方的各类所得划分税收管辖权，以避免对纳税人的同一所得重复征税。

3.对可能发生的重复征税，确定消除重复征税的办法。

4.某些特别规定，如保证税收上的无差别待遇，就要避免因纳税人的国籍和居住地的不同而在税收上受到歧视、互相交换税收情报、考虑是否实施税收饶让等。

一、国际税收协定的适用范围

国际税收协定必须首先明确适用范围，包括协定涉及的人的范围、税种范围、空间范围和时间范围。这是协定执行的条件。

1.协定涉及的人的范围。在经合组织和联合国的两个范本中，都把协定适用的纳税人（包括自然人、公司、社团以及基金会等）限制在缔约国一方或同时成为缔约国双方的居民。这就意味着，即使是缔约国一方或同时为缔约国双方公民的跨国纳税人，只要他们不属于一方或双方的居民，不具有一方或双方的税收居民身份，就不是协定涵盖的纳税人，因而也不能享受协定所赋予的税收优惠权利。早期税收协定的适用范围有的非常窄，如规定协定只适用于缔约国的“公民”；而有的协定的范围又过宽，如包括了缔约国的纳税人，也就是说，即使不在缔约国居住，但因其所得或财产要在缔约国纳税，也可以成为协定的受益人。但经合组织和联合国的两个范本没有采用早期税收协定的做法，而是规定：除了协定的个别条款（无差别待遇条款、税收情报交换和政府职员的退休金等）外，非缔约国居民不能享受协定的待遇。在实践中，也并非是缔约国的居民就可以自动地享受税收协定规定的优惠待遇，而是需要办理一定的居民身份认定手续。

2.协定涉及的税种范围。各类税收协定一般将所得税和一般财产税列为税种适用的范围。

3.协定涉及的空间范围。一般的税收协定规定各缔约国各自的全部领土和水域。

4.协定涉及的时间范围。一般国际税收协定在缔约国互换批准文件后立即生效，通常没有时间限制。

二、国际税收协定的有关定义

1.一般用语的定义解释。一般用语的定义解释主要包括“人”“缔约国”“缔约国另一方”“缔约国一方企业”等。

2.特定用语的定义解释。特定用语对协定的签订和执行具有直接的制约作用，必须对特定用语的内涵和外延做出解释和限定，如“居民”“常设机构”等。

3.专项用语的定义解释。国际税收协定中有一些只涉及专门条文的用语解释，一般放在相关的条款中附带给以定义或说明。

三、税收协定的冲突规范

国际税收协定中涉及的所得主要有四种形态，即经营所得（亦称营业利润）、投资所得、劳务所得和其他个人所得。从税收法律的角度来看，这些所得都是课税对象。当某一课税对象涉及两个国家时，究竟应由哪个国家行使征税权力，就需要运用冲突规范，在两个国家之间合理划分税收管辖权。税收协定范本中对各类所得都划分了征税权，规定了不同的征税原则。

（一）经营所得

对于从事工农业、商业、服务业等一般行业的经营所得，两个协定范本都规定，缔约国一方企业的利润仅在该缔约国征税，但该企业通过设在缔约国另一方常设机构在该国进行经营的除外。两个协定范本都遵循的是居住国征税原则，即缔约国一方的居民企业在经营活动中取得的所得一般只能由该企业的居住国对其行使征税权；但如果缔约国一方的居民企业在缔约国另一方设有常设机构，其所得可以在另一国征税。这实际上是对通过常设机构取得的经营所得实行来源国优先征税原则。

（二）投资所得

投资所得是指消极投资所得，包括股息、利息、特许权使用费。协定范本对这三类投资所得的征税权进行了如下划分：

两个协定范本都遵循税收分享原则（经合组织范本对特许权使用费的规定除外），即缔约国双方对其都有征税权，它既可以在投资者的居住国征税，也可以在所得来源国征税，但投资者的居住国要承认所得来源国的优先征税权，而所得来源国也要根据税收协定适当降低对投资所得征收的预提所得税税率。

两个协定范本还规定，适用于来源国预提税的投资所得，是指居住国企业在来源国没有设立常设机构或固定基地而取得的所得，或虽设有常设机构或固定基地，但这些所得与之没有实际联系。如果居住国企业取得的投资所得与常设机构或固定基地有实际联系，则来源国应将这些投资所得并入该常设机构的利润或固定基地的劳务所得对其征收公司所得税或个人所得税，不再征收预提税。

（三）劳务所得和其他个人所得

两个税收协定范本中有近三分之一的条款与划分缔约国双方各自对劳务所得和其他个人所得的征税权有关。国际税收协定所涉及的劳务所得和其他个人所得包括独立个人劳务所得、非独立个人劳务所得、董事费、艺术家和运动员所得、退休金、政府职员所得、教师和研究人员所得、大学生和实习生所得等。下面结合中国与新加坡的税收协定（以下简称中新税收协定）介绍税收协定范本的有关规定：

1.独立个人劳务所得

对独立个人劳务所得，一般由其为该国居民的缔约国独占行使居民管辖权。但是，如果符合下面两个条件之一者，缔约国另一方（即非居住国或东道国）可以对这类所得行使地域管辖权征税：该独立劳务者在缔约国另一方设有为从事专业性劳务而经常使用的固定基地；在缔约国另一方，一个年度内连续或累计停留超过183天，并且上述所得是在这一停留期间内取得的。

例如，中新税收协定中就规定：缔约国一方居民个人由于专业性劳务或者其他独立性活动取得的所得，应仅在该缔约国征税，除非该居民个人在缔约国另一方为从事上述活动的目的设有经常使用的固定基地。在这种情况下，该缔约国另一方可以仅对属于该固定基地的所得征税；或该居民个人在任何12个月中在缔约国另一方停留连续或累计达到或超过183天。在这种情况下，该缔约国另一方可以仅对在该缔约国进行活动取得的所得征税。

2.非独立个人劳务所得

对非独立个人劳务所得（工薪所得），我国签订的税收协定中采用了两个范本的有关规定。如果该报酬是在非居住国受雇取得的，则可以由非居住国征税。但是，如果同时符合下列三个条件，仍应由其居住国征税：

（1）该个人在日历年度或会计年度中在非居住国停留时间不超过183天；

（2）该项所得不是由非居住国的居民雇主支付；

（3）该项所得不是由雇主设在非居住国的常设机构或固定基地所负担。

如中新税收协定中就规定：缔约国一方居民因受雇取得的薪金、工资和其他类似报酬，除在缔约国另一方从事受雇的活动以外，应仅在该缔约国一方征税。在该缔约国另一方从事受雇的活动取得的报酬，可以在该缔约国另一方征税。

缔约国一方居民因在缔约国另一方从事受雇的活动取得的报酬，同时具有以下三个条件的，应仅在该缔约国一方征税：

（1）收款人在任何12个月中在该缔约国另一方停留连续或累计不

超过183天；

（2）该项报酬由并非该缔约国另一方居民的雇主支付或代表该雇主支付；

（3）该项报酬不是由雇主设在该缔约国另一方的常设机构或固定基地所负担。

在缔约国一方企业经营国际运输的船舶或飞机上从事受雇活动取得的报酬，应仅在该缔约国征税。

3.董事的报酬所得

对董事的报酬所得，缔约国一方居民作为缔约国另一方居民公司的董事会成员取得的报酬，可以在该公司所在国征税。如中新税收协定中就规定："缔约国一方居民作为缔约国另一方居民公司的董事会成员取得的董事费和其他类似款项，可以在该缔约国另一方征税。"这样规定体现了所得来源国优先征税的原则。

4.艺术家、运动员的报酬

对艺术家、运动员的报酬，原则上由来源国（提供活动所在国）征税，即由非居住国行使地域管辖权征税。但是，如果该活动是由双方政府的文化交流计划安排的，对这些活动的报酬，来源国政府应予免税。

5.退休金所得

对于退休金所得，原则上由居住国享有独占征税权。缔约国一方的一般居民得自缔约国另一方的退休金，由居住国行使居民管辖权。但是，对政府职员的退休金另有规定：缔约国一方、其地方当局或法定机构支付的或者从其建立的基金中支付给向其提供服务的个人的退休金，应仅在该缔约国一方征税。但是，如果提供服务的个人是缔约国另一方居民，并且是其国民的，该项退休金应仅在该缔约国另一方征税。

6.政府职员所得

对政府职员的所得，原则上应由政府所在国征税。即缔约国一方、其地方当局或法定机构对向其提供服务的个人支付退休金以外的薪金、工资和其他类似报酬，应仅在该缔约国一方征税。但是，如果该项服务是由缔约国另一方提供，而且提供服务的个人是该缔约国另一方居民，并且该居民是该缔约国另一方国民；或者不是仅由于提供该项服务，而成为该缔约国另一方的居民，该项薪金、工资和其他类似报酬，应仅在该缔约国另一方征税。

7.教师和研究人员的所得

对教师和研究人员的所得，两个范本中没有明文规定。我国目前对外签订的税收协定中，除了少数协定中没有明确对教师和研究人员的免税条文外，大都列有对教师和研究人员的所得免税2~5年的规定。

8.学生和实习人员的所得

对于学生和实习人员的所得，两个范本都规定，如果学生或企业学徒是或者在紧接前往缔约国一方之前曾是缔约国另一方居民，仅由于接受教育或培训的目的，停留在该缔约国一方，对其为了维持生活、接受教育或培训的目的收到的来源于该缔约国以外的款项，该缔约国一方应免予征税。

（四）财产所得

国际税收领域中的财产所得主要就是指不动产所得。两个国际税收协定范本对不动产所得征税权的划分做了完全相同的规定，即一国居民如果在另一国拥有不动产，则这种不动产的所得（包括农业所得或林业所得）可以由不动产的所在国对其征税，即所得来源国的征税权优先于财产所有人居住国的征税权。这里的不动产包括附属于不动产的财产、农业和林业使用的牲畜和设备、土地财产方面一般法律规定所适用的权力、不动产的用益权等，但其中不包括船舶、飞机等。不动产所得通常有两种形式：一是直接使用不动产的所得，如自己或请人开办农场、林场以及个人从事生产的所得；二是以出租的形式供他人使用不动产取得的所得，如出租土地、房屋的租金等。

四、消除国际重复征税的方法

消除国际重复征税是税收协定所要解决的重要问题之一。各国签订的双边税收协定除了广泛使用“冲突规范”以划分各类所得的征税权以外，还要对消除国际重复征税的方法做出具体规定。两个协定范本都提出用免税法或抵免法消除国际重复征税，至于选择什么方法，可由缔约国在谈判和签订税收协定时自己决定。

各国签订双边税收协定，在选择消除国际双重征税的方法时，一般有三种组合方式：

1.双方都采用抵免法，如中国与日本、美国、加拿大、新加坡、马来西亚、泰国等国签订的税收协定。

2.一方采用免税法加部分抵免法，另一方采用抵免法，如中国与法国、德国、比利时、挪威、瑞典等国签订的税收协定。

3.缔约国双方都采用免税法加部分抵免法，我国迄今为止签订的双边税收协定还没有采用过这一方式。

关于税收饶让抵免问题，两个协定范本都没有列入。但是，在许多发达国家与发展中国家签订的税收协定中都列有税收饶让抵免条款。目前，我国签订的税收协定绝大部分也列有税收饶让抵免条款。

五、有关特别规定

缔约国之间为妥善处理税收关系，还需要在税务行政协助等方面做出一些特别规定，如税收无差别条款、相互协商程序和情报交换等。

（一）税收无差别条款

税收无差别条款在国际税收协定条款规定中具体表现为：

1.国籍无差别条款。即缔约国一方国民在缔约国另一方负担的税收或者有关条件，不应与缔约国另一方国民在相同情况下负担或可能负担的税收或有关条件不同或者比其更重，禁止缔约国基于国籍原因实行税收歧视。在这里国民的概念既包括具有缔约国任何一方国籍的个人，也包括所有按照该缔约国法律建立的法人以及按照该缔约国法律视同法人的非法人团体。

2.常设机构无差别条款。即缔约国一方企业设在缔约国另一方的常设机构的税收负担，不应高于缔约国另一方进行同样业务活动的企业。两个税收协定范本第二十四条“无差别待遇”的第三款都规定：“一缔约国企业设在另一缔约国的常设机构的税收待遇不应比另一缔约国从事相同活动的企业课税待遇差。”

3.费用扣除无差别条款。在核定应纳税所得额时，缔约国一方企业支付给缔约国另一方居民的利息、特许权使用费和其他款项，应与在同样情况下支付给本国居民一样，准予列为支出。

4.所有权无差别条款。即资本无差别条款，是指缔约国一方企业的资本不论是全部还是部分、直接或间接为缔约国另一方一个或一个以上的居民所拥有或控制，该企业税负或有关条件，不应与该缔约国其他同类企业不同或比其更重。

另外，两个协定范本还规定，本协定不应被理解为缔约国一方给予本国居民在税收上任何个人的扣除、优惠和减税，也必须给予缔约国另一方的居民。也就是说，不能根据税收协定的无差别条款的规定，去要求基于缔约国另一方国内税法所产生的一切税收上的权利。

（二）税收情报交换

两个协定范本都规定缔约国双方主管当局应交换为实施本协定的规定所需要的情报，或缔约国双方关于本协定所涉及的税种的国内法，按此征税与本协定不相抵触的情报。交换税收情报是加强国际税务管理合作和防止国际逃税和避税行为的重要措施。税收情报交换的内容大概有三个方面：

1.交换为贯彻税收协定所需要的情报。如纳税人在居住国或所得来源国的收入情况、市场价格、关联企业之间的作价等。

2.交换与税收协定有关税种的国内法律，包括单方面采取的防止国际逃税的法律措施。

3.交换防止逃税和避税的情报。如交换有关纳税人瞒报境外雇主支付的报酬、虚列成本费用、转移利润等情报，据以核实征税和依法处理逃税案件。

（三）相互协商程序

该条款的主要目标是，缔约国双方税务主管当局之间通过相互协商程序以解决有关协定执行中出现的争议和问题，达到消除双重征税以及防止和减少国际逃税和避税行为的发生。该程序是各税务主管当局之间的一个讨论程序，旨在尽可能找到为各方所能接受解决问题的方案。

第三节　《经合组织范本》与《联合国范本》的比较

《经合组织范本》与《联合国范本》是指导各国签订国际税收协定中最有影响力的两个税收协定范本。

一、关于税收协定范本结构的比较

《经合组织范本》与《联合国范本》的结构框架和条款基本一致，

只是《经合组织范本》全文30条，《联合国范本》全文29条，在协定名称和序言之后，各分7章，由5个部分组成。第一部分是协定适用者的范围和税种范围，共2条；第二部分是协定用语的定义，共3条；第三部分是对所得和财产征税权的划分，共17条；第四部分是避免双重征税的方法，共1条；第五部分是税务行政管理特别规定和协定生效与终止的程序规定，该部分《经合组织范本》共7条，《联合国范本》共6条。除了《经合组织范本》多了一个第28条“区域的扩大”条款外，其他条款的名称和顺序也完全一样。

两个协定范本在指导思想上存在一定的差异。《经合组织范本》比较强调居民管辖权，而《联合国范本》注重扩大地域管辖权。这种指导思想上的区别可以从两个协定范本对具体问题规定的不同上看出。

二、关于居民定义的比较

《经合组织范本》与《联合国范本》都将居民定义为：本协定中，“缔约国一方居民”一语是指按照该国法律，由于住所、居所、管理场所或其他类似性质的标准，负有纳税义务的人，包括该国、其所属行政区或地方当局。但是这一用语不包括仅由于来源于该国的所得或位于该国的财产在该国负有纳税义务的人。

同时是缔约国双方居民的个人的居民身份的确定方法，两个协定中的规定是完全一样的。

三、关于营业所得征税的比较

（一）常设机构判定的比较

两个范本都把常设机构定义为“一个企业进行全部或部分营业的固定场所”。但在关于建筑安装工程构成常设机构的时间限度上两者有区别。《联合国范本》规定“常设机构”包括：（1）建筑工地，建筑、装配或安装工程或者与其有关的监督管理活动，但该工地、工程或活动以连续为期六个月以上的为限；（2）企业通过雇员或雇用的其他人员为上述目的提供的劳务，包括咨询劳务，但这种性质的活动以在该国内（为同一工程或有关工程）在任何十二个月中连续或累计为期六个月以上的为限。《经合组织范本》中“常设机构”一语包括建筑工地或者建筑，但安装工程仅以连续十二个月以上的为限。由于发达国家在发展中国家的建筑工程较多，显然期限越长对发达国家越有利。

常设机构不应包括的内容《经合组织范本》比《联合国范本》多出一条，（六）是专为本款（一）到（五）项各项活动的结合而设有的营业固定场所，如果由于这种结合使营业固定场所全部活动属于准备性质或辅助性质。

《联合国范本》另外规定经常在首先提及的国家保存货物或商品的库存，并代表该企业经常从该库存中交付货物或商品，则应认为该企业在首先提及的缔约国设有常设机构。

《联合国范本》比《经合组织范本》多出一款规定，即缔约国一方的保险企业，除再保险外，如通过适用第七款独立地位代理人以外的人在另一国领土内收取保险费或接受保险业务，应认为在缔约国另一方设有常设机构。

总的来说，《经合组织范本》对常设机构标准的解释严于《联合国范本》。从税收管辖权的适用范围看，前者起到限制地域管辖权的作用，后者则起到扩大地域管辖权的作用。

（二）关于营业利润征税的比较

对于营业所得的征税，两个协定范本都遵循的是居住国征税原则，即缔约国一方的居民企业在经营活动中取得的所得一般只能由该企业的居住国对其行使征税权；但如果缔约国一方的居民企业在缔约国另一方设有常设机构，其所得可以在另一国征税。

两个协定的不同点在于：《经合组织范本》规定另一国可以征税的所得应仅以属于该常设机构的为限，即采用所谓的“归属原则”。而《联合国范本》规定除了属于该常设机构的所得之外，属于在另一国销售的货物或商品与通过常设机构销售的货物或商品相同或类似，或在另一国进行的其他经营活动与通过该常设机构进行的经营活动相同或类似并取得了所得，则缔约国另一方国家也有权对该项所得征税。《联合国范本》采用的是“引力原则”。

（三）关于船运所得和空运所得征税的比较

《联合国范本》，关于船运、内河运输和空运的所得，第八条有两套方案，A方案与经合组织范本完全一致；B方案明确规定经常在缔约国另一方从事业务发生的船运活动除外。如果这种活动比较正常，上述利润可以在另一国征税。另一国确定征税的利润，应以该企业从船运业务取得全部纯利润为基础作适当的划分，按照这种划分计算的税额应减去某一百分比（这个百分数通过双边谈判加以确定）。

四、关于权益所得和财产征税的比较

（一）股息所得征税的比较

对股息所得征税的问题，《经合组织范本》与《联合国范本》除了在预提税税率方面有差别外，其他方面基本一致。

《经合组织范本》规定：对股息受益人直接持有支付股息公司至少25%资本的公司条件下，支付股息公司的所在国只能对这笔股息所得征收5%的预提所得税；当股息受益人拥有支付股息公司的资本低于25%或股息受益人是自然人时，则支付股息的公司所在国可以对这笔股息征收15%的预提所得税。

《联合国范本》规定：对股息受益人是直接持有支付股息公司至少10%资本的公司条件下，支付股息公司的所在国只能对这笔股息所得征收预提所得税税率，可由缔约国双方谈判确定；当股息受益人拥有支付股息公司的资本低于10%或股息受益人是自然人时，则支付股息的公司所在国征收的预提所得税税率，也应由缔约国双方谈判确定。即在上述两种情况下，预提税税率可以分别超过《经合组织范本》规定的5%和15%。

（二）利息所得征税的比较

《经合组织范本》规定，当缔约国一方居民收到来源于缔约国另一方的利息时，缔约国双方都可对这笔利息征税，但另一方对这笔利息所得征收的预提税不应超过利息总额的10%。

《联合国范本》规定，对利息的预提税税率由缔约国双方谈判确定。

（三）特许权使用费征税的比较

《经合组织范本》将特许权使用费的征税权完全划给了居住国，体现了居民管辖权的独占地位。

《联合国范本》对特许权使用费的税收管辖权规定如下：

（1）居住国和非居住国对特许权使用费都有征税权。

（2）非居住国对特许权使用费征税时，应接受限制税率的约束，具体限制税率由双方谈判商定。

《联合国范本》对收入来源国的股息、利息和特许权使用费的预提税税率未作具体规定，这使收入来源国在税收协定谈判中不受约束，可力争较高的税率。

（四）财产收益征税的比较

《经合组织范本》对财产收益征税的规定如下：

（1）转让不动产和转让常设机构营业财产部分的动产，或者转让固定基地的动产而取得的收益，居住国和非居住国均拥有征税权；

（2）转让船舶和飞机的收益，应由企业实际管理机构所在国独享征税权；

（3）转让其他财产取得的收益，应由转让者为其居民的国家独享征税权。

《联合国范本》在接受上述三点内容的同时，增设了两款内容：

第一，转让公司股本的股票而取得的收益，可以在非居住国或居住国征税；

第二，转让前述股票以外的股票而取得的收益，在该项股票达到协定国一方居民公司股权的某一百分比（该百分比应通过双边谈判确定）时，非居住国和居住国均拥有征税权。

（五）财产征税的比较

《经合组织范本》与《联合国范本》在财产征税方面的规定基本一致。但联合国专家小组决定，对是否采用有关财产征税的规定，由缔约国双方在谈判签订税收协定时确定。

五、关于个人劳务所得征税的比较

（一）关于独立个人劳务所得的比较

《经合组织范本》规定，对从事独立个人劳务者，一般由其居住国独占行使居民管辖权。但是，如果该独立劳务者在缔约国另一方设有为从事专业性劳务而经常使用的固定基地，该固定基地所在国可以对该固定基地的所得征税。

《联合国范本》除了采用上述条款外，还增加了非居住国可以征税的两种情况：

（1）如果该独立劳务者在非居住国有关财政年度内连续或累计停留超过183天，并且上述所得是在这一停留期间内取得的；

（2）如果该独立劳务者取得的劳务报酬超过了一定的数额（具体数

额由双边谈判确定），且该项报酬由来源国居民（公民）支付，或由设在该国的常设机构或固定基地负担。

（二）关于董事费和高级管理人员报酬征税的比较

《经合组织范本》与《联合国范本》都规定居住国和非居住国都可以对公司董事会成员取得的董事费和其他类似报酬征税。但《联合国范本》还增加了一款关于高级管理人员取得报酬的征税规定，居住国和非居住国都可以对公司高级管理人员取得的薪金、工资和其他类似报酬征税。

（三）关于退休金和社会保险金征税的比较

《经合组织范本》规定，对由于过去的雇用关系而支付给另一国居住者的退休金和其他报酬，应仅在居住国征税。

《联合国范本》则对此采取了比较灵活的态度，列举了可供选择的A与B两部分条款，留待缔约国双方选用。A部分在采纳《经合组织范本》规定的前提下，增加了一款"按缔约国一方社会保险金制度支付的退休金和其他款项，应仅在该缔约国征税"的规定。B部分是在A部分的基础上又增加了一款更有利于非居住国的规定，其内容是：如果退休金和其他类似报酬是由缔约国另一方居民（公民）或设在该国的常设机构支付的，则对该项所得可由支付国征税。

六、关于相互协商程序和情报交换的比较

（一）关于相互协商程序的比较

《联合国范本》基本上采用了《经合组织范本》关于相互协商程序的规定，但删去了后者本条第四款后半段的内容，即当认为达成协议需要口头交换意见时，可以通过缔约国双方主管当局指派代表组成的委员会进行。《联合国范本》增加的内容包括："为执行本条规定的相互协商程序，主管当局应通过协商确定适当的双边程序、条件、方法和技术。此外，主管当局可以设法采取适当的单方面程序、条件、方法和技术，以促进上述双边行动和相互协商程序的执行。"

（二）关于情报交换的比较

《联合国范本》指出缔约国双方应相互交换"特别是防止欺诈或逃避税收的情报"，这是对《经合组织范本》有关情报交换的进一步强调。《联合国范本》还比《经合组织范本》增加了如下内容："主管当局将通过协商创造有关交换情报的适当条件、办法和技术手段，并及时地交换有关逃税的情报。”

通过上述比较，我们可以得出如下结论：《经合组织范本》侧重于居民税收管辖权，因而有利于发达国家的税收权益；《联合国范本》强调的则是地域管辖权的优先地位，因而比较兼顾发展中国家的税收利益。

第四节 中国对外税收协定

一、我国对外缔结税收协定的进展情况

我国同外国缔结税收协定的工作是自1978年实行对外开放政策以后才开始的。1978年以前，我国与其他国家一般只是通过税收换文或在某些经济活动的协定中写上税收条款，来对某项特定经济活动的收入或所得进行税收安排。

自1978年以来，我国对外经济发展非常迅速，外商来华投资不断增加，对外劳务的提供和投资也有很大发展，这使得我国和世界各国间的税收分配关系日益复杂，其中许多问题都是我国无法单方面解决的，例如避免国际双重征税的问题，确立跨国纳税人以及跨国所得的征税权问题，中国的税收优惠政策的有效落实问题，防范外商逃税、避税问题等。要妥善处理这些问题，就必须与有关国家谈判协商，签订双边税收协定。

1978年以后，我国对外缔结双边税收协定的工作是从签订单项税收协定开始的。最早签订的单项税收协定是1979年1月23日在巴黎签订的《中华人民共和国政府和法兰西共和国政府关于互免航空运输企业税捐的协定》。从1981年起，我国开始进行对外缔结对所得（有时还包括对财产）避免双重征税和防止偷税、漏税的全面性税收协定的谈判工作。最早签订的全面性税收协定是1983年9月6日在北京签订的《中华人民共和国政府和日本国政府关于对所得避免双重征税和防止偷漏税的协定》。经过30多年的努力，到2011年5月底，我国已对外正式签署96个避免双重征税协定，其中94个协定已生效；对内地与香港、澳门两

个特别行政区之间的税收进行了安排。我国对外签订税收协定的具体情况见表6-1。①

表6-1　我国同各国税收协定的签署、生效、执行日期一览表

序号	国家	签署日期	签署地点	生效日期	执行日期
1	日本	1983.9.6	北京	1984.6.26	1985.1.1
2	美国	1984.4.30	北京	1986.11.21	1987.1.1
3	法国	1984.5.30	巴黎	1985.2.21	1986.1.1
4	英国	1984.7.26	北京	1984.12.23	1985.1.1
*	比利时	1985.4.18	北京	1987.9.11	1988.1.1
5	德国①	1985.6.10	波恩	1986.5.14	1985.1.1/7.1
6	马来西亚	1985.11.23	北京	1986.9.14	1987.1.1
7	挪威	1986.2.25	北京	1986.12.21	1987.1.1
8	丹麦	1986.3.26.	北京	1986.10.22	1987.1.1
9	加拿大	1986.5.12	北京	1986.12.29	1987.1.1
10	瑞典	1986.5.16	斯德哥尔摩	1987.1.3	1987.1.1
11	新西兰	1986.9.16	惠灵顿	1986.12.17	1987.1.1
12	泰国	1986.10.27	曼谷	1986.12.29	1987.1.1
13	意大利	1986.10.31	北京	1989.11.14	1990.1.1
14	荷兰	1987.5.13	北京	1988.3.5	1989.1.1
15	捷克和斯洛伐克（适用于斯洛伐克）②	1987.6.11	布拉格	1987.12.23	1988.1.1
16	波兰	1988.6.7	北京	1989.1.7	1990.1.1
17	澳大利亚	1988.11.17	堪培拉	1990.12.28	1991.1.1
18	前南斯拉夫（适用于波黑）③	1988.12.2	北京		1990.1.1
19	保加利亚	1989.11.6	北京	1990.5.25	1991.1.1

① 资料来源于国家税务总局网站，http://www.chinatax.gov.cn/n8136506/n8136593/n8137537/n8687294/8688432.html。

续表

序号	国家	签署日期	签署地点	生效日期	执行日期
20	巴基斯坦	1989.11.15	伊斯兰堡	1989.12.27	1989.1.1/7.1
21	科威特	1989.12.25	科威特	1990.7.20	1989.1.1
22	瑞士	1990.7.6	北京	1991.9.27	1990.1.1
23	塞浦路斯	1990.10.25	北京	1991.10.5	1992.1.1
24	西班牙	1990.11.22	北京	1992.5.20	1993.1.1
25	罗马尼亚	1991.1.16	北京	1992.3.5	1993.1.1
26	奥地利	1991.4.10	北京	1992.11.1	1993.1.1
27	巴西	1991.8.5	北京	1993.1.6	1994.1.1
28	蒙古	1991.8.26	乌兰巴托	1992.6.23	1993.1.1
29	匈牙利	1992.6.17	北京	1994.12.31	1995.1.1
*	马耳他	1993.2.2	北京	1994.3.20	1995.1.1
30	阿联酋	1993.7.1	阿布扎比	1994.7.14	1995.1.1
31	卢森堡	1994.3.12	北京	1995.7.28	1996.1.1
32	韩国	1994.3.28	北京	1994.9.27	1995.1.1
33	俄罗斯	1994.5.27	北京	1997.4.10	1998.1.1
34	巴布亚新几内亚	1994.7.14	北京	1995.8.16	1996.1.1
35	印度	1994.7.18	新德里	1994.11.19	1995.1.1
36	毛里求斯	1994.8.1	北京	1995.5.4	1996.1.1
37	克罗地亚	1995.1.9	北京	2001.5.18	2002.1.1
38	白俄罗斯	1995.1.17	北京	1996.10.3	1997.1.1
39	斯洛文尼亚	1995.2.13	北京	1995.12.27	1996.1.1
40	以色列	1995.4.8	北京	1995.12.22	1996.1.1
41	越南	1995.5.17	北京	1996.10.18	1997.1.1
42	土耳其	1995.5.23	北京	1997.1.20	1998.1.1

续表

序号	国家	签署日期	签署地点	生效日期	执行日期
43	乌克兰	1995.12.4	北京	1996.10.18	中： 1997.1.1 乌：股利特个人 1996.12.17；企业所得税：1997.1.1
44	亚美尼亚	1996.5.5	北京	1996.11.28	1997.1.1
45	牙买加	1996.6.3	北京	1997.3.15	1998.1.1
46	冰岛	1996.6.3	北京	1997.2.5	1998.1.1
47	立陶宛	1996.6.3	维尔纽斯	1996.10.18	1997.1.1
48	拉脱维亚	1996.6.7	里加	1997.1.27	1998.1.1
49	乌兹别克斯坦	1996.7.3	塔什干	1996.7.3	1997.1.1
50	孟加拉国	1996.9.12	北京	1997.4.10	中 1998.1.1 孟 1998.7.1
51	原南斯拉夫联盟（适用于塞尔维亚和黑山）④	1997.3.21	贝尔格莱德	1998.1.1	1998.1.1
52	苏丹	1997.5.30	北京	1999.2.9	2000.1.1
53	马其顿	1997.6.9	北京	1997.11.29	1998.1.1
54	埃及	1997.8.13	开罗	1999.3.24	2000.1.1
55	葡萄牙	1998.4.21	北京	2000.6.7	2001.1.1
56	爱沙尼亚	1998.5.12	北京	1999.1.8	2000.1.1
57	老挝	1999.1.25	北京	1999.6.22	2000.1.1
58	塞舌尔	1999.8.26	北京	1999.12.17	2000.1.1
59	菲律宾	1999.11.18	北京	2001.3.23	2002.1.1
60	爱尔兰	2000.4.19	都柏林	2000.12.29	中 2001.1.1 爱 2001.4.6
61	南非	2000.4.25	比勒陀利亚	2001.1.7	2002.1.1

续表

序号	国家	签署日期	签署地点	生效日期	执行日期
62	巴巴多斯	2000.5.15	北京	2000.10.27	2001.1.1
63	摩尔多瓦	2000.6.7	北京	2001.5.26	2002.1.1
64	卡塔尔国	2001.4.2	北京	2008.10.21	2009.1.1
65	古巴	2001.4.13	哈瓦那	2003.10.17	2004.1.1
66	委内瑞拉	2001.4.17	加拉加斯	2004.12.23	2005.1.1
67	尼泊尔	2001.5.14	加德满都	2010.12.31	2011.1.1
68	哈萨克斯坦	2001.9.12	阿斯塔纳	2003.7.27	2004.1.1
69	印度尼西亚	2001.11.7	雅加达	2003.8.25	2004.1.1
70	阿曼	2002.3.25	马斯喀特	2002.7.20	2003.1.1
71	尼日利亚	2002.4.15	阿布贾	2009.3.21	2010.1.1
72	突尼斯	2002.4.16	突尼斯	2003.9.23	2004.1.1
73	伊朗	2002.4.20	德黑兰	2003.8.14	2004.1.1
74	巴林	2002.5.16	北京	2002.8.8	2003.1.1
75	希腊	2002.6.3	北京	2005.11.1	2006.1.1
76	吉尔吉斯	2002.6.24	北京	2003.3.29	2004.1.1
77	摩洛哥	2002.8.27	拉巴特	2006.8.16	2007.1.1
78	斯里兰卡	2003.8.11	北京	2005.5.22	2006.1.1
79	特立尼达和多巴哥	2003.9.18	西班亚港	2005.5.22	针对不同所得项目分别于2005.6.1和2006.1.1起执行
80	阿尔巴尼亚	2004.9.13	北京	2005.7.28	2006.1.1
81	文莱	2004.9.21	北京	2006.12.29	2007.1.1
82	阿塞拜疆	2005.3.17	北京	2005.8.17	2006.1.1
83	格鲁吉亚	2005.6.22	北京	2005.11.10	2006.1.1

续表

序号	国家	签署日期	签署地点	生效日期	执行日期
84	墨西哥	2005.9.12	墨西哥城	2006.3.1	2007.1.1
85	沙特阿拉伯	2006.1.23	北京	2006.9.1	2007.1.1
86	阿尔及利亚	2006.11.6	北京	2007.7.27	2008.1.1
87	新加坡	2007.7.11	新加坡	2007.9.18	2008.1.1
88	塔吉克斯坦	2008.8.27	杜尚别	2009.3.28	2010.1.1
89	埃塞俄比亚	2009.5.14	北京	2012.12.25	2013.1.1
90	土库曼斯坦	2009.12.13	阿什哈巴德	2010.5.30	2011.1.1
91	捷克	2009.8.28	北京	2011.5.4	2012.1.1
92	比利时	2009.10.7	布鲁塞尔	2013.12.29	2014.1.1
93	芬兰	2010.5.25	北京	2010.11.25	2011.1.1
94	赞比亚	2010.7.26	卢萨卡	2011.6.30	2012.1.1
95	马耳他	2010.10.18	瓦莱塔	2011.8.25	2012.1.1
96	叙利亚	2010.10.31	大马士革	2011.9.1	2012.1

说明：(1) 加*号者表示中国政府与该国政府重新签订的避免对所得双重征税和防止偷漏税协定尚未生效。

(2) ①中国政府于1985年6月10日、1987年6月8日先后与德意志联邦共和国、德意志民主共和国政府签订避免对所得和财产双重征税协定、避免对所得双重征税和防止偷漏税协定。1990年10月3日，德意志联邦共和国与德意志民主共和国统一为德意志联邦共和国，中国政府1985年6月10日与德意志联邦共和国政府签订的避免对所得和财产双重征税协定继续适用于统一以后的德意志联邦共和国。

②中国政府于1987年6月11日与捷克和斯洛伐克社会主义共和国政府签订避免对所得双重征税和防止偷漏税协定。1990年，捷克和斯洛伐克社会主义共和国先后改国名为捷克斯洛伐克联邦共和国、捷克和斯洛伐克联邦共和国，上述协定继续适用。1993年1月1日，捷克和斯洛伐克联邦共和国分解为捷克共和国和斯洛伐克共和国，上述协定继续适用于斯洛伐克共和国。2009年8月28日，中国政府与捷克共和国政府签订避免对所得双重征税和防止偷漏税协定，该协定适用于捷克共和国。

③中国政府于1988年12月2日与南斯拉夫社会主义联邦共和国议会联邦执行

委员会（前南斯拉夫政府）签订避免对所得和财产双重征税协定，后南斯拉夫解体。据外交部公告，该协定由解体后的各国继承，中国政府陆续与解体后的各国政府签订避免对所得和财产双重征税协定，仅有波黑政府未单独签订，上述协定继续适用于波黑。

④中国政府于1997年3月21日与南斯拉夫联盟共和国联盟政府（原南斯拉夫联盟政府）签订避免对所得和财产双重征税协定。2003年2月4日，南斯拉夫联盟共和国改国名为塞尔维亚和黑山共和国，上述协定继续适用。2006年6月3日，塞尔维亚和黑山共和国分解为塞尔维亚共和国和黑山共和国，上述协定继续适用于上述两国。

二、我国对外签订税收协定的基本原则

我国对外签订税收协定的基本原则是：平等互利，友好协商；既要有利于维护国家主权和经济利益，又要有利于吸收外资，引进技术，有利于本国企业走向世界。在此基础上，我国目前对外签订的综合性双边税收协定中，一般坚持下列三项具体原则：

（一）坚持所得来源国与居住国共享征税权的原则

签订税收协定一般不影响居住国征税权，主要是限制双方国家按所得来源地原则行使税收管辖权。尽管双边协定的条文规定对双方是对等适用的，但由于经济发展和科技水平的差异以及由此形成的资金流向和技术输出量不同，发展中国家与发达国家所受到的征税上的限制却是不对称的。我国是发展中国家，发达国家的公司来源于我国的利润大大多于我国公司来源于发达国家的利润。坚持收入来源国与居住国共享征税权的原则，能够在协定的基础上保障我国的税收权益。所以，在我国对外缔结的税收协定中，除国际运输和政府职员等个别条款外，我国不接受任何居民管辖权无条件独占地位的要求，而一般坚持收入来源国优先征税以及来源国与居住国共享征税权的原则。

为了坚持共享征税权原则，我国在对外谈签税收协定时，一般比较倾向于参照能够较多地照顾到来源地国家征税权的《联合国范本》，但也并非全部照搬，对其中一些不适合我国国情的条款也有所舍弃。需要指出的是，对于一些发展中国家，我国可能是资本净输出国，即我国企业在对方国家的投资可能会多于对方国家企业在我国的投资。为了维护我国的税收利益，我国与发展中国家签订税收协定时，就不宜过分强调

收入来源地优先征税的原则，而应注意居住国的税收利益。

（二）坚持税收待遇对等的原则

协定中所有条款都要体现对等，对缔约国双方具有同等约束力。国与国之间税收待遇对等是国际税收惯例的一个重要内容，我国在对外谈签税收协定时也坚持这项原则，将双方的权利和义务按对等原则写入税收协定和协定议定书。

（三）灵活对待税收饶让的原则

我国作为一个发展中国家，为配合吸引外资和引进技术的工作，在税法及法规中有税收优惠规定。为了使这些优惠规定切实起到鼓励作用，让外国投资者切实得到合理的好处，我国政府在与发达国家谈签税收协定中，都坚持要求对方国家给予税收饶让抵免，即对我国的减免税优惠要视同已征税额给予抵免，以使我国的税收优惠措施切实有效。目前，我国企业所得税法已经统一，不再给外商过分的优惠，所以对税收饶让不需要再过分坚持，应灵活对待。在与发展中国家谈签税收协定时，我国基本上不再主动提出税收饶让条款的要求。

三、我国对外税收协定的主要内容

我国对外签订税收协定时采用《联合国范本》和《经合组织范本》的条文结构，其内容一般包括：用语定义、对各项所得和财产分类确定征税的规范原则和限定、税收无差别待遇、消除双重征税方法、相互协商程序、税收情报交换以及协定的生效和终止等。协定的重点是按照所得的不同类型，分别做出一些有利于缔约国之间资金流动、贸易往来和科学交流的规定，为缔约国居民到对方国家投资和从事劳务提供一些优于国内税法规定的税收协定待遇。协定主要有以下方面的内容：

（一）对营业利润的征税以是否设有常设机构为限

常设机构是企业进行全部或部分营业活动的固定营业场所。对建筑、装配或安装工程和与工程项目有关的监督管理活动，一般是将连续6个月以上的视为设有常设机构。其起止日期，应从实施合同（包括准备活动）之日起，至作业（包括试运转作业）全部结束交付使用之日止进行计算。对为同一工程项目或相关联的工程项目提供劳务活动，一般是将在任何12个月中连续或累计超过6个月的视为常设机构。近年来，我国与发展中国家签订的协定中，这一时限标准也有9个月或12个月的，如与委内瑞拉、阿曼、尼泊尔、卡塔尔的协定是9个月，与巴林的协定是12个月。

但是，对于专为本企业进行准备性或辅助性活动的场所，可以不视为设有常设机构。其范围一般包括：专为储存、陈列或者交付本企业货物或商品的目的而使用的设施；专为另一企业加工的目的所设的固定营业场所以及专为本企业进行其他准备性或辅助性活动所设的固定营业场所等，都可以不视为设有常设机构。

凡是按照税收协定规定，构成或者视为设有常设机构的，其营业利润都可以由常设机构所在的缔约国征税。没有构成或者可以不视为设有常设机构的，其营业利润都仅由取得者为其居民的缔约国征税。

（二）对投资所得的征税实行限制税率

投资所得一般包括股息、利息和特许权使用费等。从我国对外签订的税收协定看，有关投资所得的征税规定，一般都专门为其设立了股息、利息、特许权使用费3个条款，并且在这3个条款中规定的征税原则是基本一致的，即双方国家都不应谋求独占征税权，而应按照平等互利原则，使缔约国双方能够有适当的税收分享，来源国优先征税，但实行限制税率，减低征税额。同每个国家确定的限制税率不尽相同，一般是分别不超过股息、利息、特许权使用费总额的10%。

（三）对财产及其所得和收益的征税以不动产所在地为准

对财产及其所得和收益的征税，在我国的税收协定中都规定由不动产所在的缔约国征税。对不动产的定义解释，原则上遵从财产所在的缔约国法律规定，但都应包括附属于不动产的财产、不动产的用益权以及开采或有权开采矿藏和其他自然资源取得的收入。

转让常设机构的营业财产或从事个人独立劳务的固定基地财产，以常设机构或固定基地的所在地为所得来源地，由所在缔约国征税。

（四）对个人劳务报酬和工资薪金所得的征税

对从事独立个人劳务者，其劳务所得一般由其居住国征税。但是，如果该独立劳务者在来源国设有经常使用的固定基地，或者该独立劳务者在来源国连续或累计停留超过183天，来源国可以征税。

对非独立个人劳务者，即受雇者取得的工资薪金和其他类似报酬，应由受雇活动所在国征税。但是，同时具备以下三个条件的，仅由其居住国征税：一是该人在非居住国有关财政年度内连续或累计停留不超过183天；二是该项报酬不是由非居住国居民作为雇主或代表该雇主支付；三是该报酬不是由雇主设在该国的常设机构或固定基地所负担。

（五）消除双重征税的方法和税收饶让

我国对外签订税收协定中有关消除双重征税方法的条文，采取双方分别书立的方式。在我国，采取税收抵免的方法，并对拥有支付股息公司股份不少于10%的给予间接抵免待遇。在对方，有些国家采用免税法，有些国家采用抵免法，其中有些国家准许间接抵免。

在采用税收抵免法消除双重征税的国家中，除了美国、巴西、罗马尼亚等少数国家以外，一般都不同程度地订有税收饶让的条文规定。

四、税收协定的执行和管理

国际税收协定是以国家间税收管辖关系为主要调整对象的法律规范。税收协定在正式签订生效之后，需要缔约国双方认真贯彻执行和加强管理。由于国家间制定的法律规范，缔约国双方要受其约束。税收协定同任何法律一样，都是国家意志的体现，只不过国家间的税收协定不只是单方面的国家意志，而是缔约国双方的国家意志之间的协议。因此，税收协定具有足够的法律效力，对缔约国双方国家既有约束力也有强制力。

我国对外签订的税收协定是我国对外开放政策的一个重要组成部分，必须认真贯彻执行。但是，如果不注意建立执行协定的基本程序和有关的管理制度，那么执行好协定就只是一句空话。建立执行协定的程序和制度的重点是如何认定居民的身份问题，只有解决好这个问题，才能谈得上协定条款的执行。而居民身份的认定又是双方面的：一方面是对外国个人、外国企业以及其他经济组织取得的来源于我国的所得，我国如何识别其是否为缔约国国家居民和能否享受税收协定待遇；另一方面是对我国个人、企业以及其他经济组织取得来源于其他国家的所得，我国如何证明其身份以督促缔约国国家给予其税收协定的待遇。

（一）执行税收协定的法律问题

按照国际惯例，税收协定在执行中可以超越国内税法，但不能代替国内税法。两者之间是彼此联系和相互补充的关系。税收协定通常只是做出某些原则规定，在实际中需要有国内税法的具体规定相配合才能贯彻执行。特别是在税收协定的执行中会有一些问题需要通过国内税收法规加以补充，使税收协定的原则规定具体化。否则，就难以保障税收协定能够得到准确而有效的贯彻执行。因此，在税收协定的执行和管理过程中，必须认真处理好税收协定与国内税法的关系，重点注意以下几个方面的问题：

（1）对税收协定所确定的原则和所做出的规定，缔约国应严格遵守，不能用国内税法的规定加以改变或否定，不能以本国法律规定为由拒绝履行缔约国应承担的涉外义务。

（2）税收协定不能干预缔约国制定、补充和修改国内税法。但是，缔约国双方主管当局应将各自税法做出的实质变动，按照税收协定的规定通知对方。因此，税收协定的签订和执行，并不影响缔约国双方充分行使制定和修改国内税法的自主权。

（3）在处理税收协定与国内税法不一致的问题时，税收协定应处于优先地位，以不违反协定的规定为准。凡是国内税法规定的征税条件、待遇或负担，亚于或高于税收协定的规定的，即应按协定执行。但是，如果国内税法规定的征税条件、待遇或负担，优于或低于税收协定的规定的，则一般仍应按国内税法处理，不能完全把税收协定作为国内税法来执行。

（4）在双方国家的民法和商法相互冲突或不一致时，应当考虑并注意解决好适用对方国家法律的必要性与可能性的问题。合理地解决这个问题，不仅有利于税收协定的签订和避免因缔约国双方法律规定的不同而影响税收协定的执行，还有利于促进缔约国之间的经济技术合作与科学文化交流。

（5）对执行协定时发生的困难和疑义，缔约国主管当局之间应当直接联系或进行磋商，以便尽快解决问题。同时，还应建立税收情报交换制度，防止逃税、避税，缔约国主管当局之间应当加强业务交流与合作。

（6）税收协定以居民为适用人范围，只有缔约国居民才能享受税收协定的待遇。要防止跨国纳税人滥用税收协定，并采取切实可靠的措施，加强对税收协定的管理，特别是对协定滥用行为的处理，以便维护缔约国的经济权益，确保跨国纳税人正常的市场竞争。

（二）我国税收协定的适用范围

参照国际通常做法，我国对外税收协定的适用范围是从两个方面限定的：

一是适用人范围，限于缔约国的居民。对居民的认定，原则上遵从缔约国的法律规定。除了税收无差别待遇、税收情报交换和政府职员等个别条款以外，不是缔约国居民不能享受协定待遇。

二是适用的税种，主要是所得税。由于我国还没有实行全面的财产税制，所以列入协定的税种是企业所得税和个人所得税，没有财产税。但并不排除对方国家开征有财产税并对其居民境外财产征税的情况下，列入财产税为协定的适用税种。

此外，在对外签订的税收协定涉及地理概念时，一般都明确是指实施税收法律的所有领土，包括领海，以及根据国际法，拥有勘探和开发海底、底土资源和海底以上水域资源的主权权利的领海以外的区域。我国对外签订的税收协定，不适用于中国的香港特别行政区、澳门特别行政区、台湾地区。

（三）外国居民享受税收协定待遇的程序规则

如前所述，税收协定适用于缔约国一方居民或者同时为双方居民。所以，能够享受中外税收协定待遇者，应为我国居民和缔约国对方的居民。外国居民在我国享受协定待遇，一般多体现在投资所得的降低税率征税照顾上。当外国居民在取得来源于我国境内的股息、利息和特许权使用费等投资所得时，即可按规定向我国申请享受税收协定待遇。因此，我国税务机关首先面临的问题是认定纳税人是否为对方国家居民。

对于在实际执行中如何认定纳税人是否为对方国家居民的问题，按照我国税收行政法规的规定，一般可以进行如下处理。

1.外国法人居民身份的认定

对于公司、企业和其他经济组织，可以凭其办理税务登记时所填报的企业实际管理机构和办理工商登记时由企业所在国的有关当局出具的法人证书（副本）等判断其是否为对方国家居民。一般可以先予以承认，然后再视需要，有选择、有重点地进行查证或通过情报交换进行了解。对个别情况不清，确实无从判断，又需要享受税收协定待遇的，可以要求其提供该企业所在国税务当局出具的居民证明。不能提供证明的，不得享受税收协定待遇。

2.外国自然人居民身份的认定

按照我国税收行政法规的规定，在实际工作中，对在华从事工作、提供劳务的外籍人员，判定其是否属于协定对方国家的居民，可以区别以下情况处理：一是由其自报在对方国家的住所或居所、职业或从事业务的情况及其所负的纳税义务，并相应查阅交验其所持有关本人身份的证件、护照和派其来华的公司企业等单位开具的证明。根据自报和验证情况进行判断，一般可暂予承认，再视需要，有选择、有重点地进行查证或通过情报交换了解。二是对个别情况不清，或者来自第三国或本身为第三国公民，确实无从判断，又需要享受税收协定待遇的，可以要求其提供对方国家税务当局出具的负有居民纳税义务的证明。不能提供证明的，不得享受税收协定待遇。三是对同时为缔约国双方居民的个人，在我国对外签订的税收协定中，有的列有判断归属于哪一方的居民的规则，有的只明确缔约国双方主管当局应当通过协商，确定该人为本协定中缔约国一方的居民。在执行税收协定的实际工作中，如遇有同时成为双方居民的个人，缔约国双方都要对该个人的境内境外所得进行征税时，应将该个人的职业、住所或居所，以及其在对方国家所负纳税义务等详细情况上报国家税务总局，以便由国家税务总局按照税收协定的规定与对方国家主管当局进行协商解决。

在经税务机关确认纳税人为缔约国对方居民之后，外国居民要享受税收协定待遇，还必须遵循缔约国执行税收协定所规定的程序规则，提供有关证件，办理必要的申请手续。特别是对于在中国取得的股息、利息和特许权使用费等项投资所得，国际上的通常做法是“先征后退”，即先按国内税法的规定征税，然后由纳税人提出其为缔约国居民的证明，办理申请后，再退还其多征的税款。我国的规定是，对方国家居民取得来源于中国的股息、利息和特许权使用费等项投资所得，需要享受税收协定限制税率、减低征税或免税待遇的，应在提交其本国税务当局出具的居民证明时，填写享受税收协定待遇的申请表（见表6-2），经我国当地税务机关批准后，才能享受税收协定所规定的待遇。如果其不能事先提出居民证明并填写申请表，税务机关可以先按税法规定的税率征税，并准其在补办证明和填写申请表后，再审核退还其多缴纳的税款。

表 6-2　　　　　**非居民享受税收协定待遇审批申请表**

Non-resident's claim for treatment under Double Taxation Agreement（DTA）（for approval）

填报日期 Date　　　年　月　日 Y/ M/D

<table>
<tr><td colspan="2">1.纳税人名称
Taxpayer's name</td><td colspan="3"></td><td>2.纳税人纳税识别号
Taxpayer's tax identification number</td><td colspan="2"></td><td>3. 纳税人类型
Type of taxpayer</td><td colspan="2">□企业 Enterprise
□个人 Individual</td></tr>
<tr><td colspan="2">4.纳税人境内地址
Address in China</td><td colspan="3"></td><td>5.境内联系电话
Telephone number in China</td><td colspan="2"></td><td>6.境内邮政编码
Postal code in China</td><td colspan="2"></td></tr>
<tr><td colspan="2">7.纳税人境外地址
Address in home country</td><td colspan="3"></td><td>8.境外联系电话
Telephone number in home country</td><td colspan="2"></td><td>9.境外邮政编码
Postal code in home country</td><td colspan="2"></td></tr>
<tr><td>10.序号
No.</td><td>11.项目
Item</td><td>12.所得类型
Type of income</td><td>13.纳税方式
Approach of tax payment</td><td>14. 支付人或扣缴义务人名称
Name of payer or withholding agent</td><td>15. 支付人或扣缴义务人纳税识别号
Tax identification number of payer or witholding agent</td><td>16. 申请适用税收协定及条款
Applicable DTA and articles</td><td>17. 是否属于关联交易
An associated transaction or not</td><td>18. 收入额或应纳税所得额
Amount of gross income or taxable income</td><td>19.减免税额
Tax deduction or exemption</td><td>20.备注
Additional information</td></tr>
<tr><td></td><td></td><td></td><td></td><td></td><td></td><td></td><td></td><td></td><td></td><td></td></tr>
<tr><td></td><td></td><td></td><td></td><td></td><td></td><td></td><td></td><td></td><td></td><td></td></tr>
<tr><td></td><td></td><td></td><td></td><td></td><td></td><td></td><td></td><td></td><td></td><td></td></tr>
<tr><td colspan="3" rowspan="3">21.符合享受税收协定待遇规定条件的理由
Reasons for enjoying treatment under DTA</td><td colspan="8"></td></tr>
<tr><td></td><td></td><td></td><td></td><td></td><td></td><td></td><td></td></tr>
<tr><td></td><td></td><td></td><td></td><td></td><td></td><td></td><td></td></tr>
</table>

<table>
<tr><td rowspan="5">22.本次申请附报资料清单
List of documents attached to this application form</td><td>(1)</td><td colspan="8"></td></tr>
<tr><td>(2)</td><td colspan="8"></td></tr>
<tr><td>(3)</td><td></td><td></td><td></td><td></td><td></td><td></td><td></td><td></td></tr>
<tr><td>(4)</td><td></td><td></td><td></td><td></td><td></td><td></td><td></td><td></td></tr>
<tr><td>(5)</td><td></td><td></td><td></td><td></td><td></td><td></td><td></td><td></td></tr>
<tr><td rowspan="5">23.与本次申请享受税收协定待遇有关但以前提交的资料清单
List of documents that have been submitted before</td><td>(1)</td><td colspan="8"></td></tr>
<tr><td>(2)</td><td colspan="8"></td></tr>
<tr><td>(3)</td><td colspan="8"></td></tr>
<tr><td>(4)</td><td colspan="8"></td></tr>
<tr><td>(5)</td><td colspan="8"></td></tr>
<tr><td>24.声明
Declaration</td><td colspan="9">我谨声明以上呈报事项准确无误。I hereby declare that the above information is true and correct.
纳税人印章或签字 Stamp or signature of taxpayer: 年 月 日 Y/M/D
代理人印章或签字 Stamp or signature of attorney: 年 月 日 Y/M/D</td></tr>
<tr><td colspan="10">25.纳税人居民身份证明（由纳税人为其居民的缔约对方税务主管当局或其授权代表填写，或另附由该税务主管当局或其授权代表出具的专用证明）Applicant's Certificate of Resident Status (to be filled out by the competent authority or its authorized representative of the other contracting party of which the applicant is a resident, or a separate certificate issued by such authority or representative could be attached)</td></tr>
<tr><td colspan="10">Certification
We hereby certify that______ (applicant's name) is a resident of______ (name of the other contracting party) according to the provisions of Paragraph______, of Article in the______ (name of law).

Stamp or signature of the competent authority or its authorized representative: Date (Y/M/D)</td></tr>
<tr><td colspan="10">26.主管税务机关或其授权人印章或签字：
Stamp or signature of the responsible tax office or its authorized representative

年 月 日 Y/M/D</td></tr>
</table>

申请人可向当地税务机关索取“非居民享受税收协定待遇审批申请表”，并由投资所得的受益人用中英两种文字如实填写，一式两份，连同居民身份证件一起送交支付人，再由支付人报送当地税务机关，当地税务机关受理审核认可后，发还支付人一份据以执行。为简便起见，对同一缔约国居民在一个公历年度内，如果有多项或多次来源于我国的投资所得，可以只办理一次居民身份证明和申请享受税收协定待遇手续，其后在我国的同一地区取得的

合同项目所得，可以由当地税务机关在原申请表中加以注明，不必逐次办理证明和申请手续。另外，居民证明可以是缔约国对方主管当局按其统一格式签发的证明，也可以在我国主管当局制定的“非居民享受税收协定待遇审批申请表”的有关栏目中由对方国家税务当局签章确认。

（四）我国居民享受税收协定待遇的有关事项

我国个人、企业以及其他经济组织取得的来源于中国境外的投资所得，如果所得来源国已与我国签订避免双重征税协定，需要在对方国家申请享受税收协定待遇，且对方税务当局索取居民证明时，纳税人应向其所在的地、市、州（含直辖市下辖区）税务局国际税收业务部门提出申请（《中国税收居民身份证明》申请表见表6-3），由上述税务机关签署填发《中国税收居民身份证明》，以便我国居民在对方国家享受有关税收协定的待遇。

表6-3　　《中国税收居民身份证明》申请表

(Certificate of Chinese Fiscal Resident)

日期（Date）：

编号（Catalogue Number）：

纳税人名称（Taxpayer's Name）：

纳税年度（Tax Year）：

经中国税务主管当局国家税务总局授权，兹证明上述纳税人是中国税收意义上的居民。(Authorized by the State Administration of Taxation, the Competent Authority of the Chinese tax administration, this is to certify that the above-named taxpayer is a Chinese fiscal resident for the purposes of Chinese taxation.)

＿＿省（市）＿＿＿＿＿市（区）国家税务局/地方税务局局长（签字）：

(Director of ＿＿＿＿＿＿＿＿＿＿ Office of SAT/Local Tax Bureau)

申请人信息：　　　　个人：　　　　企业：

个人	姓名：　　职业： 有效身份证件名称：　　号码： 在华是否有住所：　　是：口　　否：口 地址： 如在华无住所，申请年度在华是否居住满一年：　　是：口　　否：口 住址： 通信地址： 联系电话： 申请年度完税情况： 办理纳税事项的税务机关名称：

续表

企业	名称： 注册登记地： 实际管理机构所在地： 营业范围： 通信地址： 联系电话： 纳税人识别号： 申请年度完税情况： 办理纳税事项的税务机关名称：

申请事项：

本人符合中华人民共和国有关税收法律及中华人民共和国政府对外签订的避免双重征税协定规定的居民条件，为在________国享受税收协定待遇之目的，申请开具________年度为中国税收居民身份证明。

我谨在此声明，以上呈报事项准确无误。

申请人或代理人（签名或盖章）：____________________

以下由对外开具“中国税收居民身份证明”的税务机关填写。

编号（No.）：第　　号

收到申请表日期		审核日期	
审核意见			
经办人（签字）		部门负责人（签字）	

复习题

6.1 简答题

1. 什么是国际税收协定？国际税收协定有什么作用？
2. 《经合组织范本》和《联合国范本》有什么主要区别？
3. 国际税收协定与国内税法有什么关系？
4. 我国对外签订税收协定坚持的原则有哪些？
5. 我国对外签订的税收协定有哪些主要内容？

6.2 判断题

判断下列观点是否正确，并说明理由。

1. 交换税收情报是加强国家间税务管理合作和防止国际逃税和避税行为的重要措施。

2.两个协定范本规定，缔约国一方给予本国居民在税收上任何个人的扣除、优惠和减税，也必须给予缔约国另一方的居民。

3.在缔约国一方企业经营国际运输的船舶或飞机上从事受雇活动取得的报酬，应仅在该缔约国征税。

4.对艺术家、运动员的报酬，原则上由来源国（即提供活动所在国）征税，即由非居住国行使地域管辖权征税。

5.对政府职员的所得，原则上应由政府所在国征税。

6.一缔约国企业设在另一缔约国的常设机构的税收待遇不应比另一缔约国从事相同活动的企业课税待遇差。

7.总的来说，《联合国范本》对常设机构标准的解释严于《经合组织范本》。

6.3 实务操作题

韩国顺航公司为韩国税收居民企业，成立于1974年2月，主要经营船舶买卖代理、船舶用品运输等26项业务，《税务登记证》中的营业范围包括服务业、批发行业、运输业、不动产业、事业服务业等行业，其中运输业的项目为船舶租赁。

2009年10月26日，韩国顺航公司与威海鸿翔公司签订定期租船合同，合同期为2009年9月21日至2010年3月20日，韩国顺航公司将自有船舶出租给威海鸿翔公司用于中国威海港至韩国某港口的国际运输活动，船上人员的工资及与船员有关的费用、船舶的保养维修费用等由韩国顺航公司承担，威海鸿翔公司按合同规定定期支付租金。

2009年12月17日，韩国顺航公司委托威海鸿翔公司向威海某税务分局就其取得的船舶租金收入申请按中国与韩国的税收协定国际运输条款规定享受国际运输收入免征企业所得税的待遇，并提供了有关资料。

试分析韩国顺航公司从威海鸿翔公司取得的所得能否享受中国与韩国的税收协定国际运输条款规定享受国际运输收入免征企业所得税的待遇。

第七章

商品税国际协调

【本章导读】

商品税中无论是关税还是国内商品税，都对国与国之间的商品交换活动（国际贸易）有影响。由于关税只对进出口商品课征，具有涉外性，因此它在商品税中对国际贸易的影响最直接，效果也最明显。国内商品税对进口有一定的限制作用。解决国内商品税国际重复课税的问题，可以采取国际协调的方法。关税的国际协调实际上主要涉及关税税率和完税价格的确定方法两个方面。世界贸易组织关于国内商品税的协调的主要原则是对进口产品不得有税收歧视。从关税协调到增值税、公司所得税协调，欧盟税收一体化程度不断加深，范围越来越广，成为雁阵式税收协调中的领头雁。通过本章的学习，同学们要重点掌握商品税国际协调的原则和方法。

【开篇案例】

20世纪50年代初期，法国最先实行了净流转税，其类似于增值税，在课税上采取多环节抵扣的方法，从而使法国产品在国际贸易上有很强的竞争优势，并引发了法国和联邦德国在钢铁贸易上的冲突。1951年4月，联邦德国、法国、意大利、比利时、荷兰、卢森堡六国成立了欧洲炼钢联合体（ECSC）。德国向ECSC的高层机构提交了一份抗议，认为法国课征19%的进口税，而德国只有4%，由于德国不采用边境税收调整，同时又因为德国钢铁承担了较高的实际税负，从而使得德国钢铁在法国市场上受到了歧视性待遇。德国主张取消边境税收调整，推行产地课税原则。而法国则认为，边境税收调整可以保证贸易的中性。德国和法国的税收争议反映了一个重要的问题：对于国际贸易应采取何种课税原则。ECSC的高层机构为解决这一争端成立了一个委员会，该委员会的主席是荷兰的著名经济学家丁伯根（J.Tinbergen）。委员会在经过调查研究后提交了一份“关于共同市场中采用不同流转税制度所引发问题的报告”，这就是所谓的丁伯根报告（Tinbergen Report）（1953），在该报告中，委员会认为，从长期均衡的角度看，产地原则和目的地原则的差异仅仅在于汇率的差异。如果所有的商品在任何国家都征收同样的税率，那么从一种课税原则向另一种课税原则转换不会产生任何的实际变化，也就意味着目的地原则和产地原则在一定条件下是等价的。

第一节　商品税国际协调概述

一、商品税对国际贸易的影响

任何税收在取得财政收入的同时，都会对经济产生一定影响，商品税也不例外。商品税中无论是关税还是国内商品税，都对国与国之间的商品交换活动（国际贸易）有影响。由于关税只对进出口商品课征，具有涉外性，因此它在商品税中对国际贸易的影响最直接，效果也最明显。

（一）关税与国际贸易

关税对国际贸易的影响主要有两个方面：一是影响贸易量；二是影响贸易条件。由于各国关税主要为进口关税，加之出口关税对国际贸易的影响与进口关税类似，所以下面仅结合进口关税分析关税对国际贸易的两大影响。

1.关税的壁垒作用

关税是一种间接税，在一般情况下，一国课征进口关税，首先由进口商在进口商品到岸后向海关缴纳，然后再相应地提高进口商品的销售价格，把税款转嫁给购买者。对于进口商而言，关税如同运输费一样，是进口商品的成本。只有把关税加到商品的价格中去，进口商才能取得预期的利润。由于课征关税的原因，进口商品的价格要比不征关税时高一些。又因为关税仅对进口商品课征，所以课征关税会改变本国商品与进口商品的相对价格。在这种情况下，消费者将减少进口商品的消费，增加国产商品的消费。随着进口商品消费需求的减少，进口量必然也会下降。由于关税具有抑制进口的作用，人们经常把它喻为国际贸易的“壁垒”。关税在阻碍进口的同时，客观上对征税国的国内生产起着一种保护作用。关税对国内生产的保护是通过抬高进口商品价格来完成的。因为抬高进口商品价格，一方面会使消费者更多地选择国产商品，从而有利于国内企业扩大生产；另一方面可使进口商品在国内市场上的竞争力下降，进而使目前国内生产效率较低的企业可以参与到与进口商品的竞争中来，以提高利润率。

2.关税对国际贸易条件的影响

所谓国际贸易条件，是指在国际交换中一国以出口交换进口的条件。贸易条件用实物形态来表示，就是每出口一个单位的商品可以换回多少单位的进口商品。换回的进口商品越多，说明贸易条件越有利，贸易利益也就越大；反之，则说明贸易条件越差，贸易利益越小。贸易条件还可以用价格来表示，这时贸易条件等于出口价格指数与进口价格指数之比。国际贸易条件受多种因素的影响，关税是其中之一。一国课征关税，会削减本国对进口商品的需求。此时，如果征税国的进口量占世界进口量的比重较大，或者进口商品的供给弹性较小（即出口国不能大量减产或找不到其他出口市场），进口国征收关税就可以压低进口商品的进口价格，从而使贸易条件得到改善。一般来说，进口价格压得越低，征税国从中获得的利益也就越大。但任何国家都不能无限制地靠提高关税来改善自己的贸易条件。如果关税税率过高，一方面会招致出口国用高关税报复，使征税国的贸易条件回到原先的水平，另一方面还会严重阻碍进口。如果进口商品是本国必需的生产或生活资料，国内经济生活就会因此而受到影响。此外，进口减少过多会致使国际收支出现大量顺差，可能引起征税国货币升值，其结果反而会削弱关税对进口的抑制作用，达不到改善贸易条件的目的。

（二）国内商品税与国际贸易

国内商品税之所以能对国际贸易产生一定影响，是因为它也涉及进口商品。进口商品在进入最终消费以前，要经过若干个国内流通环节，在某些情况下，它还会经过国内的加工制造。这样，进口商品就会既经过国内生产环节，又经过国内流通环节。对这部分汇入国内商品流通的外国商品，各国有权而且实际上也都在课征国内商品税。另外，出口商品在离境以前也要经过一系列国内加工制造和流通环节，一国同样也要对这部分将要出口的产品课征这些环节上的国内商品税。由于国内商品税不像关税那样只对进口商品课征，它对国产商品与进口商品一视同仁，因而一般不会产生对国内外商品的差异性影响。但如果国内商品税的征税范围规定得很窄，以至于它只对或主要对依靠进口的商品课征，或者对国内大量生产的产品规定较低的税率，而对国内很少生产、主要来自进口的产品规定较高的税率，在这两种情况下，国内商品税对进口都含有一定的限制作用，这时它对国际贸易的影响与关税基本上是相同的。另外，国内商品税也存在国际重复课税问题。如果国际流通的商品在出口国和进口国都被课税，它的税负显然要重于进口国的产品（仅就国内商品税而言），这对商品的国际公平竞争以及国际贸易都是不利的。解决国内商品税的国际重复征税的问题，可以采取国际协调的办法，但这又存在是由出口国课税还是由进口国课税的问题。如果由进口国课税就需要进行税收调整，而税收调整是否准确，也将影响到国际贸易的开展。

二、商品税国际协调的原则

商品税也可能发生重复征税的问题。商品的生产和流通如果局限在一国境内，那么商品的重复征税就是国内重复征税。如果商品跨境流转，就可能发生商品税的国际重复征税。商品税的国际重复征税有两种基本情况：一是跨越国境流转的商品被有关国家先后征收性质相同的国内商品税；二是跨越国境流转的商品被征收国内商品税后再被有关国家征收关税。为避免商品税的国际重复征税，需要对有关国家的商品税进行协调。

商品税的税收管辖权原则有两种：一是产地原则，即一国政府要对产自于本国的所有商品课税，而不论这些商品是在本国消费还是在国外消费；二是消费地原则，即一国政府有权对在本国消费的所有商品课税，而不论这些商品产自本国还是从国外进口。

避免商品税的国际重复征税的办法是，各国实行统一的商品课税原则。无论各国统一实行哪一种课税原则，都可以避免税收管辖权的相互冲突所造成的商品税的国际重复征税。

从各国实际情况来看，国内商品税制度一般都实行多种税率，国与国之间税率的结构也不相同。如果实行产地原则，不同国家的产品将在不同的税负条件下竞争，会扭曲按比较优势进行的国际贸易。如果实行消费地原则，那么不管同一种产品各国规定的税率差异多大，在同一国的消费市场上，来自各国的同一产品的税率负担是相同的，这样可以使各国的比较优势得到充分发挥，国际贸易按比较优势顺利进行。

另外，根据国际上公认的国家间税收公平原则，一国只应对本国的消费者课税，而不应对外国的消费者课税。也就是说，一国不应当把税收负担转嫁给外国消费者。如果按产地原则课税，税款会回到出口商品的价格中由外国消费者负担。显然，从公平的角度看，商品税显然也应当统一实行消费地原则。

由于消费地原则既符合经济效率原则又在一定程度上符合国家间的公平原则，所以它被《关贸总协定》和其他一些国际协定所采纳。以《关贸总协定》为例，其中的许多条款都鼓励各国通过出口退税，同时对进口产品课征国内商品税的办法实行消费地原则。

三、商品税国际协调的分类

商品税可以分为两大类——关税和国内商品税，所以商品税的国际协调也分为两大类：关税的国际协调和国内商品税的国际协调。关税的国际协调主要是对各国关税的税率和完税价格的协调，目前最重要的成果体现在《世界贸易组织协议》中。国内商品税的协调是对各国国内商品税的相互协调，《世界贸易组织协议》中有一定的体现，各区域性贸易组织也有一定的探索，目前欧盟走在前列。

第二节　商品税国际性协调的措施

一国对商品课税，无论是课征关税还是国内商品税，都不可避免地要涉及国际贸易商品。在开放的经济条件下，商品和资本一样都会发生大量的跨国流动。在商品跨国流动的情况下，有关国家课征的商品税必然会影响国际经济关系。对商品课税有可能构成商品跨国流动的屏障，对国际贸易产生阻碍作用。

在世界范围内协调各国关税制度的目的在于促进世界贸易，而关税制度中的税率和完税价格的确定方法都会影响国际商品交易，因此关税的国际协调实际上涉及关税税率和完税价格的确定方法两个方面。

一、关税税率的国际性协调

关税税率体现了一国的关税政策，它的高低直接影响国际贸易的规模，所以，关税税率的国际性协调是关税国际性协调的核心问题。

关税税率协调的主要内容是关税税率减让。目前世界性的关税减让有两大类：一是世界贸易组织成员在《世界贸易组织协议》的框架内进行的多边互惠减让；二是发达国家根据普惠制的原则单方面给予发展中国家的特别关税减让。这两类关税减让都不是在区域性国家集团的基础上进行的，因而属于世界性关税税率协调的范畴。

（一）《关贸总协定》

《关贸总协定》是国际上最早的普遍调整国与国之间关税与贸易关系的法律规范。从有关关税的内容来看，《关贸总协定》规定了缔约国关税减让谈判的规则和程序，它实质上是协调缔约国关税税率的国际税收协定。自《关贸总协定》签订以来，缔约国共进行了8轮谈判，在这8轮谈判中，关税减让始终占有重要地位。

（二）世界贸易组织

1995年1月1日世界贸易组织（以下简称WTO）诞生，《世界贸易组织协议》正式生效，并取代了原来的《关贸总协定》，成为协调WTO成员方关税和贸易政策的法律文件。2001年12月11日，中国正式加入WTO，成为第143个成员，标志着中国的对外开放进入了一个全新的阶段。到2011年底为止，WTO正式成员已经达到156个。

1.世界贸易组织协议

《世界贸易组织协议》由四部分组成：第一部分（附件1）：多边贸易协定，其中包括货物贸易多边协议（由《关贸总协定（1994）》、农业协议、实施动植物卫生检疫协议、纺织品与服装协议、技术性贸易壁垒协议、与贸易有关的投资措施协议、反倾销协议、海关估价协议、装运前检验协议、原产地规则协议、进口许可程序协议、补贴与反补贴措施协议、保障措施协议十三个协议构成)、服务贸易总协定（由有关金融服务、自然人流动和基础电信方面的四个议定书构成）和与贸易有关的知识产权协定三大内容；第二部分（附件2）：关于争端解决规则与程序的谅解，即为成员贸易争端解决的规则与程序；第三部分（附件3）：贸易政策审议机制；第四部分（附件4）：诸边贸易协议，包括民用航空器协议、政府采购协议、国际奶制品协议、国际牛肉协议等。

2.世界贸易组织协议的基本原则

（1）互惠（reciprocity）原则。互惠原则也叫对等原则，是WTO最为重要的原则之一，是指两成员方在国际贸易中相互给予对方贸易上的优惠待遇。它明确了成员方在关税与贸易谈判中必须采取的基本立场和相互之间必须建立一种什么样的贸易关系。

WTO的互惠原则主要通过以下几种形式体现：

第一，通过举行多边贸易谈判进行关税或非关税措施的削减，对等地向其他成员开放本国市场，以获得本国产品或服务进入其他成员市场的机会，即所谓“投之以桃，报之以李”。

第二，当一国或地区申请加入WTO时，由于新成员可以享有所有老成员过去已达成的开放市场的优惠待遇，老成员就会一致地要求新成员必须按照WTO现行协定、协议的规定缴纳“入门费”——开放申请方商品或服务市场。

第三，互惠贸易是多边贸易谈判及一成员贸易自由化过程中与其他成员实现经贸合作的主要工具。关贸总协定及WTO的历史充分说明，多边贸易自由化给某一成员带来的利益要远大于一个国家自身单方面实行贸易自由化的利益。因为一国单方面自主决定进行关税、非关税的货物贸易自由化及服务市场开放时，所获得的利益主要取决于其他贸易伙伴对这种自由化改革的反应，如果反应是良好的，即其他贸易伙伴对等地也给予减让，则获得的利益就大；反之，则较小。相反，在WTO体制下，由于一成员的贸易自由化是在获得现有成员开放市场承诺范围内进行的，那么这种贸易自由化改革带来的实际利益就有WTO机制作保障，而不像单边或双边贸易自由化利益那么不确定。因此，多边贸易自由化要优于单边贸易自由化，对中国这样的发展中大国来说更是如此。

（2）透明度（transparency）原则。透明度原则是指WTO成员方应公布所制定和实施的贸易措施及其变化情况，没有公布的措施不得实施，同时还应将这些贸易措施及变化情况通知WTO。此外，成员方所参加的有关影响国际贸易政策的国际协定，也应及时公布和通知WTO。

透明度原则是WTO的重要原则，它体现在WTO的主要协定、协议中。根据该原则，WTO成员需公布有效实施的、现行的贸易政策法规有：海关法规，即海关对产品的分类、估价方法的规则，海关对进出口货物征收的关税税率和其他费用；进出口管理的有关法规和行政规章制度；有关进出口商品征收的国内税、法规和规章；进出口商品检验、检疫的有关法规和规章；有关进出口货物及其支付方面的外汇管理和对外汇管理的一般法规和规章；利用外资的立法及规章制度；有关知识产权保护的法规和规章；有关出口加工区、自由贸易区、边境贸易区、经济特区的法规和规章；有关服务贸易的法规和规章；有关仲裁的裁决规定；成员管理当局及其机构所签订的有关影响贸易政策的现行双边或多边协定、协议；其他有关影响贸易行为的国内立法或行政规章。

透明度原则规定各成员应公正、合理、统一地实施上述的有关法规、条例、判决和决定。统一性要求在成员领土范围内管理贸易的有关法规不应有差别待遇，即地方政府颁布的有关法规不应与中央政府有任何抵触。但是经中央政府授权的特别行政区和地方政府除外。公正性和合理性要求成员对法规的实施履行非歧视原则。

透明度原则还规定，鉴于对海关行政行为进行检查和纠正的必要，要求各成员应保留或尽快建立司法的或仲裁的或行政的机构和程序。这类法庭或程序独立于负责行政实施的机构之外。除进口商在所规定允许的上诉期内可向上级法庭或机构申诉外，其裁决一律由这些机构加以执行。

透明度原则对公平贸易和竞争的实现起到了十分重要的作用。

（3）市场准入（market access）原则。WTO市场准入原则是可见的和不断增长的，它以要求各国开放市场为目的，有计划、有步骤，分阶段地实现最大程度的贸易自由化。市场准入原则的主要内容包括关税保护与减让，取消数量限制和透明度原则。WTO倡导最终取消一切贸易壁垒，包括关税和非关税壁垒，虽然关税壁垒目前仍然是WTO所允许的合法的保护手段，但是关税的水平必须是不断下降的。

（4）促进公平竞争原则。WTO不允许缔约国以不公正的贸易手段进行不公平竞争，特别禁止采取倾销和补贴的形式出口商品，对倾销和补贴都做了明确的规定，制定了具体而详细的实施办法，WTO主张采取公正的贸易手段进行公平的竞争。

（5）经济发展原则。经济发展原则也称鼓励经济发展与经济改革原则，该原则以帮助和促进发展中国家的经济迅速发展为目的，针对发展中国家和经济转型国家而制定，是给予这些国家的特殊优惠待遇，如允许发展中国家在一定范围内实施进口数量限制或是提高关税的“政府对经济发展援助”条款，仅要求发达国家单方面承担义务而发展中国家无偿享有某些特定优惠的“贸易和发展条款”，以及确立了发达国家给予发展中国家和转型国家更长的过渡期待遇和普惠制待遇的合法性。

（6）非歧视性原则。这一原则包括两个方面：一个是最惠国待遇，另一个是国民待遇。成员一般不能在贸易伙伴之间实行歧视；给予一个成员的优惠，也应同样给予其他成员。这就是最惠国待遇。这个原则非常重要，在管理货物贸易的《关贸总协定》中位居第一条，在《服务贸易总协定》中是第二条，在《与贸易有关的知识产权协议》中是第四条。因此，最惠国待遇适用于WTO所有三个贸易领域。国民待遇是指对外国的货物、服务以及知识产权应与本国同等对待。最惠国待遇的根本目的是保证本国以外的其他缔约方能够在本国的市场上与其他国企业在平等的条件下进行公平竞争。非歧视性原则是WTO的基石，是避免贸易歧视和摩擦的重要手段，是实现各国间平等贸易的重要保证。

WTO成立后不久即开始组织“多哈回合”的贸易谈判。2001年11月，在卡塔尔首都多哈举行的WTO第四次部长级会议启动了新一轮多边贸易谈判，又称“多哈发展议程”，或简称“多哈回合”，这是WTO成员之间的新一轮多边贸易谈判。

多哈回合的宗旨是促进WTO成员削减贸易壁垒，通过更公平的贸易环境来促进全球各国特别是较贫穷国家的经济发展。谈判包括农业、非农产品市场准入、服务贸易、规则谈判、争端解决、知识产权、贸易与发展以及贸易与环境8个主要议题。多哈回合虽是多边谈判，但真正的谈判主角是美国、欧盟和由巴西、印度、中国等发展中国家组成的“20国协调组”。

2001年11月发起的多哈回合谈判最初计划在2004年年底达成协议，并确定了8个谈判领域，分别是：农业、非农产品市场准入、服务、知识产权、规则、争端解决、贸易与环境以及贸易和发展问题，是到目前为止目标最宏伟、参与方最多的一轮多边贸易谈判。议程原定于2005年1月1日前全面结束谈判，但至2005年底为止仍未能达成协议，最终于2006年7月22日世界贸易组织总理事会的批准下正式中止。

“多哈回合”先后经历了六个回合，WTO成员在关键问题上的分歧并未消除，特别是在美欧等发达成员的农业补贴削减幅度和主要发展中成员工业品进口关税的削减幅度问题上，分歧没有消除。“多哈回合”目前仍处于休眠状态。

值得注意的是，虽然各方分歧非常复杂，但主要分歧还是发达成员和发展中成员之间的分歧，主要原因是发展水平不同，因此利益和需求也不同。美欧等发达成员的主要目标是进一步打开发展中成员的工业品和服务市场，而发展中成员则希望美欧成员降低农业补贴并开放农业市场。如何达成一项平衡的协议，使各方均得到好处而又尽量避免损失就成了谈判中的最大难题。

二、世界贸易组织协定关于关税完税价格审定的协调

关税分为从量税和从价税。从价税的计征依据为进口商品的关税完税价格，应纳关税等于完税价格与适用税率的乘积。在税率一定的情况下，完税价格的变动会直接影响商品应纳的关税税额。所以，关税完税价格的审定方法也是影响进出口贸易的一个重要因素。如果国际社会只对关税税率进行协调，而对完税价格的审定方法不做统一的规定，那一些国家还是可以通过人为提高进口商品完税价格的办法来限制商品进口。这个问题在《关贸总协定》签约时就已引起缔约各国的重视。《关贸总协定》明确规定，缔约方不得通过改变关税完税价格的审定方法来减损其所做出的关税减让的价值。同时，它还规定了审定关税完税价格的一般原则，即应以进口商品或相同商品的实际价格，而不得以国内产品的价格或者以武断的或虚构的价格作为计征关税的依据。

根据《关贸总协定》的要求，这一成交价格必须是“在进口国立法

所确定的某一时间和地点，在充分竞争条件下的一般交易中，出售或推销某种商品或同类商品的价格”。

1947年，部分欧洲国家成立了“欧洲关税同盟研究团”。该团1950年12月在比利时首都布鲁塞尔签署了三个有关关税事项的公约：《设立海关合作理事会公约》《海关税则商品分类目录公约》、《海关商品估价公约》。海关合作理事会就是根据第一项公约于1952年12月正式成立的。中国于1983年7月18日交存加入书，并于同日对我国生效。

《海关商品估价公约》简称《估价公约》，是协调成员方关税完税价格审定办法的国际性公约，是国际海关估价制度的法典。《估价公约》规定的完税价格审定方法，与《关贸总协定》略有不同。《估价公约》附件一第一条规定，从价计征关税时，应使用正式进口货物的正常价格，即货物纳完关税时，相互独立的买卖双方在公开市场上进行交易的货物的销售价格，作为海关估价。这个估价定义是一种理论的、抽象的价格定义，它的核心在于正常价格这个概念，也就是说，海关确定完税价格时，所使用的价格并不一定是货物的实际销售价格。根据这个定义，只有符合以下三个条件的价格才能作为海关估价所接受的价格，这三个条件是：

第一，必须是货物正式销售的价格；

第二，价格是在充分竞争的公开市场上形成的；

第三，买卖双方没有特殊的经济关系。

引入“正常价格”作为进口货物的完税价格，可以保护进口商的正当利益，避免非公平竞争、武断管理和逃避监管之类的情况发生，方便管理。这个估价定义是以到岸价格为标准制订的，也就是说，海关确定完税价格时，所使用的价格并不一定是货物的实际售价。因此它也被称为“抽象概念的到岸价格”。

为了进一步统一关税完税价格的审定办法，在1979年的“东京回合”贸易谈判中，《关贸总协定》缔约国全体通过了《关于实施关贸总协定第七条的协定》，也称《新估价法规》。《新估价法规》规定了六种可供选择的估价方法，海关在使用时，应严格按以下顺序：只有当按照第一种方法无法有效地做出估价时，才可选择第二种方法，依此类推。但可以在第四与第五种方法之间任选。六种估价方法分别是：

（1）实际成交价格（transaction value），是指商品出口到进口国时实际支付或应支付的价格，这通常是发票上的价格，但也并非总是如此。

（2）相同产品的成交价格（transaction value of identical goods），是指与应估商品同时或几乎同时出口到同一进口国销售的同类商品的价格。所谓相同产品，是指在各方面相同，包括物理性能、质量和信誉。如果表面上具有微小差别的其他货物，不妨碍被认为符合相同产品的定义。如果具有两个以上相同产品的成交价格时，应采用其中最低者来确定应估商品的关税价格。

（3）类似商品成交价格（transaction value of similar goods），是指与应估商品同时或几乎同时出口到同一进口国销售的类似商品的成交价。所谓类似商品，就是与应估商品比较，尽管各方面不完全相同，但它们有相似特征，使用同样的材料制造，具备同样的效用，在商业上可以互相替代的商品。在确定时应考虑包括该货物的品质、信誉、现有的商标等。

（4）倒扣法，是以进口商品，或相同、类似的进口商品在国内销售时的价格为基础减去有关税费后所得的价格。倒扣的项目有代销佣金、销售利润和一般费用、进口国国内的运费、保险金、进口关税和国内税等。

（5）估算价格（computed value），是以制造该进口商品的材料、零部件、生产费、运输和保险费用等成本及销售进口商品所产生的利润和一般费用为基础进行估算的完税价格。

（6）顺序类推法。当以上任何方法都不能确定海关估价时，应通过采用与本协议的原则或总协定第七条精神相符合的合理方法，在进口国可得到信息的基础上加以确定。

禁止使用的估价方法有：

①进口国生产的商品在本国的销售价格；

②可供海关从两种可选择的估价中选用较高的估价制度；

③出口国国内市场的商品价格；

④除已确定的进口商品的估算价值以外的其他生产成本；

⑤出口到除进口国以外其他国家的商品价格；

⑥最低海关关估价；

⑦武断地或虚假地估价。

我国目前遵照《新估价法规》的精神来确定进口货物的完税价格。例如，2004年1月1日起生效的《中华人民共和国进出口关税条例》第十八条中规定："进口货物的完税价格由海关以符合本条第三款所列条件的成交价格以及该货物运抵中华人民共和国境内输入地点起卸前的运输及相关费用、保险费为基础审查确定。"

三、世界贸易组织协定关于国内商品税的协调

WTO协定关于国内商品税协调的主要原则是对进口产品不得有税收歧视。国民待遇作为资产阶级革命的产物，根源于平等、正义的思想和理念，也是经济自由的必然要求和人类社会长期共存、合作发展的需要。《关贸总协定》中第3条是关于国民待遇的规定，共10个条款，其中第1款确定了一条原则，即财政性与非财政性措施以及国内数量规章在对进口产品或国内产品实施时，不能用来对国内生产提供保护，具体通过3个条款体现出来，分别为《关贸总协定》第3.2条、第3.4条和第3.5条，财政性措施适用第3.2条，非财政性措施适用第3.4条。第3.2条中有两句话，第一句是关于相同产品，对进口产品不能直接或间接征收高于相同国产品的税收，第二句是关于直接竞争或可替代产品，不应对进口产品或国产品采用其他与本条第一款有抵触的办法来实施国内税。《关贸总协定》第3条不阻止缔约各方为向国内生产提供保护之外的目的行使财政权和管理权，不保护对出口量的期望，保护的是对进口产品与国内产品之间竞争关系的期望。与第3条相抵触的可能性不足以认定违反了第3条，基于边境税调整造成的对进口产品征税与对同类国产品征税不同不违反《关贸总协定》第3条。判断是否存在税收歧视时，需要考虑的因素有税率、征税方法和规则与产品税的免除。对生产者支付补贴可能具有相同的经济效果，但补贴不是产品税的免除，不违反《关贸总协定》第3条。

第三节　商品税的区域性协调

20世纪50年代开始出现区域性组织。根据其建立的出发点不同，

大致可分为两个阶段：第一个阶段是20世纪50年代到20世纪70年代，这一时期区域性组织如华约、北约等建立的根本出发点在于强化政治和军事上的合作；第二阶段是20世纪80年代至今，这个时期出现、发展的区域性组织主要着眼于经济合作。在近30年的时间内，区域性浪潮几乎席卷了整个世界，而始作俑者就是欧共体。第二次世界大战以后，世界经济中心由欧洲转移到美洲，加之日本快速崛起，使世界经济形成了“三足鼎立”的局面，而欧洲成为三极中较弱的一极。因此，20世纪70年代欧共体将一体化的重点由政治转向经济，在不到20年的时间内欧共体迅速崛起。欧共体的日渐强盛，日本经济20世纪70年代“黄金时期”的发展，使美国感受到巨大的威胁，从而直接催生了北美自由贸易区。发达国家为了保持竞争优势纷纷寻求区域集团的保护，使得发展中国家面临更加严峻的经济发展环境，后者也不得不寻求区域经济组织的保护，20世纪80年代后文莱、越南、老挝、缅甸、柬埔寨相继加入东盟即是一个典型事例。到目前为止，全球共有区域性经济组织100多个，在WTO注册的区域经济一体化协定有170多个，几乎覆盖了全球所有国家。

一、区域性关税协调

区域性经济组织的合作多开始于自由贸易，而关税和非关税壁垒被认为是自由贸易的首要障碍，于是关税协调就成为区域内成员国顺利开展贸易的第一步，这也说明自区域性经济组织开始建立就伴随着税收协调。

亚洲是新兴的区域化税收协调活跃的地区。从总体上讲，亚洲的区域性税收协调步伐要落后于欧盟和美洲，但近年来发展迅速。

（1）2002年1月，亚洲第一个双边自由贸易协定——《日新双边自由贸易协定》生效。该协定规定，新加坡出口到日本的产品中约94%可免关税，而日本出口到新加坡的产品将完全免除关税，两国的免税产品种类占全部贸易产品的99%。尽管农业是日本最不愿开放的产业之一，但在该协定中，日本仍然同意把列入免税名单的农产品数目增加到14%，同时日新双方承诺，在协定生效后，立即消除所有非关税壁垒。

（2）东盟自由贸易区内，新加坡等6个东盟老成员国之间的进口关税已降至0～5%，这标志着东盟在经济一体化方面迈出了重要的一步。

东盟各成员国还一致同意，2010年6个老成员国全部实现进口零关税，2015年4个新成员国开始执行零关税政策。

（3）2003年6月，中国和泰国签署了《中华人民共和国政府与泰王国政府关于〈在中国-东盟全面经济合作框架协议〉"早期收获"方案下加速取消关税的协议》。根据协议的规定，中泰两国从2003年10月1日起，对双方蔬菜、水果贸易实行零关税，这一协议比自由贸易区原定进程提前了3年。

（4）中国-东盟自由贸易区已经建设形成了一个拥有19亿人口的统一大市场。自贸区建设大致分为三个阶段，自2002年11月双方签署自贸区建设协议开始，至2010年1月1日，中国对东盟93%的产品实行零关税，东盟国家也做出类似安排，此为第一阶段，也就是自贸区建成并大幅下调关税阶段。第二阶段是指到2015年全面建成自贸区，即东盟中的越南、老挝、柬埔寨、缅甸四国与中国贸易的绝大多数产品亦实现零关税；与此同时，双方实现更广泛深入的开放服务贸易市场和投资市场。2016年后，自贸区建设进入进一步巩固完善的第三阶段。

二、区域性商品税协调

在区域经济一体化进程中，关税虽然是影响成员国之间商品自由流通的重要障碍，但不是唯一的障碍。关税壁垒消除后，其他各种非关税壁垒仍然会阻碍成员国之间的自由贸易往来。区域经济一体化的深入发展，要求清除这些非关税壁垒。在众多的非关税壁垒中，国内商品税是一个重要的方面。

在区域经济一体化进程中，国内商品税协调的主要内容有两个方面：

1. 国内商品税课征形式的协调

国内商品税的课征形式，可以从它的课税环节和课税对象两方面来考察。从课税环节来看，国内商品税可以在商品流通的某一环节课征，也可以在商品的各流通环节课征。从课税对象来看，可以对商品全部流转额课征，也可以只对增值额课征。从课征形式与国际贸易的关系上来看，多环节课征的以流转全额为课税对象的国内商品税，不利于准确地进行进出口税收调整，从而会影响国际贸易的开展。

根据国内商品税课税的消费地课税原则，一国对出口商品负担的国内商品税应给予退税，然后由进口国对其征税。贯彻这一原则的关键是出口国能否准确地实施退税。如果退税额小于实际已纳税额，出口商品在国际市场上就会处于不利地位；如果退税额大于实际税额，其结果无异于对出口商品提供了出口补贴，与之竞争的其他国商品就会处于不利地位。出口退税能否准确，与国内商品税的课征形式是有关系的。所以，在完成关税协调的基础上，如果成员国希望进一步加强相互之间的贸易联系，就有必要对国内商品税的课征形式进行一定的协调。

这种课征形式的协调，意味着要用一种对国际贸易商品的比价影响尽可能小的商品税取代多阶段全额课征的流转税，增值税是一种最佳选择。因为增值税只对各阶段产品的增值额征税，在最终销售价格一定的情况下，产品无论经过多少流转环节，无论由什么类型的企业生产，它的累计增值额是相同的，所负担的税额也相同。只要掌握了出口商卖出的出口商品的价格和税率，就可以计算出出口产品已纳税额。同理，进口国如实行增值税，那么按照本国税率对进口商品课征国内商品税也就不会出现税负不同于本国商品税负的情况。目前已有140多个国家和地区实行了增值税，其中许多国家实施增值税与国际经济一体化不无关系。

2. 国内商品税课税税率的协调

在区域经济一体化进程中，协调成员国国内商品税税率是一个十分敏感和棘手的问题。国内商品税不像关税那样只对进出国境的商品课征，主要是对国内生产、国内消费的商品课征，因而税率的高低一般都体现着一国的社会经济政策。另外，对许多国家来说，国内商品税是比关税更为重要的财政收入来源，协调税率势必对一些国家的财政收入产生严重影响。尽管有一定的难度，但国内商品税税率的协调对区域经济一体化的深入发展，特别是对共同市场的建立具有十分重要的意义。从世界范围的国际经济一体化发展来看，目前只有欧盟已经开始从事成员国国内商品税税率的协调工作。

三、欧盟的商品税协调

欧盟内部税收一体化继续前行，对外合作积极推进。从1958年起，欧共体就坚持不懈地致力于共同体内部的税收协调，1968年取消了工业品内部关税，实行统一对外关税，1969年取消了农产品内部关税，

1967年至1986年连续发布21条指令协调各成员国增值税，1998年提出《增值税共同方案》，1999年提出公司所得税统一税率建议等。从关税协调到增值税、公司所得税协调，欧盟税收一体化程度不断加深，范围越来越广。

在增值税协调方面，1992年欧盟取消了成员之间的边界控制。欧盟以前在边界征收增值税的机制依赖于在第一个内陆生产国的生产或分销阶段征收的税款，要求货物的收取者将增值税适用于其从国外购买的商品，并按照同样的顺序对所纳增值税进行抵免。对在欧盟内部注册的企业之间的跨边界交易征税，由于对出口实行零关税，这在一定程度上刺激了地下经济的发展，所以欧盟决定用固定体制。在固定体制下，注册交易商的出口商品在生产国缴纳税款，但对消费国的注册交易商给予等额的税收抵免。欧共体执行委员会在1993年至1997年由目的地规则向原产地规则过渡。这种机制并没有从根本上改变以前企业征税的目的地原则，只是不进行边界管理，出口和以往一样继续采用零课税。在固定体制下，为了解决净出口成员国的增值税余额问题，欧盟在成员国之间创立了一套用于在成员国之间定期进行增值税结算转付的清算机制，由于清算机制的建立，大大侵蚀了各成员国的税权独立性，所以至今并未达成协议。2000年Bolkestein税收工作小组成立之后，欧盟增值税协调的重点由过去的统一税率和税基转向了完善当前的增值税过渡系统，为实行固定体制做准备，并出台了新的三阶段、两年行动计划、九项措施方案，即把原有的四项改革措施作为第一阶段；新的五项改革建议作为第二阶段：第三阶段是总结经验，制订新的工作计划。

复习题

7.1 简答题

1. 商品税对国际贸易的影响是什么？

2. 商品税的国际协调应采取什么原则？为什么？

3. WTO协定的基本原则是什么？

4.《新估价法规》规定的估价方法是什么？如何适用？

7.2 判断题

判断下列观点是否正确，并说明理由。

1.每出口一单位的商品可以换回的进口商品越多，说明贸易条件越有利，贸易利益也就越大；反之，则说明贸易条件越差，贸易利益越小。

2.透明度原则是指WTO成员方应公布所制定和实施的贸易措施及其变化情况，没有公布的措施不得实施，同时还应将这些贸易措施及其变化情况通知世贸组织。

3.顺序类推法不可用于关税完税价格的审定。

4.目前关税国际协调的最重要的成果体现在《关贸总协定》中。

5.由于产地原则既符合经济效率原则又在一定程度上符合国家间的公平原则，所以它被《关贸总协定》和其他一些国际协定所采纳。

6.根据国际上公认的国家间的税收公平原则，一国只应对本国的消费者课税，而不应对外国的消费者课税。

7.多哈回合的宗旨是促进WTO成员削减贸易壁垒，通过更公平的贸易环境来促进全球特别是较贫困国家的经济发展。

8.实行消费地原则后，不管同一种产品各国规定的税率差异多大，在同一国的消费市场上，来自各国的同一产品的税率负担都是相同的。

7.3 实务操作题

1.某进出口公司从韩国进口卷烟一批，货价420万元，运费80万元，保险费按货价加运费的3‰确定，其他杂费10万元。计算该批卷烟的关税完税价格。

2.某进出口公司某月进口小轿车300辆，每辆货价7.5万元，该批小轿车运抵我国上海港起卸前的包装费、运输费、保险费和其他劳务费用共计15万元。计算该批小轿车的关税完税价格。

第八章

国际税收筹划

【本章导读】

国际税收筹划是一门跨国交易税收安排的设计艺术，其过程主要是对跨国交易中的现金流进行跟踪，从现金流开始的东道国追踪到其最终目的国。国际税收筹划的主要目标是以最低的成本和风险，合法地获取海外税后收入。国际税收筹划必须满足商业目的，但要承担最低的税务和管理成本，还要把风险控制在可接受的范围内。国际税收筹划应建立在交易所在国的税法和税收协定的合法适用的基础上，不应隐含或鼓励逃税或进行不可接受的避税。国际税收筹划必须得承认，税收是在各国合法开展业务的成本。一般来说，跨国交易活动在世界范围内所担税负比仅在一国境内开展交易活动所担税负高。国际税收筹划在考虑交易成本、管理结构和商业风险后尽量消除、推迟税收负担，或使税负最小化。税收筹划在跨国交易的每一层面都有机会。通过本章的学习，要重点掌握国际税收筹划原则、技巧和方法。

【开篇案例】

日本三木公司生产的产品分别在日本和美国销售。在日本销售的产品是通过与三木公司没有任何特殊关系的村野贸易公司以包销的方式进行。三木公司销售给村野贸易公司产品的单价为300美元；在美国销售的产品由三木公司在美国的关联公司飞虎公司包销，三木公司销售给飞虎公司产品的单价包括运费、保险费等在内为310美元。日本税务当局在调查中发现，三木公司销售给村野贸易公司的产品的有关保修费和广告费均由村野贸易公司负担，而销售给飞虎公司的产品在外观上做了若干改动，其生产成本必然高于销售给村野贸易公司的成本。相反，三木公司还给飞虎公司数额巨大的回扣。把这些因素都考虑进去，三木公司销售给飞虎公司的产品单价至少应为350美元。日本税务当局在对此案进行调查处理时，听取了三木公司申诉的两者销售数量上的差异以及账款回收时间上的差异而采取不同的办法的意见后，决定对其销售给飞虎公司的产品单价按独立企业间正常交易价格的原则，确定为325美元。

第一节　国际税收筹划概述

一、国际税收筹划的概念

国际税收筹划是国内税收筹划在国际范围内的延伸和发展，其行为不仅跨越了税境，而且涉及两个以上国家的税收政策，因此，国际税收筹划较国内税收筹划更为复杂。对国际税收筹划的理解有广义和狭义之分。广义的理解是国际税收筹划既包括国际节税筹划又包括国际避税筹划。国际节税筹划不仅合法，而且纳税人筹划行为的实施是符合东道国立法意图的；国际避税从表面上看也是合法的，但纳税人是通过钻税法的漏洞来实现减税目的的，违背了东道国的立法意图。狭义的理解是国际税收筹划仅指国际节税筹划。从实践来看，国外不少跨国公司在经营中，均存在着不同程度的避税行为，实施的是广义上的国际税收筹划策略。由于我国的跨国企业进入国际市场晚，规模小，竞争力弱，为了谋求利润最大化，尽快提高自己的国际竞争力，企业在对外经营中，除了开展狭义上的国际税收筹划外，还应适当地使用某些国际避税措施。

国际税收筹划是一门跨国交易税收安排的设计艺术。它需要有丰富的国际税收原理知识，才能找到一条可以减少纳税而又不违法的商业活动和资金流途径。国际税收筹划过程主要是对跨国交易中现金流进行跟踪，从现金流开始的东道国追踪到其最终目的国。国际税收筹划可以帮助减少累进征税，其主要目标是，以最低的成本和风险，合法地获取海外税后收入。

国内税收主要关注本国税收扣除规则、税收减免规则和免税规则，以及在一国境内对不同来源所得适用的不同税率。国际税收则不同，它涉及两个以上不同税制，受司法上和经济上双重征税的影响，需要在两个以上的国家遵从税收规则。国际税收与国内税收相比，它考虑的因素更多，如对外国收入的税收优惠和免税、外国税收抵免的应用、利用税收协定和反避税措施。

国际税收筹划针对的是世界上各个不同的税制。每一个国家都制定了自己的税收规则，并对不同来源所得适用不同的税率，纳税人不同，课税也不同。征税范围、税收规则以及如何适用这些规则都存在很大差别。例如，所得收入的分类和所得来源地的规则往往就不同。资本和收入项目有别，其税收处理也常常呈现差异。有些国家或地区按照交易实质征税，而有些国家则只看交易形式。尽管大部分国家目前都遵照税收协定范本征税，但由于国内客体（包括税和非税）不同以及缔约国谈判能力不同，故适用的税收条款也有差异。各国税制之间缺乏协调，再加上各国对这些税制的适用不同，给国际税收筹划创造了机会，也带来了威胁。

国际税收筹划必须满足商业目的，但要承担最低的税务和管理成本，还要把风险控制在可接受的范围内。一个理想的或者完全没有任何风险的解决方法是不存在的。要想实现这些目标，税收筹划者必须查看当事国的法人主体地位、该国所适用的税收协定、税务机关所作的反应以及交易所涉及国家的国内法和税收惯例预期的变化。他必须确定，他提出的这个筹划方案在各个国家和地区都能够被接受，且其从这个筹划方案中所得利益不会受将来的反避税措施的影响。国际税收筹划制订的方案如果不被接受，将会导致高昂的税收诉讼和短期利益损失。

实际上，可接受的国际税收筹划和不可接受的国际避税往往很难区分。这种差异一般取决于各国的政治和经济政策。每个国家都关注本身的财政主权，注重保护自己在全球的税收收入。国际税收筹划意图减少或者延期履行纳税义务，如果一国立法机关不打算或者在同等条件下不会给予这样的税收利益，则这种国际税收筹划在很多国家都被视为是不可接受的，那么国际税收筹划就面临着在某国或多国税务机关不被接受的风险。

国际税收筹划应建立在对交易所在国的税法和税收协定的合法适用的基础上。国际税收筹划不应隐含或鼓励逃税或进行不可接受的避税。国际税收筹划也不应该依赖于可能经由税法或实践的有意识的修改而填补的税法漏洞（有时具有溯及力）。国际税收筹划必须承认税收是在各国合法开展业务的成本。

二、国际税收筹划的基本原理与基本方法

（一）国际税收筹划的基本原理

是否选择在海外开展业务或者在海外投资，税收并不总是一个主要的或决定性的因素。是否做出这种选择一般受商业活力、资源的可获得性、市场准入和市场潜力等因素的影响，还有其他一些辅助性因素，包括政治和经济是否稳定、政府所给予的优惠和鼓励、地理位置、商业基础设施、是否可获得技术熟练而又成本低廉的劳动力、货币是否坚挺等。恰当的选择一般应该是基于商业、经济以及社会和政治的考虑。

然而，一旦做出最初的决定，税收就成为重要的商业考量因素。鲁丁委员会所作调查显示，欧盟大约一半以上的跨国公司都将商业利润所适用的税率作为其营业地点选择的决定性因素。该调查中提到的其他主要因素包括是否存在税收协定以及税务管理质量如何。这些因素影响着长期的财务活力以及最后的资本投资回报。

一般来说，跨国交易活动在世界范围内所担税负比仅在国内或一国境内所开展的交易活动所担税负高。而且，纳税人不得不处理税法冲突问题、税收管理错误问题以及各国高征税问题。因此，正确的税收筹划对于国际业务中减少因各国国内税法不协调而造成的扭曲起着非常重要的作用。没有税收筹划，就可能导致超额纳税或者额外的税收遵从成本。

国际税收筹划在考虑交易成本、管理结构和商业风险后尽量降低、推迟税收负担，或使税负最小化。它的目标不仅是降低在国外的纳税义务，而且要在从来源国到最后的目的国的整个交易中提高税后总收入。税收筹划所得利益大小取决于好几个因素。尤其是，这些利益还随着国外利润大小、本国和外国税率的差异以及收入性质不同而变化。例如，

如果海外业务很有限，或者不盈利，除非在国内计算应税所得时能够扣除，否则，国际税收筹划就可能没有价值。

（二）国际税收筹划的基本步骤

国际税收筹划是一个长期的、动态的、循环的过程。一般地说，每一个循环有以下五个步骤。

第一步：分析现有数据资料。

（1）确定事实和可利用的税收和非税因素。

（2）全面分析从来源国到目的国的整个交易过程。

（3）审阅当事国国内税法和相关的税收协定。

（4）计算所承担的税收负担和其他成本。

（5）进行成本-收益分析。

第二步：设计筹划方案。

（1）引入多边或全球税收筹划。

（2）选择出合适的海外中介国。

（3）选择交易模式、经营模式或关系模式。

（4）审查相关的非税因素。

（5）了解是否可以获得预先裁决。

（6）将所有税收筹划方案列一清单。

第三步：评估税收筹划方案。

（1）分析在下列情况下计算各自的节税和非税成本：

①不采用该计划；

②采用该计划并获得成功；

③采用该计划，但计划失败。

（2）计算从东道国到本国的交易总成本。

（3）选择最佳税收筹划方案。

第四步：调整税收筹划方案。

（1）获得当地税法和税收实践建议。

（2）在可能的情况下获得预先裁决。

（3）检查税收协定和条约的适用性。

（4）确定这些主体在当事国的有效性。

（5）审查反避税规则的遵守程度。

（6）对重大风险或不足做出评价。

（7）对长远利益和成本做出评价。

第五步：更新税收筹划方案。

（1）定期审阅税法、税收协定和税收实践方面的变化。

（2）对计划做出相应修正。

第二节　跨国交易的税收筹划

一、跨国交易的筹划原则

国际税收筹划的机会是无限的。它通过各种方法降低跨国交易收入的税负，但大部分方法都得遵守下面四个原则：

1.合法避税

纳税人在税法许可的范围内，通过不违法的手段对经营活动和财务活动精心安排，尽量满足税法条文所规定的条件，以达到减轻税收负担的目的。当然，合法避税也不排除利用税法上的某些漏洞或含糊之处的方式来安排自己的经济活动，以减少自己所承担的纳税数额。虽然避税行为可能被认为是不道德的，但避税所使用的方式是合法的，而且不具有欺诈性质。

2.降低税率

利用各个国家税法制定的高低不同的税率，通过对经营活动和财务活动的精心安排，尽量使征税对象适用低税率，来减少纳税。

3.缩小税基

通过对经营活动和财务活动的精心安排，纳税企业缩小税基以减轻税收负担。

4.推迟纳税

利用相关国家税法的有关规定，尽量推迟应税所得的实现，使纳税行为向后推迟。推迟纳税对纳税人来说有两个好处：一是可以继续享用这笔资金，并从中获利；二是用利息率进行贴现后，未来应纳税款的现值会有所减少。

二、跨国交易的筹划方法

跨国交易的税收存在于三个层面：一是在来源国或东道国对海外子

公司或分支机构所得纳税，以及由子公司或分公司缴纳的预提税；二是在中间国（如果有的话）对海外收入所得纳税以及汇回本国的利润或资本所缴的预提税；三是在居住国或母国对接受来源于他国公司的利润和资本进行纳税，有时没有接受这部分资本和利润也要纳税。

税收筹划在跨国交易的每一层面都有机会。

1.可以通过以下方法在收入来源国节税

（1）在当地进行税收筹划，根据其国内税法和税收协定，最大可能地利用税收扣除、税收优惠、亏损结转和特别税收减免优惠。

（2）打破来源国或居住国（或既包括来源国也包括居住国）的征税连接因素，从而实现避税。

（3）使用各种筹划技巧，确保应税利润在来源国之外产生。

（4）使用税收协定，减少预提税或获得免税优惠。

（5）选择恰当的实体（如分支机构或子公司）以及恰当的融资形式（如债务融资或股本融资）。

2.可以通过以下方法减少中间国对汇回国内收入的课税

（1）利用税收协定，减少在东道国应当缴纳的预提税。

（2）恰当地选择离岸金融中心，使所缴纳的公司税或预提税最小化或免缴这些税。

（3）改变支付给本国的收入特征或性质实现税收套利。

（4）利用各种税收优惠，如对控股公司、公司总部和服务公司等推行的资本参与免税、欧盟母子公司税收指令。

（5）留存海外基金用于再投资或延迟缴纳汇回本国收入的所得税。

3.可以通过以下方法减少汇回本国的利润所得税

（1）使用恰当的跨国公司结构，从而避免、减少或推迟纳税义务。

（2）最大可能地利用能够得到的外国税收抵免或免税优惠，以减轻税收负担。

国际税收筹划在各个层面使外国所得的税负最小化，从而使税后收入最大化。由于税收筹划取决于税收协定和两个以上国家的国内税法，这就要求筹划者要对各国的税法和税收实践、税收协定以及反避税规则有全面了解。国际税收筹划比国内税收筹划更加灵活，也更为复杂。

三、跨国交易的筹划案例

【例8-1】现有甲国的A公司贷款给乙国的B公司，每年B公司需向A公司支付300万美元的利息。乙国国内税法规定对汇出境外的股息、利息等所得征收30%的预提税。甲、乙两国签订没有税收协定，为了减轻预提税负担，A公司应该如何进行税收筹划呢？

筹划者首先应该研究一下甲国与哪些国家签订有税收协定，再查看一下乙国与哪些国家签订有税收协定，看与这两个国家签订税收协定的国家有没有重合的。假定丙国国内税法规定对汇出境外的股息、利息等所得征收20%的预提税；丙国与甲、乙两国都签有税收协定，协定都规定两国之间相互支付的股息、利息等所得按5%的税率征收预提税。

在这种情况下，A公司可以考虑在丙国建立一个子公司C。A公司先将资金贷给子公司C，子公司C再将款项贷给B公司。这样，B公司向子公司C支付利息，子公司C可以将获得的利息支付给A公司。这样其预提税负担计算如下：

B公司向子公司C支付利息，该利息应缴的预提税=300×5%=15（万美元）

子公司C可以再将利息支付给A公司，该利息应缴的预提税 =（300−15）×5%=14.25（万美元）

税后所得=300−15−14.25=270.75（万美元）

如果A公司不进行税收筹划，其从B公司直接取得的利息应缴的预提税 =300×30%=90（万美元）

税后所得=300−90=210（万美元）

由此可见，税收筹划的益处是巨大的。

【例8-2】甲国的A公司在乙国建立了一个制造子公司B，产品主要销往甲国的A公司以及A公司在其他国家的子公司，再由这些公司在各自所在国销售。甲、乙两国都属于高税率国家，该公司应该如何进行税收筹划，才能使其税收负担减轻呢？

筹划者首先应该研究一下有没有哪一个子公司所在国的公司所得税税率比较低，或根本不征所得税。如果有，就可以利用该子公司进行产品销售路径的筹划来达到减轻税负的目的；如果没有，就在税负比较低的国家或某一避税地建立一个子公司M，利用子公司M进行产品销售路径的筹划，同样也可以达到减轻税负的目的。产品销售路径应该是：子公司B将产品以较低的价格销售给子公司M，子公司M再将产品分别销售给A公司和其他子公司，A公司和其他子公司再在各自所在国销售。现在我们来看一下这一筹划的节税效果。

假定甲国的公司所得税税率为35%，乙国的公司所得税税率为30%，子公司M所在国的公司所得税税率为10%。B公司卖给A公司的产品正常价格为3 000万美元，生产成本为2 000万美元，该产品A公司在甲国市场上的总售价为4 000万美元；根据筹划的销售路径，B公司将产品以2 100万美元的价格卖给M公司，M公司以3 900万美元的价格卖给A公司。

正常销售的税收负担是：

A公司缴纳的所得税=（4 000-3 000）×35%=350（万美元）

B公司缴纳的所得税=（3 000-2 000）×30%=300（万美元）

总的税收负担= 350+300=650（万美元）

筹划后的税收负担是：

A公司缴纳的所得税=（4 000-3 900）×35%=35（万美元）

B公司缴纳的所得税=（2 100-2 000）×30%=30（万美元）

M公司缴纳的所得税=（3 900-2 100）×10%=180（万美元）

总的税收负担= 35+30+180=245（万美元）

筹划方案减轻税收负担= 650-245=405（万美元）

如果将M公司建立在避税地，即不征所得税的国家，税负减轻的效果更明显，但要注意的是，容易招致甲、乙等国家税收当局的注意和进行反避税调查。

第三节　外籍人士的国际税收筹划

一、所得税的筹划

一国通常对非本国居民在其税收管辖范围内就其劳务所得征税，外籍人士对于海外收入需要缴纳个人所得税。

（一）影响外籍人士纳税的问题

1.在开始工作时

该外籍人士是否保留其在母国的居民身份？其国外收入是否应在母国纳税？母国对其海外收入有什么特殊的免税或扣减优惠？是否要求将

海外收入汇回本国？外籍人士何时丧失其本国税收居住地？以怎样的方式失去？是否存在出境税？出售不动产的资本利得是否可以得到税收庇护？

该外籍人士何时成为东道国的税收居民？对于短期的访问者有何特别的规定？该外籍人士是否进入东道国满一整年才作为税收居民？

东道国对于该外籍人士的雇用所得实行何种来源地规则？该外籍人士雇用劳务如何履行？该外籍人士受雇地点在哪里？而提供的服务又在哪里？在何处支付工资？劳动合同签约地点在哪里？是否取决于支付者或雇主的税收居住地？

在东道国哪些收入需要缴税？津贴和各种附加的福利如何缴税？所得税缴纳的时间是在这笔收入产生的时候还是在接受的时候？对于外籍人士是否有特殊的减免或其他的税收优惠？谁有资格享受这些优惠，在什么情况下可以享受？

非税因素如外汇管制、移民法、关税、货币风险等的影响有哪些？影响该外籍人士且与家庭有关的问题有哪些？所取得的收入可以汇回本国吗？对于社会保障、养老金、优先认股权是否有特别的税收规定？

2.在工作中

该外籍人士是否应当由东道国的子公司雇用？他所提供的服务是否由母公司借调？他是否可受雇于第三国而向东道国提供服务？

该外籍人士是就其全球范围的收入纳税还是只就其在东道国的收入纳税？对于外国收入是否有特殊的免税条款？他的外国收入是如何得到庇护的？东道国内可接受的税收筹划技术有哪些？

是否有税收遵从要求？是否必须进行纳税申报？如何计税？何时纳税？雇主是否进行源泉扣缴？什么时候必须缴纳这些预提税款？

3.在工作结束时

该外籍人士在东道国的居民身份何时终止？有何税收和非税遵从要求？在最后离开时，他是否要做出境完税？该外籍员工离境后取得的所得是否应当缴纳所得税？是否有出境税？

该外籍人士何时成为母国的税收居民？他是否要对其在海外收入纳税？在回来之前他是否可就其收入庇护于低税区？外汇管制是否要求汇

回外国资产？非税因素如税收住所、社会保障和养老金权利的回归会产生何种影响？

（二）税收协定条款规定

根据税收协定范本，居住国拥有排他征税权，但工作是在另一缔约国进行的除外。税收协定范本还规定了东道国征税权的限制。根据这一限制，在下面三个条件满足的情况下，只有居住国才能对其所得征税：

（1）本人于纳税年度的12个月中在行为实施国居留的时间或时间之和不超过183天；

（2）报酬由非行为实施国居民支付或代表其支付；

（3）这些报酬并不由雇主在行为实施国所设立的常设机构承担。

这些协定条款规定，本国对短期访问其他缔约国的劳动收入享有排他的征税权。税收协定范本评论提到对于非独立个人劳务也适用，但如果他们的收入适用范本其他条款的除外。这些条款将在一国为居民雇主或常设机构或长期居住在该国的非居民外籍人士排除在外。

（三）税收筹划措施

许多跨国雇主提供税收保护，对外籍人士多支付的税负予以补偿。一些常见的用于保护外籍人士的纳税收入的税收筹划措施包括：

1.在东道国境内有效地产生外籍人士税收成本

（1）税收还原计算法。雇主运用一种纳税均衡机制，将包括本国税后净所得、海外津贴和额外福利的总的净所得予以还原计算，计算出应纳外国税额。雇员拿到总的款项，每月支付预提税。这样，他在海外工作所获得的税后净所得就与其在国内工作获得的税后净所得一样。这种方法得到普遍接受。

（2）补偿税或税收支付法。雇主支付外籍人士净收入所得税，或将外籍人士支付的税予以补偿，而不用进行还原计算。由于在许多国家，雇主支付这种个人所得税或补偿这种个人所得税被认为是一种额外的津贴，因此要求对这种额外的利益征收“税中税”。这种方法，根据雇主支付或补偿雇员个人所得税的时间，可以一直推迟不断递增的税收平衡。有可能因雇员在海外工作结束不再是东道国税收居民，从而避免最后缴纳个人所得税。但是，如果在支付薪水的同时就必须缴纳个人所得税，则基本上不可能有税收延迟。

（3）向后一年结转法。雇主以无息贷款的形式向雇员预付一部分资金，用于缴纳估算的外国税收。当最后计算个人税负时，免除这笔债务，该款项被计入该年度应税收入之中。这种方法是补偿税或税收支付法的变形，但可以延迟一年纳税。该利息可能会作为一种额外利益被征税。

2.部分薪酬在工作之前或工作之后支付

有时，外籍人士在国外只拿最少的报酬，余额与之前的预付款项冲抵或在回国后支付，或者报酬向后推迟较长的时间才支付，推迟取得薪金的时间，从而也延迟了承担的税负的时间。

（1）奖金-贷款或贷款-奖金安排。根据奖金-贷款安排，雇员在工作之前获得一笔奖金，用来支付在东道国可能的税收成本。利用贷款-奖金安排，可以在工作期间向雇员提供一笔无息贷款，用来冲抵返回本国之时的奖金。奖金收入不能归属于海外工作，可以免予纳税，而这笔数额也不会记在东道国公司名下。

例如，在俄罗斯，雇员收入是按照现金征税。只要是非俄罗斯实体支付所得收入就属于国外来源，即使这笔收入是因为在俄罗斯境内提供服务而产生的。因此，这就为通过贷款-奖金筹划实现避税提供了可能。巴西对个人也实行现金征税。因此，不管是在巴西工作之前还是在巴西工作之后，只要雇员在收到这笔奖金时不是巴西税收居民，就不用纳税。

许多国家规定，如果一笔收入是因为过去、现在或将来在东道国从事工作而产生，则将对这些报酬或奖金征税。而且，这笔款项有可能计入东道国公司实体，作为税前扣除费用。这种安排，减少了总的税额，主要是将所得税推迟到适用较低累进税率的时期。

（2）递延报酬法。这是指通过一些安排推迟支付报酬，比如股票期权、储蓄和保险计划。有些国家，雇员可以有自己的退休金安排，其中投资所得可以免税积累。如果发放的奖金满足一定条件，就可能实现延迟支付。比如，奖金可能只有在股东批准之后支付，或在某一段雇用期满之后支付，但可能面临被没收的风险。在美国，存在推迟发放奖金的可能，但是执行者必须在雇员挣得这笔收入之前就决定推迟发放奖金。

3.最小化雇员在东道国的收入

如果只是就雇员在东道国境内提供服务所得征税或只是在居住期间才予征税，则雇主可以通过恰当的安排，将这笔收入进行分摊，在雇员不是该国税收居民时期支付，使这笔收入在东道国时最小化。

（1）双重雇用协议。在对外籍人士只就当地所得征税的国家或地区，双重雇用协议较为实用。在不同国家提供服务都单独签署雇用协议，而总的报酬根据各国停留的时间长短进行分摊。有时，双重雇用协议还可以通过双重（所得税前）个人扣除以及扣减，或分割在各个不同国家的总收入从而适用较低的累进税率，最终减少某些个人所得税。

（2）分割薪金法。通过双重雇用协议，适用分割所有收入法，使一部分薪酬在东道国境外支付。当然，分割收入法也可以不使用双重税收协议。由于各国对境外所得征收预提税所采用的计算时间不同，如果推迟缴纳境外所得预提税，也就推迟了纳税时间。按照分割收入协议，可以避免外汇管制以及国外支付报酬的货币风险，有的国家还可以减少缴纳社会保障税，如巴西、意大利、日本等。

4.其他方法

（1）税前扣除、津贴或税收抵免。减少税负还可以通过税前扣除、津贴或税收抵免实现，也可以通过一些额外补贴或附加福利，当然这些额外补贴或附加福利必须由东道国予以免税或以降低的税率征税。不同国家对雇员的附加福利或非现金酬劳征税的方式差异很大。有些国家或地区对于附加福利允许自由税收减免，如法国、孟加拉国、韩国、荷兰、葡萄牙、泰国等；其他国家对支付给雇员的所有或大部分附加福利或津贴都予以课税，如日本、意大利、马来西亚、波兰、德国、巴西等。这些附加福利可能作为雇主税前扣除费用，并有助于减少缴纳社会保障税。在有些国家，雇主得对其给予雇员的附加福利单独缴纳税款，如澳大利亚、爱沙尼亚、匈牙利、马拉维和新西兰。

（2）转移时间的确定对于税收筹划用处很大。通过将收入在两个国家进行分割，从而适用较低的累进税率，缴纳较少税额。而且，尽管《经合组织范本》第15条第2款建议，将12个月中所有的时间累计计算，但大部分协议仍旧适用纳税年度。因此，如果每个纳税年度中在东道国停留时间不超过183天，则有可能避免在东道国纳税。长期工作项目中的雇员可利用这一规定在第一年和最后一年中成功避税。有些国家规定了特别条款，否认给予这些利益，如新加坡。

（3）利用在税收特惠区的离岸雇用公司。外籍人士在海外工作期间可以临时调派到这种雇用公司。雇用公司向他们支付报酬和其他额外补贴，然后按照成本加成法向集团公司支取。而外籍人士个人可以借此获益，不用缴纳所得税，或只缴纳很少的所得税。于是，这些收入就在海外慢慢积累。然而，如果该外籍人士因在该国居留而成为该国的税收居民，则即使适用这种方法，也无法避免源泉课税。

（4）利用董事费将所得分散在几个国家。根据税收协议，董事费是由支付该费用的公司居住国进行征税。这部分税通常实行源泉扣缴，而无须进行纳税申报，进而可以避免任何外汇管制，无须缴纳任何社会保障税。比如，如果作为董事或咨询师的雇员具有自营者身份，则在许多欧洲国家都不用缴纳社会保障税。

（5）向采用世界范围所得征税制的国家转移资产应进行特殊考虑。个人须就其海外资产缴纳资本利得税。除非在移民时就这些资产获得即时开始递增的权利，否则自其最初获得这些资产之日起，对这些资产所作的任何处理都必须缴纳资本利得税。有一些国家，这些资产被视为是在移民之时按照公平的价格获得的，如澳大利亚、加拿大。

（6）用当地雇员代替外籍雇员。进行税收筹划得考虑在合适的时候最好使用当地雇员。在许多国家，考虑到成本、当地业务知识以及短程联系，雇用当地雇员可能更为有利。出于其他的商业考虑，这种方法可能在有些国家不适用。

对外籍人士的税收筹划需要仔细审核其所停留的时间长短、税收协定规定以及东道国和本国的国内税法。在不同的税收管辖领域，所进行的税收筹划差异也很大。然而，通过全面的筹划，国外超额税收负担还是可以避免的。

二、财产税的筹划

财产可细分为：不动产，如土地、房屋、建筑物；动产，如交通工具，汽车、游艇、直升机等；金融资产，如股票、债券；无形资产，如专利权、专有技术等。财产税就是以自然人所拥有的动产、不动产或无形资产为课税对象征收的一种税。

随着收入水平的提高，以及人们对于税收知识的认知度逐步提升，如何合理规避财产税成为许多人关心的话题。此间，利用信托对财产进行巧妙的管理，不失为减轻财产税税负的有效途径之一。

对于交通工具，只要将自己的交通工具在不征财产税的国家和地区登记注册，就可能收到成效。在这种情况下，一般是把交通工具转到专为自己建立的公司接受信托管理，最好是利用专业性的管理服务。例如，那些试图避开居住国沉重的财产税，但又能保持自己对游艇的实际所有权的人，可以将自己的游艇到加勒比国家登记注册。从法律角度看，船转到避税地公司接受信托管理后，就成为该公司的财产了。这种方法也可适用于汽车、飞机和直升机。但是，这里也可能会出现某些法律障碍，如有些国家根据财产的使用地标准征收财产税。

将金融资产转为外国公司信托管理，是一种将资本转移出所有者的高税居住国的途径。但是，如果居住国实施外汇管制，禁止非法手段汇出外汇，那就可能出现障碍。如果委托人在将自己的金融资产转入外国受托人的过程中没有任何违法行为，那么从税收角度看，唯一的问题就可能出现在以后受托人将获取的信托财产所得汇给委托人的时候。这类汇出的所得应并入委托人的总所得中，在受益人居住国一并缴纳个人所得税。

不动产因其不能移动的特性，为其转入信托管理带来了一定的困难。但是，一旦不动产由外国信托公司受托管理，特别是该信托公司注册地与信托人所在国签有双边税收协定，以及该国的不动产税税率较低，那么这将有利于减轻受益人在所在国的财产税负担。在当地国家，即使没有相应的国际税收协定，占有不动产的外国公司也有可能享受给予外国投资者的某些税收优惠。

三、外籍人士所得税的筹划案例

【例 8-3】迈克是美国公民，准备到中国居住一年半，原计划于2018年12月1日来中国，于2020年5月31日回国。请判断迈克是否构成中国税收居民，并提出纳税筹划方案。

根据中国个人所得税法的规定，在中国境内有住所或无住所，但在中国居住满一年的个人是中国的税收居民。显然迈克在2019年度构成了中国的税收居民。

为了避免成为中国税收居民，迈克可以于2019年2月1日至2019年5月31日前这一期间来中国，于8月1日至11月20日回国。这样，迈克即使居住时间超过一年半，但由于其跨越了两个纳税年度，而且均没有居住满一年，因此，并不构成中国税收居民。

【例8-4】汤姆于2007年3月1日来中国，一直居住到2013年12月10日，之后回国，并于2014年1月1日再次回到中国，一直居住到2018年6月30日，之后回国。请判断汤姆是否构成中国税收居民，并提出纳税筹划方案。

根据中国税法规定，离境不超过30天的属于临时离境，不扣减天数，因此，2013年年底，汤姆的离境属于临时离境，不扣减天数，即视为没有离境。这样，自2008年度至2017年度，汤姆均构成中国税收居民，而且，自2013年度起，汤姆就不能享受《中华人民共和国个人所得税法实施条例》第6条所规定的“其来源于中国境外的所得，经主管税务机关批准，可以只就由中国境内公司、企业以及其他经济组织或者个人支付的部分缴纳个人所得税”优惠政策。

如果汤姆进行税收筹划，适当调整其离境时间，比如，在2013年11月30日离境，这样，2013年汤姆离境就超过了30天，不属于临时离境，可以扣减天数，则2013年度，汤姆就是非居民纳税人，而且，5年期间由此可以中断，2014年度至2017年度仍然可以享受《中华人民共和国个人所得税法实施条例》第6条所规定的优惠政策。

【例8-5】约翰是美国一家跨国公司的经理，同时兼任该公司在中国的分支机构的负责人，他在中国境内没有住所，主要居住在美国。2011年度，约翰只在3月28日至4月5日，以及10月29日到11月3日来华两次。2011年底，约翰领取了2011年12个月的奖金13.2万美元。请计算约翰有多少所得需要在中国纳税，并提出纳税筹划方案。

根据《国家税务总局关于在中国境内无住所个人取得不在华履行职务的月份奖金确定纳税义务问题的通知》（国家税务总局1999年5月4日发布，国税函〔1999〕245号）的规定，在中国境内无住所的个人在担任境外企业职务的同时，兼任该外国企业在华机构的职务，但并不实际或并不经常到华履行该在华机构职务，对其一次取得的数月奖金中属于全月未在华工作的月份奖金，依照劳动发生地原则，可不作为来源于中国境内的奖金收入计算纳税；对其取得的有到华工作天数的各月份奖金，应全额依照《国家税务总局关于在中国境内无住所的个人取得奖金征税问题的通知》（国税发〔1996〕183号）规定的方法计算纳税，不再按该月份实际在华天数划分计算应纳税额。

根据这里规定的劳动发生地原则，约翰有4个月来中国居住，即3月、4月、10月和11月，因此，其中4个月的奖金属于来源于中国的所得，即有4.4万美元要在中国缴税。

如果约翰进行税收筹划，则可以将来中国的时间稍做改变，即4月1日至4月8日来中国，10月26日至10月31日来中国，这样，约翰在中国的居住时间没有改变，但其年终所得的奖金只有两个月属于来源于中国的所得，即只有2.2万美元所得属于来源于中国的所得需要纳税。

复习题

8.1 简答题

1.什么是国际税收筹划？

2.国际税收筹划的基本原理是什么？

3.国际税收筹划的基本方法步骤有哪些？

4.跨国交易的筹划方法是什么？

5.保护外籍人士的纳税收入的税收筹划措施有哪些？

8.2 判断题

判断下列观点是否正确，并说明理由。

1.国际税收筹划不应隐含或鼓励逃税或进行不可接受的避税。

2.国际税收筹划是一个长期的、动态的、循环的过程。

3.对于不满足下面三个条件的情况，只有居住国才能对其所得征税：

（1）本人于纳税年度的12个月中在行为实施国居留的时间或时间之和不超过183天；

（2）报酬由非行为实施国居民支付或代表其支付；

（3）这些报酬并不由雇主在行为实施国所设立的常设机构承担。

4.税收还原计算法可以保证雇员在海外工作所获得的税后净所得与其在国内工作获得的税后净所得一样。

5.国际税收筹划必须得承认，税收是在各国合法开展业务的成本。

6.对外籍人士的税收筹划需要仔细审核其所停留的时间长短、税收协定规定以及东道国和本国的国内税法。

8.3 实务操作题

1.某公司采取基本工作加业绩提成的方式为公司员工发放报酬。该公司的一名外籍人员约翰2017年全年每月工资见表8-1。

表8-1 约翰2017年全年每月工资 单位：元

月份	工资	月份	工资
1	20 000	7	20 000
2	10 000	8	15 000
3	5 000	9	20 000
4	30 000	10	6 000
5	20 000	11	10 000
6	10 000	12	6 000

请计算约翰2017年应纳我国的个人所得税，并提出税收筹划方案。

2.潘先生是新加坡公民，想来中国居住一年半，原计划于2018年8月1日来中国，于2019年1月30日回国。请判断潘先生是否构成中国税收居民，并提出纳税筹划方案。

3.威尔逊是美国公民，2018年4月1日来中国，一直居住到现在，想近期回国20多天，然后再回到中国一直居住到2028年6月30日之后回国。请判断威尔逊是否构成中国税收居民，并提出纳税筹划方案。

主要参考书目

［1］朱青．国际税收［M］．8版．北京：中国人民大学出版社，2018.

［2］杨志清．国际税收［M］．2版．北京：北京大学出版社，2017.

［3］饶友玲，李月平，张志超．国际税收［M］．3版，北京：首都经济贸易大学出版社，2011.

［4］王铁军，苑新丽．国际税收［M］．2版．北京：经济科学出版社，2009.

［5］方卫平．国际税收［M］．大连：东北财经大学出版社，2007.

［6］葛惟熹．国际税收学［M］．4版，北京：中国财政经济出版社，2007.

［7］杨斌．国际税收［M］．上海：复旦大学出版社，2007.

［8］罗哈吉．国际税收基础［M］．林海宁，范文详，译．北京：北京大学出版社，2006.

［9］徐信艳．国际税收学［M］．上海：立信会计出版社，2005.

［10］张志超，李月平．国际税收［M］．北京：首都经济贸易大学出版社，2005.

［11］潘明星，徐健，张培青．国际税收学［M］．天津：南开大学出版社，2004.

［12］黄济生，殷德生．国际税收理论与实务［M］．上海：华东师范大学出版社，2004.

［13］邓力平．国际税收竞争研究［M］．北京：中国财政经济出版社，2004.

［14］朱洪仁．国际税收筹划［M］．上海：上海财经大学出版社，2000.